수출입 전체의 흐름 (L/C결제에 의한 전형적인 물

류로 FCL의 경우)

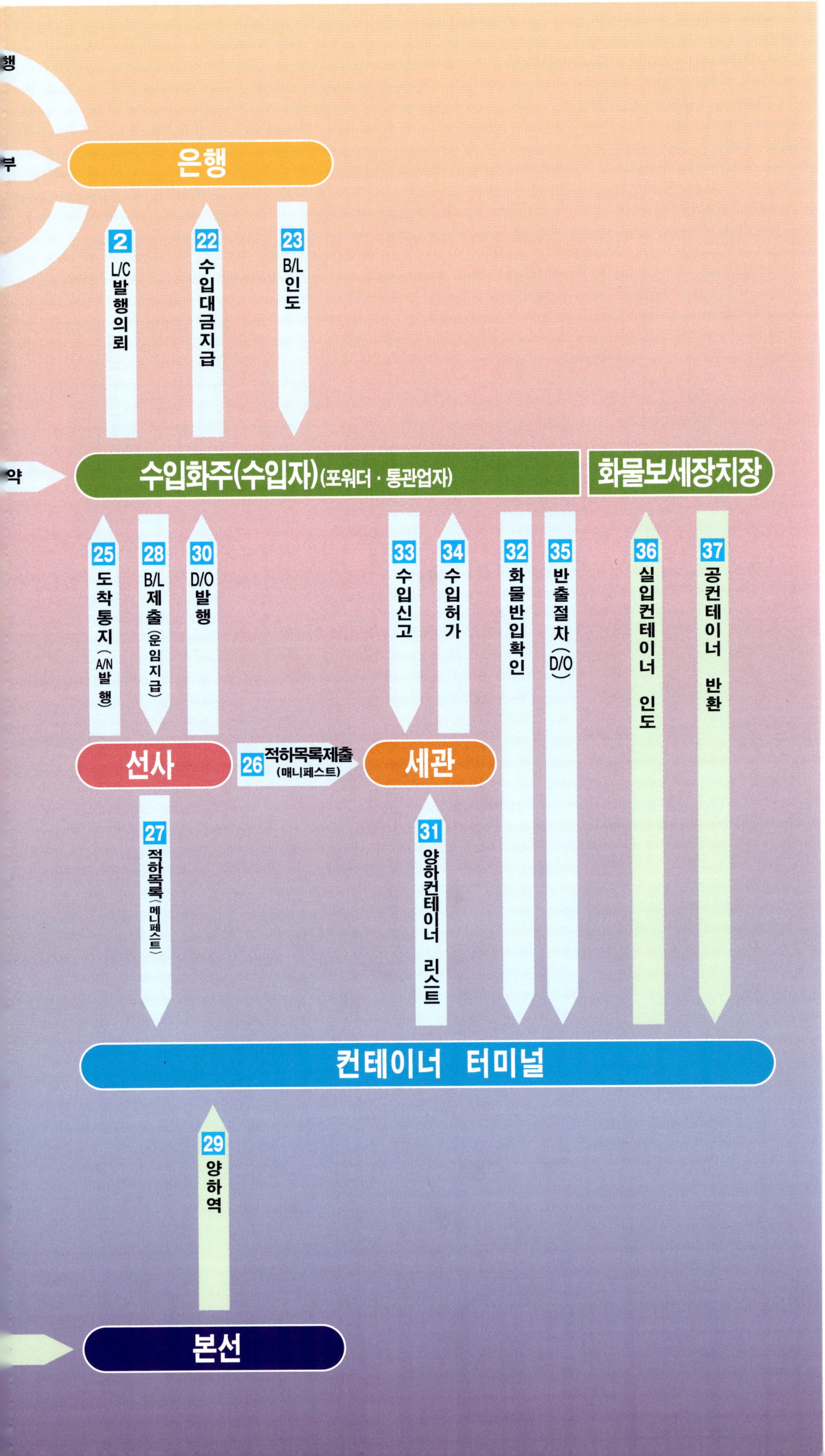

행
부
약
은행
2 L/C 발행의뢰
22 수입대금지급
23 B/L 인도
수입화주(수입자)(포워더 · 통관업자)
화물보세장치장
25 도착통지(A/N 발행)
28 B/L 제출(운임지급)
30 D/O 발행
33 수입신고
34 수입허가
32 화물반입확인
35 반출절차(D/O)
36 실입컨테이너 인도
37 공컨테이너 반환
선사
26 적하목록제출 (매니페스트)
세관
27 적하목록(메니페스트)
31 양하컨테이너 리스트
컨테이너 터미널
29 양하역
본선

MOL JAPAN
물류입문

株式会社 **MOL JAPAN** 著
재단법인 한국해사문제연구소 譯

들어가며

물류가, 화주기업의 경영전략에서, 그리고 또 수익을 좌우하는 요소로서 이만큼 현저히 중요시되게 된 시대는 아직까지 없었다고 생각한다. 예를 들어 많은 화주기업들이 가장 중요한 과제의 하나로 받아들이고 있는 물류의 기본적인 과제로서, SCM의 구축이 있다고 생각한다. 이 SCM이란, 다양하게 내려지고 있는 정의는 제쳐놓더라도, 예를 들어, 메이커가 고객이 필요로 하는 상품을 만들고 나서 고객에게 가져다주기까지, 혹은 시장에 출시하기까지, 가능한 한 짧은 시간 안에 보낼 수 있는 물류 시스템을 구축하는 것이라고 할 수 있을 것이다.
또 부품의 조달물류에 있어서도 마찬가지로, 공장의 생산 스케줄의 일익을 담당하는 형태로, 조달에서부터 Just In Time으로 조립라인에 올려놓을 수 있는 효율적인 흐름을 만들어내는 것이 요구되고 있다.

MOL JAPAN에 있어서 중요한 일은, 고객(화주)의 수출입에 필요한 최적의 해상운송서비스를 제공하는 것은 당연하지만, 그 주변물류나, 혹은 해외로 진출하여, 그 곳에서 새로운 생산을 시작하는 고객으로부터 오는, 부품의 운송이나 재고관리, 내륙운송, 통관 등에 관하여 상담하고, 제품의 제3국으로의 출하 등에 관련된 상담에도 응할 수 있을 뿐만 아니라, 더 나아가 그룹 전체를 동원해서라도, 부품조달물류나 제품의 SCM 구축, 유지에 공헌할 수 있도록 노력하는 것이 일류 정기선해운대리점이라고 할 수 있지 않을까 생각한다.

이 책은, 정기항로를 이용하는 고객의 화물의 흐름을 따라가며, 물류의 마디마디마다 필요하다고 생각되는 기초지식에 대하여, MOL 그룹 산하의 물류를 담당하는 각사에도 집필 분담을 의뢰하여 만들어진 것이다. 그러면서도 전체로서, 가능한 한 상류 혹은 SCM이라는 마디들에 관하여도 관심을 가지고 이해할 수 있도록 내용을 구성하도록 배려하였다.

MOL JAPAN의 사원 여러분들뿐만 아니라, 보다 널리 이용될 수 있다면 다행이라고 생각한다.

끝으로, 제작에 협조해주신 여러분들께 대단히 감사하다는 말씀을 전한다.

2005년 12월 1일
주식회사 MOL JAPAN
대표이사 사장 外園賢治

역자 서문

글로벌 경제체제하에서 물류의 중요성은 새삼 강조할 필요도 없을 만큼 그 중요성이 더해가고 있다. 그럼에도 불구하고 물류관련업체나 물류의 실수요자라 할 수 있는 화주기업의 물류담당 실무자들이 책상 위에 놓고 항상 참고할 수 있는 국제물류에 관한 실무지침서가 아직 없다는 것에 대하여 물류관련 연구소를 운영하고 있는 역자로서는 항상 미안하게 생각해 왔다.

그러던 중 다행스럽게도 역자가 생각하던 그런 내용인 국제물류실무지침서가 될 수 있는 책이 MOL JAPAN에 의하여 발행된 사실을 알고, 한편으로는 내가 해야 할 일을 남이 먼저 했다는 아쉬움과 함께 그래도 이런 책이 나왔다는 것은 매우 다행한 일이라고 생각하였다. 그 책이 바로 "MOL JAPAN 물류입문"이다. 다만 아쉬운 것은 이 책이 일어로 되어 있기 때문에 물류관련 실무자들 중 젊은 층들이 자유스럽게 사용하기 어려울 것이라는 점이다. 그래서 이 책을 번역하기로 하고, 저작권자인 MOL JAPAN 측과 긴밀한 협의 끝에 아주 좋은 조건으로 번역을 허락받아 이 번역서를 발간하게 되었다.

이 책은 책의 제목에서 나타난 바와 같이 물류실무를 현장 중심으로 아주 구체적이고, 간결하게 잘 정리하였기 때문에 물류 실무자들이 책상에 항상 놓아두고 의문이 날 때마다 사전과 같이 사용할 수 있는 지침서가 될 수 있을 것으로 확신한다.

한 가지 양해를 구할 것은 이 책이 일본에 있는 MOL JAPAN이 일본의 물류실무자들을 위하여 저술한 것이므로 일본 제도를 중심으로 저술되었다는 점이다. 그러므로 내용에 따라서는 일본제도와 우리나라 제도간의 약간의 차이가 있는 부분이 있으므로 그런 부분을 어떻게 처리할 것인가 하는 문제가 나왔다. 그래서 그런 부분을 되도록 우리나라 제도를 조사하여 재편집하는 방향도 생각하여 보았으나, 그보다는 일본의 원문에 그대로 충실하기로 하였다. 그 이유는 일본은 바로 이웃나라이고 우리와 무역거래가 많아서 어차피 일본제도가 어떤 것인지 아는 것은 우리제도가 어떤 것인지를 아는 것 만큼 중요할 뿐만 아니라 국제물류의 특성상 원리는 거의 같다고 생각하기 때문에 적용법의 명칭이나 법조문의 약간의 차이 정도를 제외한다면 거의 같은 내용이므로 필요한 곳에 역자주를 달아두는 정도로 하고 원문에 충실하기로 하였다.

아무쪼록 이 책이 물류실무를 이해하는데 도움이 되는 책이 되어준다면 역자로서 큰 다행으로 생각한다. 끝으로 우리의 번역제의를 아주 좋은 조건으로 흔쾌히 동의하고 협조해주신 MOL JAPAN에 깊은 감사를 표하면서 역자서문에 대신한다.

2007년 8월

재단법인 한국해사문제연구소
이사장 박 현 규

Contents

Introduction

(접혀 있는 흐름도 참조)

수출입 전체의 흐름

선생(円生) : 물건이 국제간에 움직이는 데는 가장 먼저, 팝니다, 사겠습니다, 라는 매매계약이 있습니다(→1). 큰 메이커의 모, 자기업간 거래에도 기본적으로는 이것이 있습니다.

학생(四角) : 선사 사람들로서는 어쨌건 관계없는 일이긴 하겠으나, 대금의 지급은 여러 가지 어려움이 있을 수 있습니다. 대금을 먼저 지급할 경우, 계약대로 상품이 올 것인가가 걱정이고, 반대로 파는 사람 입장에서는 먼저 대금을 받아야만 안심할 수 있을 것이니….

선생 : 얼굴을 한 번도 본 일이 없는 사람 사이의 거래이니 그런 문제가 발생합니다. 사는 사람 B인 수입자는 파는 사람 S인 수출자가 그곳이라면 좋다고 할 만하고, 종래부터 거래관계가 있는 은행을 선정하여, 이 은행으로 하여금 「L/C(신용장)」를 발행하게 합니다(→2, 3).

학생 : 그 L/C라는 것이 무엇이지요?

선생 : 수입자 B측의 은행 b가 수출자 S측 은행 s에게, 이번에 우리가 잘 알고 거래하고 있는 B라는 기업이 있는데 그가 그쪽의 S라는 사람으로부터 「이러이러한 물품을 이러이러한 조건으로 사려고 하는데, 그 대금에 대하여는 우리 은행이 책임지고 지급할 것이니 그렇게 알고 잘 해주시요」라는 내용이 상세하게 쓰인 명세서 첨부의 보증장입니다.

학생 : b은행으로서는 위험이 따르는 일이네요.

선생 : 아닙니다. b은행으로서는 수입자 B와 항상 거래관계가 있으므로, 수입자의 정기예금이나 담보인 토지 등 여러 가지가 자기 관리하에 있으므로, 만약 무슨 일이 생겨도 큰 걱정은 없습니다. 그 대신 L/C 개설수수료를 벌게 됩니다.

학생 : 그렇다면 그쪽 S와 s은행은 무슨 관계가 있나요.

선생 : 관계가 있는 것이 아니고, L/C가 개설되었으니 안심해도 좋다는 통지가 s은행 경유로 매출인인 S에게 들어가는 것입니다(→4). 대금회수에 대한 걱정이 없어진 S로서는 매매계약으로 약속한 납기, 이것은 L/C에도 기재되어 있는데, 상품의 준비 등 여러 가지 사정을 고려하여「적당한 선박」을 골라서 MOLJ에 선복예약, 즉 부킹을 합니다(→5).

학생 : 고맙습니다.

선생 : 고마울 것은 없지만, MOLJ는 같은 선박에 들어온 부킹을 적시에 컨테이

너 터미널의 오퍼레이터에게 연락합니다(→6). 한편 수출자인 S는 선사로부터, 정확하게는 선사의 컨테이너 터미널로부터 공 컨테이너를 빌려서(→7), 화물이 장치되어 있는 장치장에서 상품을 컨테이너 안에 배닌해, 화물이 쟁여진 실입 컨테이너를 컨테이너 터미널에 반입합니다(→8).

학생 : 그런데, 장치장이란 어떤 곳이지요?

선생 : 귀찮은 질문이군요. 일본의 통관제도는, 재무성 세관국이 인정한 보세구역으로 들어오지 않으면 수출신고를 할 수 없도록 되어 있습니다. 창고업자가 인가를 받은 보세창고나, 공장이라도 보세장치를 인정받은 장소를 화물장치장이라고 합니다.

학생 : 그렇다면 공장이 아무리 넓어도 보세구역이 아니면, 그곳에서는 신고를 할 수가 없겠군요.

선생 : 그렇지요. 그러나 서서히 완화되려는 경향이 있어서 가까운 장래에는 콘프라이언스라고나 할까, 실적이 좋은 수출자에게는, 자기의 부지 안에서 보세구역이 아니라도 할 수 있도록 개선될 기미가 있으나, 지금으로서는 원칙적으로 보세구역, 컨테이너 터미널도 보세구역이지만, 그곳에 반입한 후에 수출을 허가해주세요 라고 수출신고를 합니다(→9). 심사 결과 문제가 없으면 수출허가가 나옵니다(→10).

학생 : 통관사라는 것이 이런 때 필요한 것인가요?

선생 : 그렇습니다. 수출신고는 지금으로서는 100%, Sea-NACCS라는 EDI로 이루어지고 있는데, 실제 신고라는 행위를 할 수 있도록 허용되는 것은 통관업자에 한정됩니다.「수출입 전체의 흐름」표에서는 수출하주(수출인)가 세관에 신고하는 것으로 간편하게 기술하고 있으나, 상세하게 설명한다면 통관사를 고용한 통관업자, 혹은 통관업의 면허를 가지고 있는 해화(海貨)업자나 포워더가 화주를 대리하여 수행합니다.

학생 : 이제 10까지 설명이 된 셈이군요.

선생 : 당신이 너무 이것저것 묻기 때문에 진도가 늦지요, 이제는 간단히 설명해 나갑시다. 수출허가를 받은 수출인은 화물의 명세, 본선명, 항해차수, 항 등을 일목요연하게 적은 도크리시트(Dock Receipt : D/R), 그리고 컨테이너 안에 쟁여져 있는 그림(CLP), 여기에 수출허가서를 첨부하여 컨테이너 터미널에 제출합니다(→11). D/R은 원 라이팅의 복사식으로 되어 있어, 후에 선사는 이것을 바탕으로 B/L을 작성합니다.

학생 : 조금도 생략되지 않은 설명이네요.

선생 : 더 설명 들어요. 그런데, 수출허가라고 하면 화물만이 아니고, 그 그릇이라고 할 수 있는 컨테이너 자체도 원래 수출절차를 거칠 필요가 있으므로, 이를 위하여 컨테이너 터미널은 선사를 대신하여, 그 선박에 적재하는 컨테이너 일람표를 미리 세관에 제출합니다(→12). 컨테이너의 본선에의 적재가 끝나면(→13), 본선으로부터 적재확인(→14)을 받아 터미널은 선사에 D/R, CLP를 돌려보냅니다(→15). 이때 터미널은 세관에 신고한 컨테이너를 전부 적재하였다고 보고하고, 탑재확인서를 제출합니다(→16).

학생 : 배는 떠나고, 연기만 남고, 끝났군요.

선생 : 터미널로부터 돌려받은 D/R을 바탕으로 선사는 B/L을 작성하여, 수출자로부터의 운임지급(→17)과 상환으로 B/L을 발행합니다(→18). 원래 운임지급과 상환으로라는 것은, 운임선불(Prepaid)의 경우에 하는 것이고, 운임 후불(Collect)인 경우에는 B/L만 발행합니다.

학생 : B/L이 돈이 된다고 하던데?

선생 : 그렇습니다. 수출자 S는 선사로부터 입수한 B/L에, 패킹리스트라든지, 커

머셜 인보이스(commercial invoice : 상업송장) 등을 첨부하여 거래은행인 s에 가지고 가서 상품대금을 s은행에 청구합니다(→ 19). 정확하게 말한다면 수출자 S가 수입자 B에게 상품대금을 은행에 지급해달라고 하는 취지가 쓰인 환어음이라는 증권을 작성하여, 이 환어음에 B/L 등을 첨부하여 막바로 s은행에 매각하는 것입니다. 만약에 수입자가 실제로 화물을 수령하고, 그 대금을 은행간에 송금하여 결제가 되도록 기다릴 경우, 그 기간이 몇 주일이 걸릴 것이므로, s은행으로부터 조기에 대금을 미리 받는 것입니다(→ 20).

학생 : s은행은 부담스럽겠네요?

선생 : 아니, 그렇지 않아요. 실은 이 환어음이라는 증권에는, 만일 수입자 B가 대금을 지급하지 아니하는 경우에는, s은행으로서는 환어음을 발행한 S에게 그 대금 반환을 청구한다고, 기술하여 약속되고 있습니다. 여기에 더하여 앞에서 말한 L/C가 있으므로 s은행은 b은행에게도 대금지급을 청구할 권리가 있습니다.

학생 : 은행도 챙길 것 다 챙기고 있군요. 결과적으로 S는 s은행으로부터 돈을 빌린 셈이네요.

선생 : 그렇게 말할 수 있지요. 그런데 무역 결제에 있어서는, 이 L/C와 환어음에 의하는 것이 가장 전형적이고, 고전적인 방법이라 할 수 있습니다. 그러나 작금에는, 모회사와 해외의 자회사간의 거래가 증가하거나, 또 상호간에 신용관계의 정도나 거래방식 등에 따라 결제방법도 다양화되고 있습니다. 그러나…

학생 : 기본의 키를 이해해두면, 응용도 잘 할 수 있겠군요.

선생 : s은행은 매수한 B/L을 b은행에 송부하고(→ 21), 수입자 B는 상품대금을 b은행에 불입하고(→ 22), 이와 상환으로 B/L을 수령합니다(→ 23). 물론 이 대금은 b은행으로부터 s은행으로 송금됩니다(→ 24).

학생 : 여유있는 수입이군요.

선생 : 본선이 양하항에 도착하기 며칠 전에 선사는 수입자, 실제로는 그를 대행하는 포워더 등에게 본선도착예정을 통지합니다(→ 25). 한편 세관과 컨테이너 터미널에 적하목록이 제출됩니다(→ 26, 27). 수입자는 은행으로부터 입수한 B/L에 배서를 하여 선사에 제출하고(→ 28), 선사는 양하가 완료되고 나면 B/L과 상환으로 D/O를 화주에게 교부합니다(→ 30).

학생 : D/O라면?

선생 : 델리버리 오더(Delivery Order)라고 해서, 선사의 업무를 대행하고 있는 터미널은 이것을 가지고 오는 사람에게만 화물을 인도합니다. 오늘의 이야기는 모두 원칙적인 이야기들입니다. 전후가 뒤바뀌지만 컨테이너 터미널은 본선이 입항하면, 컨테이너를 야드에 양륙합니다(→ 29). 그리고 야드 내의「(세관이 지정한) 보세구역」에 모든 컨테이너를 반입합니다. 또 컨테이너 번호 등을 상세하게 기재한「양하컨테이너 일람표」를 제출(→ 31)하고, 컨테이너 자체의 신고를 합니다.

학생 : 양륙과 「반입」은 서로 다른 것입니까?

선생 : 동작은 하나로 같다고 할 수 있습니다. 물리적인 의미의 양륙, 즉 야드에의 반입은 관세법상으로는 「보세구역으로 반입」입니다. 관세법에 의하면「외국화물은 (수입허가 되어 내국화물로 되기까지는)보세구역이외의 곳에 둘 수 없도록」되어 있습니다. 본선이 착안하는 야드는 통상 세관이 지정하는「보세구역」이 되어 있습니다. 결국, 눈으로 보기에는 선박에서 컨테이너를 내려서, 야드 안에 정리하여 장치하는 것뿐인데, 관세법상으로는 「반입」행위가 되는 것입니다. 세관으로서는 전체 컨테이

너가 모두 「반입」된 것을 확인하고, 또 26으로 입수한 적하목록과 대조해보기도 합니다. 지나는 김에 「보세」란, 수입세의 과세를 유보하여, 거기까지는 납세하지 않아도 된다, 라는 의미이나, 다른 한편으로는 아직은 수입된 것이 아니다, 라는 의미이기도 합니다.

학생 : 「반입」이란 것은 해외여행의 경우의 나리타 공항의 입국심사 같은 것이군요.

선생 : 조금 다른 것은, 그 선박으로부터 2,000개의 컨테이너가 내려졌다면, 제일 먼저 내려진 컨테이너라도, 2,000개 전부의 「반입」이 확인되지 않으면 「심사해주세요」라고 할 수 없습니다. 비행기에서 가장 먼저 내리나, 가장 나중에 내리나 집에 가는 시간은 똑 같다는 이야기입니다. 개별반입이라든가 하는 예외는 있지만.

화주는 「반입」이 되었는가 여부를 터미널에 확인할 필요가 있습니다(→32). 이 확인을 하고 나서야, 화주는 세관에 「수입신고」를 하게(→33)되는데, 이 때 필요한 주된 서류가 B/L, 인보이스, 패킹 리스트 등입니다. 이것들 이외에는 필요에 따라, 특혜원산지증명(특혜관세의 적용을 받는 경우), 보험증서 등이 있습니다. 인보이스는, 수출인이 수입인에게 보내오는 화물의 명세서로서, 화물의 내용, 가격, 케이스 마크, 선명, 항차수, 선적항, 양륙항 등의 주요사항이 기재되어 있습니다. 그리고 화주는 관세를 납부할 때 Sea-NACCS에 의한 전자금융을 활용할 수 있습니다. 세관은 문제가 없을 경우, 「수입허가」(검사가 필요한 화물에 대하여는 「검사허가」)를 합니다(→34).

트럭회사가, 수입허가를 받은 화주로부터 받은 D/O를 터미널의 오퍼레이터에게 제시하여(→35), 화물을 수령합니다(→36). 화물을 수령한 화주는 빈 컨테이너를 CY에 반납합니다(→37).

학생 : 대단하군요, 전부 어느 정도의 시간이 걸립니까?

선생 : 원활하게 잘 될 경우, 본선이 입항 착안한 때부터 화물수령시간까지 다음날 오후 정도가 될까, 주말이 끼일 경우 3일 이상 소요되기도 합니다. 가장 앞에서 이야기하였지만, 이상은 어디까지나, 원칙적인 흐름의 설명입니다. 보다 상세한 것은 본문을 정독하여 공부하지 않으면 안됩니다.

학생 : 예 알겠습니다.

Prologue

이 코너는 MOL JAPAN의 영업사원이 지금까지 실제 비즈니스를 하면서 겪었던 이야기를 힌트로 작성한 것이다.「문제가 일어나는 방법」이라는 관점에서 참고하였으면 한다. 각각의 기술적인 용어에 관하여는 관계되는 각 장을 읽어보기 바란다.

1 해외조달의 다양화에 대응할 수 있는 효율적인 물류란?

MOLJ : 해외로부터 가전제품의 조달이 증가를 계속하고 있는 것으로 보입니다.

고객 : 예, 덕분에요. 다만, 해외의 메이커에게는 어느 정도 경제성 있는 규모로 발주하게 되기 때문에, 어쩔 수 없이 한꺼번에 많은 양을 가지고 와서, 국내에 재고로 두고 상품을 조금씩 점포에 진열하게 됩니다. 그 때문에 지금 사용하고 있는 로지스틱스 센터(P162②)도 좁아져서, 그 개선방안을 찾아야 할 때가 온 것 같습니다.

MOLJ : 그렇다면 평균재고 일수도 길겠군요? 많은 메이커들은 SCM(p161①)을 의식한 소량단위 출하에도 대응할 수 있게 되어 있는데, 중국을 포함한 아시아는 아직은 불충분하지요.

고객 : 예, 한달 정도의 재고를 늘 가지고 있는 상태인데, 골치가 아픕니다. 가장 좋은 것은 일주일 이내로 해서, 그에 응하여 구매하는 것이 이상적이나, 말씀하신 바와 같이, 현지 공장 사정이 아직 그렇지를 못하고, 소량단위로 할 경우, 운송에 소요되는 시간도 길고 해서, 여유를 갖기 곤란한 실정입니다.

MOLJ : 그렇군요, 사오는 곳은 중국의 상하이지구와 화남지구가 중심으로, 그 외는 유럽과 태국으로부터의 수입이군요. 그렇다면, 로지스틱스 센터의 재검토를 계기로, 센터를 비용이 상대적으로 저렴한, 중국으로 이전하여, 여기서 소위 바이어스 컨솔리데이션「p159①」을 해서, 점포의 상황을 보아가며 일본으로 가져오는 방안을 검토하는 것이 좋겠군요.
최근에는 중국에서도 유연한 로지스틱스 체제를 구축하는 것이 가능하게 되어가고 있으며, 비거주자라도 중국내의 상품은 물론이고, 중국 국외로부터 온 상품도 보세상태로 보관할 수 있게 되었습니다. 이것이 멀티 컨트리 바이어스 컨솔리데이션「p162④」입니다. 특히 상하이라면, 와이카오차오(外高橋)에 보세물류원구「p160④」라는 보통의 보세구역 이상의 기능이 부여된 구역이 있습니다. MOL은 그 이용가치를 일찍이 평가하여, 개설 당초부터 영업허가를 받은 일본계 기업으로서는 유일한 기업으로서, 자영의 물류센터를 운영하고 있습니다. 여기서는 이미 메이커나 상사들이 다양한 솔루션을 실행하고 있어, 반드시 귀사의 필요에도 크게 역할을 할 수 있을 것입니다.
해상운송에 있어서도, 상하이나 홍콩으로부터라면 거의 매일 선편이 있습니다. 그리고 주요항 뿐만 아니라, 니혼가이나 세토나이(瀬戸内), 구마모토(규슈)의 항만까지도 서비스의 제공이 가능하기 때문에, 일본국내의 운송비 절감에도 도움이 될 것입니다.

고객 : 정말입니까? 그것 참 근사하군요. 다만, 우리 상품수가 수천점에 달하고, 점포의 수도 100여개가 되기 때문에, 중국에서 이것을 관리한다는 것이 가능할까요? 불안한데요.

MOLJ : 당사 그룹에서는 컨테이너 단위는 물론이고, 상품아이템별로 SKU「p162⑤」단위나 P/O(Purchasing Order) 단위로 트레이스 할 수 있는 시스템이 이미 개발되어 운영 중입니다. 이 시스템에는 소위 양상재고라든가 운송재고라고 불리는 창고 외에 있으면서도 고객으로서는 재고의 일종이라고 할 수 있는 상품의 관리도 같은 레벨로 할 수 있습니다. 그리고 이러한 정보들이 바로 고객 앞에 있는 컴퓨터에서 언제 어디서나 확인할 수 있습니다. 원하시기만 한다면, 귀사의 ERP「p162⑥」를 인터페이스 시키는 것도 가능합니다.

고객 : 지금 물류비의 개선이 시급한 과제로, 실은 최근, 사장이 우리 물류부서를 직접 담당하게 되었습니다. 한번 우리 회사에서 전체적인 흐름을 프레젠테이션 해주실 수 있습니까. 부탁합니다.

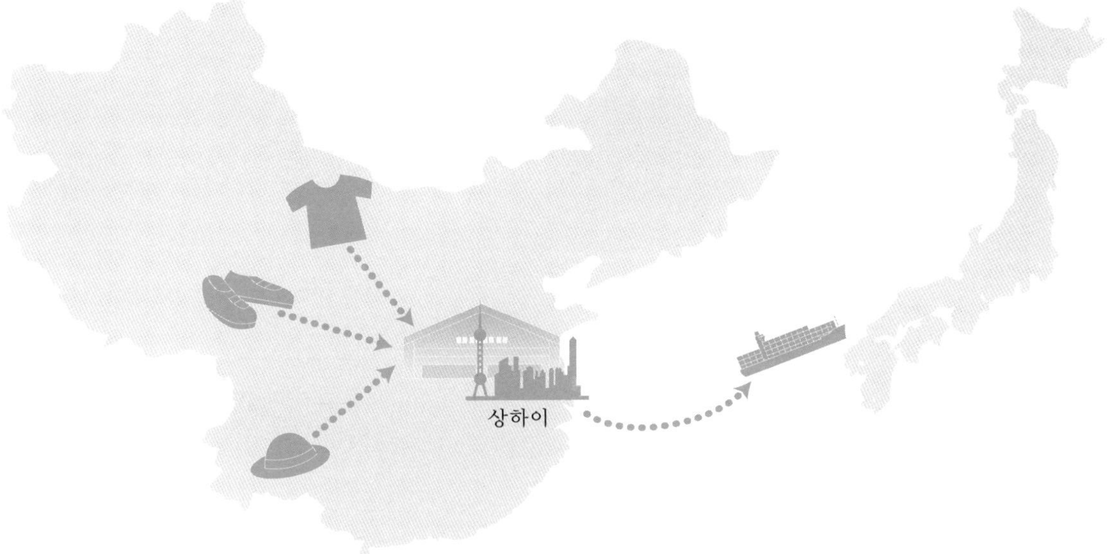

2 3국간 무역을 어떻게 원활히 할 수 있을까?

MOLJ : 이번에 당사에 새로운 일거리를 가져오셔서 고맙습니다. 아무쪼록 좋은 조건을 제시하도록 최선을 다할 생각입니다. 그런데 이번 상품은 베트남에서 미국으로 가는 것이군요, 이런 경우 일반적으로 싱가포르나 홍콩에서 환적하게 마련입니다. 특히 어려운 문제는 없을 것입니다.

고객 : 예, 확실히 물류 자체에는 그렇게 문제될 것이 없을 것으로 봅니다만, 실제로는 베트남의 공장과 OEM 계약을 해서, 그것을 일단 당사가 구입하여, 그 후 당사에서 미국의 도매상으로 수출하는 상류로 되어 있습니다. 공장과 당사와의 거래조건「p134」은 EXW, 당사와 미국 도매상 간에는 DDP로 되어 있으므로, 선사에게는 현지 공장에서의 수령에서부터 문전까지의 배송을 부탁하게 됩니다. 또 도매상에는 당사로부터 B/L을 송부하게 되는데, 가능하다면 B/L의 발행과 운임지급을 도쿄에서 하고 싶습니다.

MOLJ : 아 그렇습니까? 그렇다면, 베트남 국내에서는, 화물의 수령에서부터, 수출통관, 선적까지가 필요하게 되겠군요. 그런데 베트남에는 귀사의 지점 등은 없군요. 그렇다면 이 점을 어떻게 원격조종(리모트 컨트롤)하여 정확하게 대응할 수 있는가가 중요하군요. 다행히 당사는 베트남에 현지법인을 가지고 있고, 또 포워딩에 정통한 현지법인 회사도 있으므로 안심하셔도 됩니다. 또 B/L의 도쿄발행은 전혀 문제가 없습니다. 전 세계를 STARNET 라고 부르는 자사 시스템망으로 커버하여, 베트남, 미국, 일본 삼국간이라도 데이터를 공유

합니다. 베트남에서 선적 즉시 도쿄에서도 확인할 수 있으므로, 운임지급사실까지 확인되면 바로 B/L을 발행할 수 있습니다.

고객 : 그거 아주 좋군요. 우리 회사로서도 이 상품에 역점을 두고 있으므로, 영업팀이 응할 수 있는 물류를 구축하고 싶습니다.

MOLJ : 그런데 Waybill의 발행으로는 안됩니까?

고객 : 예, 공장과는 지금까지 거래관계도 있기 때문에, 상품이 출하된 후, 당사 앞으로 청구서를 보내도록 하고, 이것을 바탕으로 송금하도록 양해가 되어 있습니다. 한편 도매상 측과는 우리로서도 이번이 처음 거래라는 점도 있고 해서, 상대방에게 L/C「p139」를 개설해 주었으면 좋겠다고 강력하게 요청하였습니다. 그러므로 은행이 매수할 수 있는 오리지널 B/L이 필요하게 됩니다. 그러나 어느 정도 실적이 쌓이고 나면, 송금 베이스로 개선하는 방향도 생각하고 있습니다. 귀사의 협력을 부탁드리는 바입니다.

3 전기부품 메이커의 고민

200x년 1월부터 12월간에 일어난 일의 기록이다.

영업과장 A : 요약하면 연내에 일단락 될 거야.

동료과장 B :「Q전기주식회사」의 예의 프로젝트 말이군? 결과적으로 너무 길어졌군. 어떤 이야기였던가?

A : 금년 1월에 Q사의 요코하마 본사로부터 호출되어 갔는데, 동사의 대표 상품으로 IT화가 진전된 현재의 가전제품에 없어서는 안될 특수 모터를, 드디어 신흥공업국인 C국의 남부공업지대로 수출하게 되었는데, 출하전 요코하마에서의 체류가 3개월이나 걸려서, 창고비용의 증대가 문제가 되고 있다는 고민이 상담내용이었어.

B : Q사의 해상운송은 당사가 톱 셰어러이므로 상담하기 쉽겠는데.

A : 그래서 바로 그룹의 물류회사인 Z사와 같이, C국의 물류사업 전개와 실적을 프레젠테이션하였지. 상대방은「C국에서도 여러 가지 일들을 하고 계시군요」라고 하면서 안심하는 모양였지.

B : Q사의 특수 모터가 팔리고 나서 출하전에 그렇게 장기간 체류하는 이유는?

A : 바이어는 약 80개사의 중소상사로 일본에서 말하는 수입 도매상이야. Q사가 그들의 주문을 받아 모우는데, 요코하마의 창고에서 수하인 매 회사별로 FCL이 될 때까지 선적 부킹을 하지 못하고 기다려야 해. 수하인별로 보면 FCL이 되기 위해서는 1~2개월이 걸려.

B : 이미 여러 나라에 수출되고 있고 우리로서도 운송에 참여하고 있으므로, FCL이 점점 많아질 것이라고 생각하지만, 처음은 그런 것이지요. 이미지로서는 요코하마의 창고 안에 80개의 소구획이 설정되어 있어, 각각의 구획 안에 들어온 주문품을 놓아두고 있다는 감이 들어.

A : 게다가 각각의 수하인들이 한결같이 비용문제에 매우 민감해. 적재율이 90% 이상, 다시 말하면 57㎥ 이상이 되지 않으면 출하시키지 않는다고 해.

B : 그래서 어떤 제안을 했나?

A : 그래서 우리는 C국의 P항 부근에 창고를 준비하여, 일본 측에서는 어느 수하인이고 관계없이, 주문 들어 온 양을 다 모아서 FCL로 하고 요코하마→P항으로 선적하고, 창고 a에 80개의 도매상별로 구획을 정하여, 이곳에 수하인별로 선별하여 일단 장치하였다가, 트럭으로 배송하는 방법을 제안하였지.
이렇게 하면 일본에서의 체류기간이 적어도 1개월은 단축되고, 창고 비용도 대폭 절감할 수 있게 된다. Q사가 강한 흥미를 나타내었기 때문에, MOL 그룹은 C국 안에 적절한 창고 a를 찾으면서 연구를 계속하였지.

B : 산뜻한 해결안인데. 창고안의 80개의 구획설정은 필요없게 되겠군.

A : 그런데, Q사 사내에서 물류부문이 영업부문과 협의를 거듭하는 과정에서, 새로운 문제점이 부상하였어. 현지 수입상은 Q사의 R 현지법인 경유로 대금을 지급하는데, 실제는 현지 수입상사별로 FCL로 채워진 경우에도, 수입상사의 대금 지급이 좋지 아니하여, Q사의 R 현지법인, 이 회사는 C국에 접하는 장소에 위치하는 C국의 특별행정구역에 설립되어 있는 것인데도 불구하고, 이 현지법인에 대금의 입금이 확인되는데 2주일 정도나 걸려서, 이 확인이 끝날 때까지 선적을 할 수 없다는 것이지. 입금확인이 될 때까지는 소유권이 Q사에 유보되지 않으면 안돼.

B : 그렇다면 결과적으로 입금될 때까지 요코하마의 창고로부터 나갈 수가 없겠네.

A : 그렇지는 않아. Q사와 수입상간에는 연간 베이스의 포괄적 매매계약을 체결하고 있으므로 미리 약속된 양을 품목별로 사는 것은 틀림없으므로, 일본에서 선적하는 것은 거의 문제가 없어. 입금만이 문제야. 그래서 다음 아이디어로서, 그렇다면 P항으로 가지고 가서 가(假) 통관을 하고, 보세, 보관해두고, 입금 확인이 있을 때에만, 본 통관을 하여, 당해 부품상에 인도하는 방법이 어떤가 하고, 제안하였지. Q사는 일단 검토해보겠다고 했어.

B : 보세창고라면 임대물건도 좋은 것이 있을 것 아닌가?

A : 그런데, 일반적으로는 어느 나라에서나 보세구역 안에 상당수의 보세창고가 있는 것이 보통인데 이곳에서는 찾기가 어려워. 개발보세구는 창설되어 있으나, 보세창고라는 개념도, 실제 니즈도 아직은 없는 상태고. 좋게 말하면 우리는 선구자인 셈이지. 현지에서 뛰어다니면서 겨우 찾아내기는 하였어. 어느 지방의 창고업자가 가지고 있었어.

B : 그렇다면 여름휴가를 망쳤다고 투덜거리면서라도 출장가야겠네.

A : 7월이었지 아마. Q사와 합동으로 현지에 출장, 현지에서 활동하고 있는 MOL의 그룹 물류회사도 합류, 여기까지 오자 Q사도 적극성을 보이면서, 현지 주재원도 불러서 식사도 같이 하게 되었지. 다만 현지주재원은 사내에서는,「왜 하필 MO입니까?」「물류문제라면, 물류전문회사도 많은데」등 이견이 있었던 모양인데, 적극적인 제안을 계속해주는 것이 MOL이라는 것을 차차 알게 되어, 서서히 MOL의 팬이 되어갔어.

B : 희망적 관측? 그리고, 겨우 찾은 보세창고는 어떠했나?

A : 다행히 필요한 스페이스는 확보할 수 있을 것으로 보였고, Q사도 마음에 들어 했지. 그러나, 아직은 창고업자에게 Q사의 이름을 바로 거론하기는 좀 그렇고, Q사 사내에서도 지금부터라도 검토해야 하기 때문에, 그때까지도 정말 할 것인지를 알 수 없었지. 그러나 적합한 창고는 여기밖에는 없어. 배짱으로 창고업자의 책임자에게 공수표를 떼어놓았지. 어찌되었든 이 출장을 계기로 Q사는 하기로 결심하게 된 모양이야.

B : 그쯤 되면, 남은 것은 Q사의 사내문제군.

A : 확실히 상류에서 본 세부 체크나 사내조정이라는 의미에서 볼은 상대방에게 넘어 갔으나, 그래도 상대방의 물류부문으로부터 고민을 상담 받은 MOLJ로서는,「남은 것은 Q사의 사내문제다」라고, 버려 둘 수는 없는 일이지.

B : 함께 고민하고, 해결방안을 찾아나가는 자세를 유지하는 것이 중요하다는 말인가?

A : 그렇지. 그런데 MOLJ에서 시뮬레이션을 하는 과정에서, P항의 보세구역에서 가통관 절차를 하는데 많은 비용이 발생한다는 사실을 알게 되었어. 구체적으로는 신청 수수료 같은 것이지.

B : 다른 나라나 지역에서는 있을 수 없는 일인데?

A : 그렇지. 그 지역의 보세구역에는, 보세창고라는 것이 거의 없는 상태이므로, 가통관에 대해서는 세관의 실무 자체도 미숙하다고 할까, 적어도 세계수준과는 거리가 있었어.

B : 도대체 품목 수는 어느 정도 되나?

A : 40피트 컨테이너 한 개당 모터의 아이템 수는, 매매계약상의 품번 베이스로 하면 약 1,000개 돼. 그러나 통관신청서류를 작성할 때는, 일본에서도 그렇지만, C국에서는 P항 지역 이외의 곳에서는, 세계표준이 되고 있는 HS 코드(HS조약「p 30」을 바탕으로 한 세계통일 코드번호)로 분류하기 때문에 이 경우 컨테이너 하나에 많아야 7품목 정도에 불과하지.

B : 상식적으로는 큰 묶음으로 되어 있어, 보통은. 그렇다면 그쪽 세관에서는 예를 들면 색이 다르면, 품목도 다르다고 보는 식인가?

A : 바로 그거지. 그래서 신청서류에 기입하는데, 실제로는 컴퓨터에 입력하는 것인데, 한 장에 5줄밖에 입력할 수 없는데, 한 장 입력하는데 일본 돈으로 환산해서 800엔이나 하므로, 7품목이면 2장, 1,600엔에 끝날 수 있는데, 1,000품목이 되면, 200매, 16만엔이나 되어 버려.

B : 한 달에 200개라고 보면, 3,200만엔!

A : 일본측에서 합리화할 수 있다고 본 창고비용이 완전히 날아가 버린 것이지. Q사와 수입상 어느 쪽이 부담하는가 하는 문제는 별도로 하고도, 본 통관만하는 것과 달리 이번 제안에서의 가통관이라는 것이 하나 새롭게 더해져서 그만큼 비용의 순증으로 나타나게 되지.

B : 비용면에서 보아서는 제안 자체가 무의미해지고 말았군.

A : 우리는 C국에서의 통관실무에 정통한 스태프를 찾아서, 철저하게 조사하였어. P항 지역의 로컬 포워더들에게도 일일이 문의하고, 실제적인 간편화 방법을 찾아 나섰지. 많은 다른 국가에서도 그런 것 같이, C국에서도 세관은 출입하는 통관업자만을 상대하기 때문에, 이러한 문제에 대한 대화가 쉽지 않아. 그래도, 물론 여러 채널을 통하여, 비공식적으로 P항지역 관리세관과 타진하는 등의 방법으로 연구한 결과, 한 달쯤 걸려서 겨우「간편한 방법」을 알아냈지.

B : 이런 문제가 실시된 후에 나타났더라면 하고 생각하면 소름끼칠 이야기인데, Q사측에서는 이러한 통관상의 문제를 전혀 몰랐나?

A : 아니, Q사도 대체로 거의 같은 시기에 이 문제를 알게 되었던 것 같아. MOLJ가 그렇게까지 철저하게 조사한 것에 대해서「새삼 다시 신뢰」하게 된 것 같아.

B : 가을 출장은 무엇 때문에?

A : 9월말에, Q사의 물류부내에서 고 사인이 나왔어. 또 10월중에는 영업부문과의 조정을 위한 일정을 가지고 있다는 연락을 받았어. 이것을 받고 MOL측도 현지와 최종적인 매듭을 짓고, 예의 희소한 보세창고 측과 협의를 촉진하는 동시에 Q사의 현지 주재원에게도 물류업자로서 상세한 보고를 하고 잘 이해하도록 하지 않으면 안 되었지. 이점은 실은 Q사의 물류부문에서 했더라면 더 좋았을 텐데, 라는 의견도 있었지만.

B : 잘했군.

A : 등을 떠 밀지 않으면 우리 장사도 안되니까요. 또 MOL 그룹은 다행히 뛰어난 물류전문가가 현지에 주재하고 있으니까.

B : 그렇다면 출장은 성공리에…?

A : 그런데, 이 출장의 최종일인 10월 20일이었다고 기억하는데, 우리 MOL C국 현지법인, 물류담당회사의 C국 현지법인, 동 P지역 지사 합동의 5시간에 걸친 협의의 최후에 와서, 멤버중의 한사람으로부터 중요한 문제가 하나 지적되었어.

B : 그게 무엇인데?

A: 외환관리상의 문제. 화물의 소유권은 Q사 요코하마 본사가 가진 상태로 보세창고에 보세상태로 보관되어 있어. 그리고 매수처인 도매상이 Q사 R 현지법인에 입금이 확인되는 시점에서 화물의 소유권은 Q사 요코하마 본사→R현지법인→도매상으로 즉시 전매된다는 것이 이 계획이지. 그런데 C국의 외환관리법상, 매매대금의 대가라 할 수 있는 상품이 P항의 보세구역 안에 있는 경우, 대금의 수령인도 동 보세구역안의 거주자가 아니면 안 된다고 되어 있어. 결론적으로, Q사 요코하마 본사도, R 현지법인도, 또는 MOLJ 그룹의 C국 현지법인도, 이들 모두가 P항의 보세구역과의 관계에 있어서는「비거주자」이므로 송금처, 다시 말하면 대금 수령자가 될 수 없다는 것이지.

B : P항 보세구역 안에 존재하는 회사에 입금하여, 한 순간이기는 하지만 화물의 수령인이 되지 않으면 안된다는 것이군.

A : 그렇지. 결론적으로는, P항 보세구역 안에 무역결제회사를 Q사 혹은 MOL 그룹에서 설립하여야 한다는 것이지. 페이퍼 컴퍼니이기는 하지만, 불입자본금이 20만달러이고, 시간적으로는 2~3개월 소요되지. MOL측이 만드는 경우, 그것은 그것대로 장사에 활용할 수 있다고 생각되기는 해.

B : Q사의 반응은?

A : 11월초였던가, 출장보고를 겸하여 Q사를 방문하였지. 그쪽에서는 감사의 뜻을 표하면서,「실은, 보세구역 내 새회사 설립에 관한 문제는, 당사로서도 최근에야 알게 된 일이다. 경우에 따라서는 MO측에 부탁하는 것도 검토하였으나, 우리가 설립하기로 하였지」「앞으로도 계속해서 여러 가지 문제를 잘 연구해서 우리가 모르는 것을 잘 가르쳐 달라」고. 또「정말 오랜 시간이 걸려서, 미안하기 짝이 없으나, 연내에 매듭지을 수 있으리라 생각한다」는 이야기였어.

4 중국에서 등기수첩의 고민은 해결할 수 있을까?

고객 : 좀 상담할 것이 있습니다. MO 그룹에서는 상하이의 물류원구에 진출해있다고 들었습니다. 실은 우리 회사의 상하이공장이 가전제품의 컴퓨터 컨트롤 유닛을 몇 종류 만들고 있고, 같은 상하이에 있는 대규모 가전제품 메이커에 납품하려 하고 있는데, 라이벌과 경합하고 있습니다.

MOLJ : 그것 큰일이군요.

고객 : 메이커에서는 운송비와 리드 타임이 선정조건의 포인트로 보고 있습니다. 우리공장은 등기수첩「p162⑦」을 이용한 가공무역을 하고 있습니다. 그래서, 완제품은 중국 밖으로 수출하는 것이 대전제이므로, 수첩에 규정되어 있는 것 이상의 수량의 가공품을 중국국내에 판매할 수가 없습니다. 그 때문에 여기서 불과 한 시간 거리에도 못 미치는 곳에 있는 가전제품 공장에 납품하면서도, 일단 홍콩에 수출하여 수첩의 규정을 만족시킨 후, 다시 홍콩으로부터 상하이로 수입하는 형태를 취해야 하는 번거로움이 있습니다.

MOLJ : 수첩을 기지고 있어 아주 좋군요.

고객 : 그런데 이런 방법에 의하다보니, 상품을 출하하여 2주일이나 지나서야 메이커의 손에 들어갈 수 있습니다. 쓸데없는 비용이 들어갈 뿐만 아니라, 운송기간을 조금이라도 단축할 수 있도록, 어느 정도의 재고를 상하이의 공장에서 가지고 있으면서, 수주와 동시에 출하할 수 있는 방법을 만들었으면 합니다. 이것저것 아주 비경제적인 물류를 강요당하고 있습니다.

MOLJ : 그렇군요. 물류원구는 중국 국내에 홍콩과 같은 자유항「p163⑧」이 있는 것과 같은 것이므로, 원구에 일단 반입만 되면, 중국으로부터 수출된 것으로 보므로, 수첩문제는 깨끗이 해결됩니다. 여기서는 중국비거주자인 판매인이 중국거주자인 매수인과, 외화로 결제가 가능하기 때문에, 귀사의 홍콩법인과 가전 메이커 간에 미 달러로 결제가 가능하므로, 현재의 상류를 변경할 필요도 없습니다.

고객 : 그렇습니까? 그거 아주 좋군요.

MOLJ : 수첩으로 가공무역을 할 경우, 자재를 보세상태로 수입하여, 가공된 제품을 재수출한 후에, 부족한 수만큼만 관세와 증치세「p163⑨」를 납부하면 되므로, 가공무역을 하는 회사로서는 아주 편리한 제도입니다. 그러나 달리 국내에서 재판매할 경우에는 제약도 많고 해서 많은 사람들이 많은 고통을 받고 있는 것 같습니다.

고객 : 말씀 그대로입니다. 그래도 수첩을 이용하여, 자재를 보세상태로 수입할 수 있는 메리트는 증치세가 17%나 되는 중국에서는 대단한 매력입니다. 환부청구를 해도 납부한 증치세 전부를 돌려받을 수 있는 것도 아니기 때문에.

MOLJ : 수주로부터 납품까지 2주일이나 걸리고 있다면. 귀사 공장으로부터 물류원구가 있는 와이카오차오까지는 2시간 정도이므로, 납기가 대폭 단축됩니다. 생산조정을 잘할 수 있으므로, 재고도 그리 많이 가질 필요도 없고, 수주 즉시 생산이라는 시스템을 만들 수도 있고, 다품종소량수주도 저비용으로 대응이 가능하게 됩니다.
물류원구는 이미 국가레벨의 통달도 발효되어, 실적도 쌓이고 있어, 충분히 귀사의 요망을 충족시킬 수 있습니다.
또 물류원구의 창고를 운영하는 당사의 물류회사는, 중국에서 다양한 물류를 실행할 수 있는 완전한 라이센스를 보유하고 있어, 원구기능 이외에도 여러 가지 요구에 대응이 가능합니다. 필요할 경우, 광저우나 베이징에 배송도 할 수 있습니다.

고객 : 당사의 제품 자체는 상당한 수준이라고 자부하므로, 귀사의 서비스를 이에 부가한다면, 경쟁력 있는 상품이 될 수 있겠네요. 전부 MO에 부탁드리고자 합니다.

P162참조

5 메이커 물류담당자의 고민을 어떻게 해결할 것인가?

고객 : 이 창고 좀 보세요. 재고의 산 아닙니까? 이것들이 모두 동남아로 출하되어야 할 부품들입니다.

MOLJ : 대단한 장관이군요. 그런데 무엇 때문에 선별하여 운송포장까지 된 최종출하용 재고가 이렇게 많지요?

고객 : 판매점으로부터의 입금대기나, 운송비용을 절감하기 위하여, 컨테이너에 만재가 될 때까지 다음 주문을 기다리라는 고객들의 지시로 출하할 수 없는 것들로, 할 수 없이 창고에 보관하고 있습니다.

MOLJ : 그렇다면 창고비용은 판매점이 부담하겠군요?

고객 : 그게 ……. 여러 가지 복잡한 요소들도 있습니다만, 우리는 공작기계의 보수부품을 보다 많이 판매하는 것이 사명인데, 동남아에서는, 순정부품과 경합하는 대체부품이 많이 있고, 심한 경우에는 모조품도 나돌아 다니는 상태라, 판매경쟁이 아주 심합니다. 그래서, 조금이라도 더 팔기 위하여 현지 판매점의 무리한 요구들도 어느 정도는 들어주지 않을 수 없습니다. 그 일환으로, 보관비용을 우리가 부담하고 있습니다.

MOLJ : 그거 아주 난처하겠네요.

고객 : 또, 지금까지는 상류의 복잡한 일들을 피하기 위하여, 사이에 현지의 상사를 넣어서 처리해 왔는데, 상사로서는 부품의 판매수량을 확보하기 위하여, 상대방의 조건들을 받아들여, 부품의 판매에 여러 가지 제약을 받고 말았습니다. 한편 판매점도 경쟁이 치열하기

때문에 HS 코드나 품명을 적당히 변경하여, 관세를 적당히 억제하고 있는 것 같습니다. 이런 것을 계속할 경우, 채산상의 문제뿐만 아니라 아주 시끄러운 문제가 되지 않을까 걱정입니다.

MOLJ : 지금도 상사를 중간에 두고 있습니까?

고객 : 아니오, 직접무역으로 전환하였습니다. 다만 판매관리 때문에 사이에 현지법인을 개입시키고 있습니다. 흐름으로 본다면, 일단 싱가포르에 있는 현지법인에게 판매하고, 여기서 각 판매점에 부품을 팔고 있습니다. 그래서, 판매점이 현지법인에게 발주하고, 현지법인이 우리에게 발주합니다. 출하는 현지법인이나 판매점으로부터 입금된 것을 확인하고 나서야 이루어집니다. 어느 경우에도 입금문제만은 양보할 수 없기 때문에.

MOLJ : 무언가 아주 복잡한 이야기군요. 그러나 어떤 경우에도 동남아에 출하할 화물을 창고 비용이 터무니없이 높은 일본에서 장기 보관한다는 것은 잘못되고 있네요.

고객 : 그렇습니다. 골치 아픈 문제이긴 하지만, 돈 문제만이 아니라, 각국의 법제관계, 통관사정 등 여러 가지 문제가 얽혀 있어, 단칼로 해결하지 못하고, 엉거주춤하고 있습니다. 무언가 좋은 아이디어가 없습니까? 여러 사람에게 상담해 보았지만 결국은 다 잘 안되었습니다.

MOLJ : 그런 것만은 아니지요. 먼저 재고를 하루빨리 동남아로 옮기도록 하십시오. 거기서는 비거주자 재고「p162③」로 해서 귀사 명의로 보관하고, 싱가포르 현지법인으로부터 지시가 있으면, 즉시 출하하는 것이 좋습니다.

고객 : 과연 그렇군! 좋은 아이디어군요. 우리 명의로 재고를 동남아에 가지고 있을 수 있네요.

MOLJ : 일본에서 동남아까지의 운송은 판매선이 어딘지 관계없이 귀사가 독자적으로 혼재함으로써 효율화시킬 수 있고, 창고비용도 대폭 절감할 수 있게 됩니다. 거기서부터는 하나씩 문제를 해결해 나가면 됩니다. 지금까지의 볼륨도 있고 하니 연구할 가치가 충분히 있습니다.

고객 : 지금까지 여러 업자에게 상담해 보았습니다만, 돈 문제나 법제관계에 너무 골몰하다 보니 모두 소극적이었습니다. 무리로구나 하고 포기하고 있었습니다만, 지금의 이야기대로라면, 어떻게든지 해결될 것 같군요. 판매점에 인도하기까지의 리드 타임의 단축이나, 제품 가격에의 반영, 최종적으로는 과잉재고의 삭감 등 고객 서비스의 향상으로도 연결될 수 있겠습니다. 꼭 좀 검토해 주십시오.

Chapter 1

수출입절차 실무

Chapter 1

A 통관이란

1 수출입 화물의 통관

수출입을 하는 사람은 관세의 확정, 납부, 징수 및 환급, 그리고 화물의 수출입에 따른 세관절차의 적정한 처리를 위하여 관세법에 의하여 세관에 수출입을 신고하여야 한다. 신고된 화물에 대하여 세관은 신고서류를 심사하여, 또 필요에 의하여 화물 자체를 검사하기도 한다.

그 때 세관에서 수출무역관리령이나 식품위생법 등 다른 정부기관이 관할하는 법률에 관하여도 소정의 절차가 이루어졌는지를 확인한다. 이와 같은 세관에 의하여 이루어지는 수출입절차를 통관절차라고 하며, 그 절차에 의한 허가가 있어야만 해외로 수출하거나 국내로 화물을 수입할 수 있다.

그리고 수입품에는 특별한 경우를 제외하고는 관세나 소비세가 부과된다. 수입 신고된 화물은 소정의 절차를 거쳐, 화물에 부과되는 관세나 소비세를 납부하고 나서야 수입허가를 받을 수 있도록 되어 있다.

2 수출통관의 목적, 절차, 흐름

1 수출통관의 목적

외국에 화물을 수출하는 경우, 세관에 수출신고를 하고, 필요한 심사와 검사를 거쳐서, 수출허가를 받아야 한다. 이 일련의 절차가 수출통관이며, 그 목적은 아래 두 가지로 요약된다.

①수출무역의 관리

관세법 이외의 수출무역관리의 각 제도의 담보기능을 한다. 일본에서는 1980년에 당시의 외환 및 외국환관리법을 개정하여, 무역 및 외환거래를 종전의 전면금지로부터 원칙은 자유, 필요시 규제라는 법체계로 전면 개편하여, 수출은 최소한의 제한하에서 허용하고 있다. 현재의 규제로서는 외국환 및 외국무역법(新外爲法)에서

(1) 국제적인 평화와 안보적인 관점에서 특정목적지와 특정한 종류의 화물에 대하여는, 경제산업성장관의 수출허가

(2) 국제수지의 균형유지 및 외국무역과 국민경제의 건전한 발전의 관점에서 실시하는 수출승인제도 등이 시행되고 있다.

이 중 (1)에서는 대량파괴무기의 개발 및 제조에 이용될 우려가 있는 전략물자 및 관련되는 기술의 제공 등의 수출규제(품목/기술규제, 목적지 규제, 용도/수요자/ 인폼드 규제)가 강화되어, 특히 전략물자/기술수출에서는 2003년 4월 이후 다음과 같은 2단계 규제를 설정하여, 엄격하게 규제하고 있다.

1) 미사일 등 대량파괴, 일반무기에의 전용이 가능한 성능을 갖는(고도의 기술을 이용한)제품 및 기술의 수출을 금하는 「리스트 규제」(규제화물이나 기술에 해당하는지 여부를 판정한다).

2) 당해화물이나 기술의 최종목적지가 화이트국※인가 아닌가, 최종용도의 확인 및 최종수요자의 무기에의 전용가능성을 검증하고, 그리고 신청통지의 유무 등을 각 수출기업 레벨에서 체크하여 수출의 허용여부를 판단하는 「캐치 올 규제」.

(※ 화이트국 : 캐치 올 규제의 적용이 제외되어 있는 국가. 25개국이 지정되어 있다.)

또 (2)에서는 폐기물, 각성제, 중요한 무화재 등 다른 법령에 의하여 규제 대상이 되는 화물은 허가를 받지 아니하면 승인하지 않는다.

이러한 허가나 승인 등을 받았는가의 여부는 수출통관시에 세관이 확인하지 않으면 안되도록 되어 있다(수출무역관리령 제5조, 관세법 제70조). 이것으로 알 수 있듯이 수출통관이 이러한 제도를 실질적으로 관리하고 있음을 알 수 있다.

②무역통계의 작성

세관이 신고화물의 통계품목 번호, 수량, 금액 등의 통계정보를 확인, 수집하여 국가가 필요로 하는 무역통계를 작성한다.

2 수출통관절차의 흐름

①보세구역에의 반입

수출화물은 후술하는 본선직접적하, 부선처리, 반입전 신고 처리 등의 승인을 받은 경우를 제외하고는 원칙으로 보세구역(관세 등이 부과되지 아니하는 장소)에 반입하여야 한다. 이것은 세관검사 등을 하기 쉽고, 수출허가 후 발송을 완료할 때까지 격리보관이 용이한 등의 이유 때문이다.

②수출신고

화물을 보관하는 보세구역을 관할하는 세관에, 화물의 품목, 수량, 가격(FOB 가격 등)등 필요한 사항을 기재하여, 인보이스(송장) 등을 첨부하여, 수출신고서를 제출한다.

③수출허가

신고의 적법성, 신고서와 화물의 동일성 등이 심사되고, 적정한 수준의 세관검사도 이루어진다. 또 타법령에 의한 허가나 승인 등의 취득사실을 수출신고할 때에 세관에 증명하여야 한다(관세법 제70조). 이러한 것이 다 갖추어졌으면 세관장은 수출허가서를 교부한다.

④화물의 적재

수출허가서, 선적지도서 등의 서류와 화물을 운송업자에게 인도하여, 적재와 발송을 의뢰한다. 발송 완료 후, 운송업자로부터 선하증권을 수령한다.

3 수입통관의 목적, 절차, 흐름

1 수입통관의 목적

외국으로부터 화물을 수입하는 경우, 세관에 수입신고를 하고, 필요한 심사 및 검사를 받고 관세 혹은 소비세를 납부하고, 수입허가를 받아야 한다. 이러한 일련의 절차가 수입통관으로, 그 목적은 다음 세 가지에 있다.

①수입무역의 관리

관세정률법, 외환 및 외국무역법, 기타 법령에 의하여 수입이 금지되어 있는 수입금지품목이나, 수입하기 위하여는 해당관할관청의 승인이나 확인을 받아야 하는 수입규제품목에 대하여, 이러한 화물의 수입을 수입통관절차를 통하여 체크한다.

②관세 및 소비세의 징수

세수의 확보와 국내산업의 보호를 목적으로, 외국화물의 수입에는 관세 및 소비세가 과세된다. 이것을 수입통관과정에서 징수한다.

③무역통계의 작성

세관이 수입화물의 품목, 수량, 가격 등의 통계정보를 수집하여, 수입화물에 대한 무역통계를 정기적으로 작성한다.

2 수입통관절차의 흐름

①보세구역에의 반입

외국으로부터 도착한 화물은, 먼저 보세구역으로 반입된다. 보세구역이란, 관세 등이 부과되지 아니한 외국화물을 일시적으로 장치할 것이 인정된 장소로서, 통관절차를 수행하기 위한 장소이다.

②수입신고

외국화물을 보세구역으로 반입한 후, 필요한 서류를 첨부하여 수입신고서 및 관세 등의 납부서를 세관에 제출하는 등의 수입신고를 한다. 수입화물에는 관세 및 소비세 등이 부과되기 때문에, 수입신고와 더불어 납세신고도 하여야 한다.

③세관의 심사

제출된 신고서류가 세관에 의하여 심사되고, 필요할 경우 수입화물에 대한 검사도 실시하여 신고서 내용과 화물의 일치여부를 확인하기도 한다.

④ 관세 등의 납부, 수입허가

세관에 의하여 심사된 관세 및 소비세를 납부하고 나면, 수입신고서에 수입허가인이 날인되어, 세관으로부터 수입허가서가 교부된다.

⑤국내인수(반출)

수입허가서가 교부되고 나면, 수입화물을 보세구역으로부터 반출할 수 있고, 이때부터 국내화물로 유통되게 된다.

税関様式C第5010号

輸 出 申 告 書

申告番号	
	999-0000-(D)
積込港符号	
船(機)籍符号	1
貿易形態別符号	518
仕向国(地)符号	111
輸出者符号	99999
※(調査用符号)	

あて先 東京税関 長殿

輸出者住所氏名印 東京都千代田区霞ケ関3-1-1 税関 三郎 ㊞

代理人住所氏名印

仕向人住所氏名 ○-○○ ○○○○○ THAILAND XYZ Co., Ltd.

申告年月日 平成16年4月1日

積込港 東京

積載船(機)名 AMERICA MARU

出港予定年月日 平成16年4月3日

仕向地 BANGKOK (都市) THAILAND (国)

蔵置場所 ○○ H/W

本船扱 ｜ ふ中扱

品名	統計品目番号	単位	数量	申告価格(F.O.B) 千	円	※(調査欄)
(1) USED MOTOR VEHICLE	8703.22-910	NO	10	2,500	000	
(2)						
(3)						
				CIF US$ 23,809		

個数、記号、番号

10UNITS
BANGKOK IN DIA 1-10

CARGOS TO BE
CONTAINERISED
VIA ○○ HOZEI
WAREHOUSE

「外国為替及び外国貿易法」及び「輸出貿易管理令」関係

	(該当)	(非該当)
外国為替及び外国貿易法第48条第1項に基づく輸出貿易管理令第1条第1項別表第1の 項		
輸出貿易管理令第2条第1項第 号 別表第2の 項		
輸出貿易管理令第4条第 項第 号の 別表第 の 項(号)		

	(許可要)	(許可不要)
輸出貿易管理令第1条第1項別表第1の 項		

輸出許可証又は輸出承認証の番号

保税運送区分 陸路、海路、空路 ※承認

期間 年 月 日から 年 月 日まで

申告書 1 枚 1 欄

添付書類(輸出貿易管理令関係を除く)。

	(有)
仕入書	
輸出取引承認書	
その他関税法第70条関係許可・承認書等(法令名)	
関税定率法、関税暫定措置法第 条第 項第 号関係	
内国消費税輸出免税(還付金)関係	

※許可印・許可年月日

※積込年月日

※ 税関記入欄

1 検査場検査

2 現場検査

※受理	※審査	

通関士記名押印

(注) ※印の欄は記入しないで下さい。
「不服申立てについて」この申告に基づく処分について不服があるときは、その処分があったことを知った日の翌日から起算して2月以内に税関長に対し異議申立てをすることができます。

(規格A4)

관세매뉴얼에서 발췌

税関様式C第5020号

輸入(納税)申告書

(内国消費税等課税標準数量等申告書兼用)

IC	☒	IS		IM		IA		BP	
RE-IMP		ISW		IMW		IAC		IBP	

申告年月日　平成16 年4 月1 日

申告番号	9999-0000-(D)
船（取）卸港符号	
船（機）籍符号	2
貿易形態別符号	518
原産国（地）符号	304
輸入者符号	99999
※（調査用符号）	

あて先　東京税関長殿

輸入者 住所氏名印 電話番号　東京都千代田区霞ヶ関3-1-1　税関三郎　㊞　00-0000-0000

代理人 住所氏名印 電話番号　東京都江東区青梅2-56　東京通関株式会社　代表取締役　芝浦 太郎　㊞

仕出人 住所氏名　○- ○○ ○○○○○ U.S.A　ABC Co., Ltd.

船（取）卸港　Tokyo

積載船（機）名　AMERICA MARU

入港年月日　平成16年3月30日

原産地　U.S.A

積出地　(都市) NEW YORK　(国) U.S.A

船荷証券番号　N/Y-0403

蔵置場所　○○○○　(都道府県名　東京都　)

蔵入、移入又は総保入先

品名 番号	統計細分	単位	正味数量	申告価格（CIF） △内国消費税等課税標準額	税率 △種別等・税率	関税額 △内国消費税等税額	減免税条項 適用区分
( ) 9105.21	000	NO KG	1 2	320千 750円	FREE	0円	
税表細分 -4					基 協 特 暫	減免税額	
WALL CLOCK			酒 石 消 ☒地	320,750	4%	12,800	
			酒 石 消 地☒	12,800	25%	3,200	
( )				千 円		千 円	

貨物の個数・記号・番号

1 CARTON
SABURO ZEIKAN
1-1, 3 CHOME, KASUMIGASEKI,
CHIYODA-KU, TOKYO, JAPAN

評価申告：関税法施行令第4条第1項第3号又は第4条に係る事項　有 □　無 ☒
評価申告書 I □ II □ 個別 □ 包括 □
包括申告受理番号

税額合計		
	¥0- 円	関税（0 欄）
		△ 税（ 欄）
		△ 税（ 欄）
(欄数) 1枚	¥12,800-	△消費税（1 欄）
1欄	¥ 3,200-	△地方消費税（1 欄）

添付書類（許可・承認・申請等）輸入承認又は契約許可番号

※税関記入欄

納期限の延長に係る事項			延長しない税額
関税	包	(税額) 円 (特定月) 月	
	個	(税額) 円 (納期限) 年 月 日	円
消・地税	包	(税額) 円 (特定月) 月	
	個	(税額) 円 (納期限) 年 月 日	円
税	個	(税額) 円 (納期限) 年 月 日	円

※許可・承認印、許可・承認年月日

	(有)	※税関確認
仕入書	☒	□
仕入書に代わる他の書類	□	□
原産地証明書	□	□
本船扱・ふ中扱・搬入前申告扱	□	□

輸入貿易管理令別表第1・2第 号
関税法70条関係許可・承認等
法令名　食品・植物・家畜・薬事・化審

※受理	※審査	※収納

通関士記名押印　山田一夫 紙

(注) 1. ※印の欄は記入しないで下さい。
2. この申告による課税標準又は納付すべき税額に誤りがあることがわかったときは、修正申告又は更正の請求をすることができます。なお、輸入の許可後、税関長の調査により、この申告による税額等を更正することがあります。
3. この申告に基づく処分について不服があるときは、その処分があったことを知った日の翌日から起算して2月以内に税関長に対して異議申立てをすることができます。

(規格A4)

관세매뉴얼에서 발췌

Chapter 1

B 통관실무 ~ Sea-NACCS에 의한 통관

수출입절차는, 수출(또는 수입)을 하고자 하는 사람 자신이 할 수 있다. 한편 현재의 통관은 Sea-NACCS라고 하는 통관정보처리시스템을 이용하여 하는 것이 주류를 이루고 있으나, 이 시스템은 수출입자에게 직접 개방되지 않으며, 세관장으로부터 통관절차의 대행을 허가받고, 통관사 면허를 가진 통관사를 배치한 통관업자를 통해서만 이용하도록 되어 있다. 또 통관에는 전문적인 지식이나, 경우에 따라서는 상당한 시간이 소요되는 경우도 있어, 통관업자에게 통관 절차를 위탁하는 경우가 많다. 이하 해상화물의 통관을 목적으로 한 Sea-NACCS를 이용한 수출입 통관 업무에 대하여 기술한다.

1 Sea-NACCS란

통관정보처리시스템(NACCS : Nippon Automated Cargo Clearance System)은, 국제물류의 상류로부터 하류에 이르는 다양한 분야의 업무를 하는 민관의 이용자가, 각각의 업무에 따라, 적시에 적절하게 시스템을 활용하여 정보를 입출력함으로써, 국제물류의 신속화, 효율화 등을 목적으로 한 온 라인 시스템이다.

NACCS는 세관과 관련민간업계를 온라인으로 연결하여, 국제화물업무를 신속하게 처리한다. 이 시스템에는 항공화물을 처리하는 Air-NACCS와 해상화물을 처리하는 Sea-NACCS 두 개의 시스템이 있다. Sea-NACCS는 1991년 10월, 해상운송화물에 관계되는 수출입통관업무 등의 세관절차를 처리하기 위하여 가동을 개시한 전산처리 시스템이다.

이 시스템의 가동 후, 시스템의 대상지역을 순차적으로 확대하여 왔는데, 1999년의 시스템 개선에 의하여, 그 대상지역이 전국이 되었다. 이 시스템 개선에 의하여, 수입에 있어서는 선박의 입항으로부터 해상화물의 선박에서 양하, 수입신고 및 허가, 국내에의 반출까지, 또 수출에 있어서는, 해상화물의 보세구역으로의 반입으로부터 수출 신고 및 허가, 선박에의 선적, 출항으로 이어지는 일련의 세관절차 및 관련 민간업무를 온 라인으로 처리할 수 있게 되었다. 일본국의 해상화물의 총수출입허가건수의 약 97%가 이 시스템을 이용하여 처리되고 있다(2005년 10월).

또 Sea-NACCS는 기업 내 시스템 등과 전자데이터교환(EDI)처리방식을 기본으로 하는 시스템이 구축되어 있으며, 일부업무에 있어서는 국제EDI 표준인 EDIFACT에 의한 정보교환이 가능하게 되어 있다.

NACCS의 운영관리는 독립행정법인통관정보처리센터(NACCS 센터)에서 운영하고 있다. 이 센터는 「정보처리조직에 의한 세관절차의 특례등에 관한 법률(1977년 법률 제54호)」에 의하여 국제운송화물에 관계되는 세관절차 및 기타 국제화물업무를, 통관정보처리시스템(NACCS)을 사용하여 신속하고 정확하게 처리하기 위하여 1977년 10월1일, 대장성(현 재무성)의 인가법인으로 설립되었다. 그 후 특수법인 등 정리합리화계획에 의하여, 2003년 10월 1일에 독립행정법인이 되어 현재에 이르고 있다.

2 수출절차

1 수출절차에 필요한 서류

수출할 때 일반적으로 필요한 서류는, 보통 「인보이스(Invoice)」, 「패킹리스트(Packing List)」, 「쉬핑 인스트럭션(Shipping Instruction」, 「위임장」 네가지다. 이들 서류의 특성이나 작성방법에 관하여 설명한다.

①인보이스(Invoice)

우리말로 일반적으로 「송장(送狀)」이라고 한다. 이 서류는 수출통관할 때 수출신고서에 첨부하여 세관에 제출하여야 하도록, 관세법 제68조 제1항에 규정되어 있다. 또 그 기재내용에 관하여도 관세법 시행령에 다음과 같이 정해져 있다.

- 당해화물의 기호, 번호, 품명, 품종, 수량 및 가격
- 당해화물의 송장의 작성지 및 작성연월일, 목적지 및 수하인,

그 외에, 일반적으로 기재하여야 할 내용은,「수출자명 및 주소, 수입자명 및 주소, 선명, 출항예정일, 출항장소, 입항장소, 거래내용(인코텀스에 의한 것), 지급방법 등」이다.

②패킹 리스트(Packing List)

우리말로 「포장명세서」를 말한다. 이것은 선적명세서라고도 하는데, 수출하는 화물의 개수, 중량, 용적(입방미터)등이 기재되어 있다. 법률상으로 관세법상 제출서류가 아니나 상관습상 첨부하는 것이 일반적이다. 왜냐하면 관세법상「송장만으로 수입화물의 과세표준(관세 및 소비세의 계산근거)을 결정하기 곤란한 경우에는, 세관은 이에 필요한 서류를 제출하도록 할 수 있다」고 규정하고 있기 때문이다. 그러므로 처음부터 준비해 두는 것이 바람직하다.

③쉬핑 인스트럭션(Shipping Instruction)

선하증권(B/L)을 작성하기 위한 정보로, 통관업자로부터 지정된 내용과 지정된 서식에 의하여, 또는 임의의 서식에 화주가, 기재 작성한다. 이 정보를 바탕으로 B/L 혹은 Sea Waybill이 작성되므로 틀리지 아니하도록 충분한 주의를 기울여야 한다.

④위임장

이것은 통관업자와 처음으로 거래할 때 준비해야 할 서류이다. 통관업법 제22조제1항에서는 통관업자가 통관을 할 때 장부류를 갖출 것이 명기되어 있고, 이것들을 일정기간 보존할 의무가 있다. 그 장부의 하나로서, 통관업법 시행령은 「통관업자는 통관 업무에 관하여, 의뢰인으로부터 의뢰받았음을 증명하는 서류」가 있다. 그 때문에 통관업자는 임의의 서식으로 「위임장」을 고객(수출입통관을 의뢰하는 사람)으로부터 받아 둔다.

2 수출신고

수출신고는 원칙적으로 수출하고자 하는 화물을 보세구역으로 반입한 후 이루어진다. 수출신고서와 인보이스 및 기타 관련서류를 세관에 제출함으로써 이루어지는데, Sea-NACCS를 이용하여 신고하는 것이 지금은 일반화되었다. 다음은 Sea-NACCS를 이용한 수출신고의 수순이다.

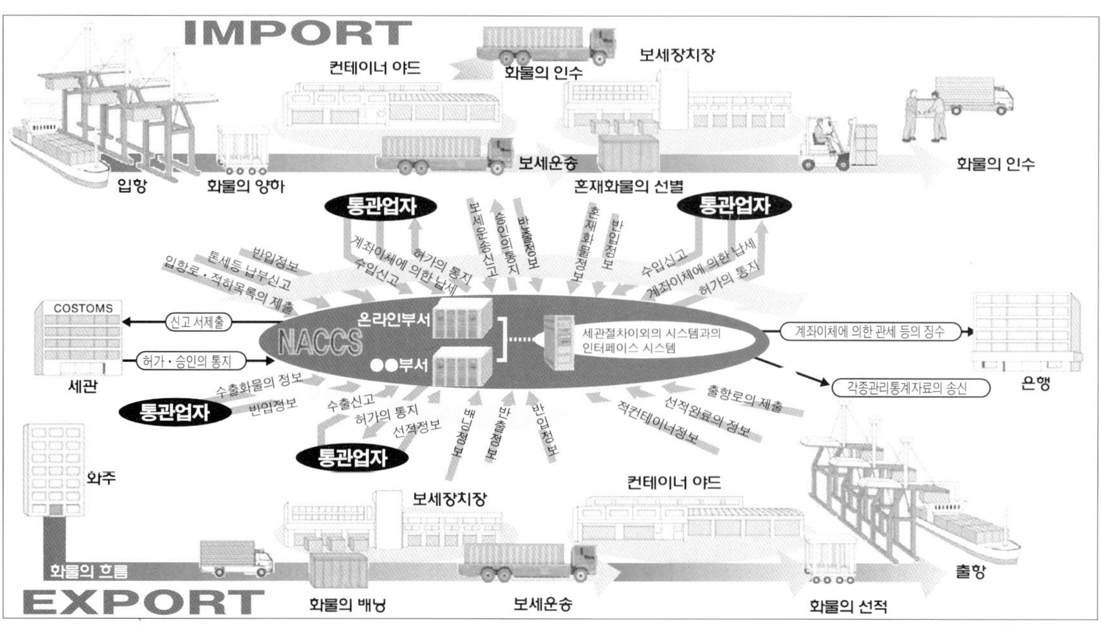

독립행정법인 통관처리센터 홈페이지에서

Sea-NACCS를 이용한 수출신고 수순

업무명	NACCS Code	내 용
① 수출화물의 정보	ECR	인보이스를 바탕으로 통관에 필요한 사항을 사전에 입력. 이 정보가 이후의 절차, 등록의 기본정보가 된다.
② 반입정보 (수출미통관)	BIC	화물을 수취하는 보세장치장은, 인보이스를 참고로, 도착한 화물의 수량, 사이즈, 중량, 외장상태를 확인한다. 이 확인 작업은 일본해사검정협회, 일본검수협회 등의 제3기관이 실시하며 이렇게 확인된 정보를 반입정보로 등록한다.
③ 수출신고	ELC	①과 ②의 정보 간에 차이가 없는 것을 확인하고, 수출신고를 한다(세관은 반입확인 등록과 ECR 및 수출신고의 내용을 대조한다). 【수출신고서에 기재할 항목】 ● 화물의 기호, 번호, 품명, 수량 및 가격 ● 목적지 및 수취인의 주소, 성명 ● 화물을 선적할 선박의 명칭 또는 등록번호 ● 화물의 장치장소 【신고서에 기재할 수량 및 가격】 ● 수량 : 화물의 종류별로 정해진 단위에 의한 정미(正味)의 수량 ● 가격 : 수출항에서의 본선갑판도가격(FOB가격)
④ 허가의 통지	CEE	수출신고를 받은 세관으로부터 허가의 통지가 온다. 다만 NACCS를 이용한 수출신고로 허가를 취득한 경우에도 신고서와 인보이스는 후일 세관에 제출하여야 한다.
⑤ 선적정보	ACL	①의 ECR을 바탕으로 선적에 관한 정보를 입력한다. 이 정보가 선사에서는 D/R(Dock Receipt)의 정보가 된다.
⑥ 배닝정보	VAN	보세장치장은 수출허가 후 화물을 컨테이너에 배닝하고, 화물명세를 등록한다.
⑦ 반출정보	BOC	⑥의 등록과 동시에 반출등록을 한다.
⑧ CY반입정보	CYA	CY(컨테이너 야드)에 반입된 컨테이너는, 터미널에 의하여 CY 반입확인의 등록을 한다.
⑨ 적(積)컨테이너 정보	-	〈터미널이 수행〉
⑩ 선적완료정보	-	〈터미널이 수행〉
⑪ 출항계의 제출	-	〈터미널이 수행〉
컨테이너를 이용한 수출신고	CNC	보세장치장이 아닌, CY에서 수출신고를 할 경우, 사전에 컨테이너에 배닝한 후, 수출신고를 한다는 허가를 받을 필요가 있다.
컨테이너 취급승인	CNF	컨테이너를 이용한 신고가 가능할 경우, 세관이 이를 승인한다.

3 보세구역 외에서의 수출신고, 기타 특례와 유의점

① 보세구역 밖에 두는 특례

●타소장치(장소) :

보세구역 안에 장치하기가 곤란하거나, 부적당하다고 인정되는 화물을 세관장의 허가를 받아 보세구역이외의 장소에 장치하는 것. 타소장치장소에 장치한 시점에서 수출신고가 가능해진다.

●본선적, 또는 부선적 :

화물을 본선 또는 부선에 적재한 상태(어느 경우도 보세구역 밖)에서 수출입신고를 하고, 검사를 받고 허가를 얻는 제도이다. 화물이 다른 화물과 혼재되어 있지 않을 것, 적재된 상태가 검사를 하는데 지장이 없는 것 등의 제약이 있다.

●컨테이너적 :

본선적이나 부선적은 재래선에 의한 운송을 전제로 한 것인데, 이와 같은 것으로 컨테이너 운송에서도 비슷한 특례가 마련되어 있다. 이 제도는 세관장의 사전허가를 받은 화물을 컨테이너 안에 쟁인 후에 보세구역으로 반입하여, 컨테이너에 쟁여진 상태로 수출신고를 하는 제도이다. 과거에 수출한 실적이 있을 것, 다른 화물과 혼재되지 않을 것, 검사가 가능한 적재 상태일 것 등의 제약이 있다.

②포괄사전심사제도

세관은 심사에 소요되는 시간을 단축하기 위하여, 수출에 관하여는 포괄사전심사제도를 도입하고 있다.

포괄사전심사제도란

계속해서 동일품목을 수출하는 경우에 이용하며, 개개의 수출신고의 심사가 간소화 된다. 이하가 이 제도를 이용하는 조건이다.

- 수출자가 동일한 화물을 계속해서 수출한다.
- 미리 포괄적인 심사를 받는다.
- 유효기간은 세관이 정한다(최장 2년 이내)

③수출면세제도

수출은 관세가 발생하지 아니할 뿐만 아니라, 소비세에 관해서도 면세제도가 적용된다.

수출면세란

해외에의 수출거래에 대하여, 소비세를 면제하는 제도이다. 이 제도에 의하여 화물 그 자체의 소비세가 면제되는 외에, 외국화물※의 하역, 운송, 보관, 검수, 감정 등의 용역의 제공에 대하여도 소비세의 과세 대상에서 제외된다.
(※ 외국화물 : 수입된 화물로서 수입허가전의 화물 및 수출허가후의 화물)

④재래선에 의한 수출

재래선은 컨테이너선과는 달리 터미널이 따로 없기 때문에, 수출화물은 착안할 선석의 보세장치장(통칭 상옥)에 일시 보관하였다가 본선도착일시에 선측으로 이동하거나, 보세공장이나 창고로부터 선측으로 직송하는 방법을 사용한다. 요컨대, 컨테이너 운송 루트에서 CY를 본선 선측, CFS(Container Freight Station)를 상옥으로 바꿔 생각하면 된다. 상옥에서는 화물을 받을 때 반입확인등록을, 선적할 때에 반출확인등록을 입력한다. 또 재래선을 이용하여 단품화물을 대량으로 적재할 경우, 또는 대형의 중량물이나 장척화물을 선적할 경우 등에는 본선적이나 부선적이 이용된다.

3 수입절차

1 수입절차에 필요한 서류

수입할 때 일반적으로 필요한 서류는, 수출에서와 같이, 보통「인보이스(Invoice)」「패킹리스트(Packing List)」「쉬핑 인스트럭션(Shipping Instruction」등이다. 또 관세 등의 과세대상금액은 CIF(p135참조)가격이 되므로, 경우에 따라서는「해상운임」이나「해상보험」의 지출증빙자료를 필요로 한다.

화물도착에 따라, 이들 서류와 선적서류를 지체없이 업자에게 건네는 것은 물론이고, 통관 후에 화물을 어떻게 할 것인가에 대한 방안도 필요하다. 처음으로 수입을 시작할 때에는, 위임장을 통관업자에게 제출하여야 한다. 위와 같은 서류외에 국내법으로 수입이 규제되는 화물인 경우, 예를 들면, 판매의 면허나 허가가 필요한 것, 판매를 위하여 규격기준이 정해져 있어 검사가 필요한 것, 혹은 정해진 표시를 부착하지 않으면 판매할 수 없는 것 등에 대하여는, 사전에 충분한 조사와 검토를 해둘 필요가 있다.

수입신고서에 첨부하는 서류

- 송장 : 수출신고서에 첨부하는 송장과 같은 내용으로 화물의 출발국에서 수출인이 서명한 것.
- 과세표준결정에 필요한 서류 : 송장만으로는 과세표준(원칙으로 CIF가격)의 결정이 곤란한 경우에 제출한다. 예를 들어 송장이 FOB 가격이면, 운임과 보험료의 명세서가 필요하다.
- 원산지 증명서 : 협정세율, 특혜세율의 적용을 받을 경우에 제출한다. 또 수입통관에서 화물에 부착된 원산지 표시는 매우 중요한 항목이다. 협정세율, 특혜세율의 적용여부와 관계없이, 화물에 원산지의 허위 표시, 오인을 발생할 소지가 있도록 표시한 화물의 수입은 금지된다.

2 수입신고

수출과 마찬가지로, 수입신고는 원칙적으로 수입하고자 하는 화물을 보세구역으로 반입한 후에 한다. 구체적으로는 수입신고서와 인보이스, 첨부 서류를 세관에 제출하는데, Sea-NACCS에 의하여 신고하는 케이스가 증가하고 있다.

Sea-NACCS를 이용한 수입신고 수순

내 용	NACCS Code	내 용
① 입항계/적하목록의 제출	–	〈터미널이 수행〉
② 톤세 등 납부신고	–	〈터미널이 수행〉
③ 반입정보	–	〈터미널이 수행〉
④ 보세운송신고	OLT	화물을 보세상태로 CY로부터 다른 보세구역으로 이동하기 위한 허가신청. 보세상태의 이동을 OLT(Over Land Transportation)라 한다
⑤ 보세운송승인	CET	④의 승인. 수출의 경우에는 수출허가 통지가 OLT 운송승인을 겸하고 있다.
⑥ CY반출확인	CYO	보세상태로 컨테이너를 CY에서 반출할 때 터미널이 입력.
⑦ 반입확인	BIA	OLT를 이용한, 컨테이너를 CY 밖의 보세구역으로 반입하여, 컨테이너에서 화물을 디배닝단계에서 반입등록을 한다.
⑧ 수입신고	IDC	보세구역에서 수입신고를 시스템상으로 신청. ⑦의 반입확인정보와 수입신고내용을 세관에서 대조한다. 그리고 CY는 보세구역이므로 여기서 수입신고도 가능. 수출신고와는 달리, 사전의 컨테이너이용승인은 불필요. 그 경우에는 ④⑤⑥⑦을 생략할 수 있다. 다만 세관에 의한 검사 등이 있을 경우에는, 세관의 지시에 의해 이동시킬 필요가 있다.
⑨ 계좌이체에 의한 납세	–	납세방법은, 화주의 등록구좌, 연납제도의 활용, 통관업자의 계좌를 이용한 입체의 3종류가 있다.
⑩ 허가의 통지	CEA	⑧⑨를 마치면 세관에서 수입을 허가한다.

3 유의사항

①보세장치장에 반입시의 유의점

위의 표중 ⑦의 OLT에 의한 "반입확인등록"이 종료되면 수입신고와 허가를 기다리지 않고 다음과 같은 약간의 작업을 할 수 있다. 다만 사전에 세관에 신고하고 허가를 받아야 한다. 처리내용은 다음과 같고, 수입통관에 영향을 줄 사항에 대하여는 보세장치장이 NACCS에 입력한다.

화물취급 –
- ●내용점검
- ●개장 및 분류
- ●견본의 일시반출
- ●손상을 입은 물품이나 불량품의 폐기

②사후조사

일반적으로 수입신고의 절차는 수입허가를 받은 시점에서 종료된다고 생각하기 쉬우나, 실제로는 세관에 의한 사후조사의 완료로서 종료된다.

사후조사란

수입허가 후에 그 수입내용의 적부에 관하여 세관직원이 수입자의 장부나 서류를 입회하여 검사하는 것이 사후조사이다.

4 관세 등의 납부

수입은 수출과는 달리 검사와 심사가 종료되어도 관세의 납부가 끝나기 전에는 수입허가를 받을 수 없다. 관세 등은 이하의 수순으로 계산된다.

(1) 관세정률법 별표 기타 수입하는 화물에 적용되는「번호, 통계세분」을 선택한다. 이「번호, 통계세분에는 HS(Harmonized Commodity Description and Coding System」조약(상품의 명칭 및 분류에 관한 통일시스템에 관한 국제조약)에 기반을 둔 것으로,「부(部)」「류(類)」「항(項)」「호(號)」의 순으로 세분되어 있다(21부 97류로 구성된다).

(2) 다음으로 당해품목에 적용되는 관세의 종류를 선택한다. 관세의 종류는 다음과 같고, 하나의 상품에 복수의 세율이 적용되는 케이스가 많다.

관세율 – ● 일반세율 : 기본세율, 특혜세율, 잠정세율, 협정세율
● 간이세율 : 소액화물에 대한 세율, 휴대품 별송품에 대한 세율

보통 수입화물에는 일반세율이 적용되고, 특혜수익국의 원산품에는 특혜세율이 적용된다. 그리고 특혜수익국 이외의 국가로부터의 수입품은 다음 순서로 적용세율을 결정한다.

1) 기본세율과 잠정세율의 양자가 적용되는 경우에는 잠정세율을 적용한다.
2) 수출국이 협정세율의 당사국인 경우, 1)에서 결정된 세율과 협정세율의 어느 것인가 낮은 세율을 적용한다.

(3) 세율이 결정되면 관세액을 산출할 수 있다. 이어서, 소비세(소비세 및 지방소비세)와 상품에 따라서는 다른 세액(예를 들면 주세)을 산출한다. 이들을 합산하여 납부해야 할 총세액을 산출한다.

(4) 관세 등의 납부는 납부서와 현금을, 세관, 또는 국고은행(국고수납대리점 포함)에 제출하여서 한다. 현금 이외에도 수표, 국채증권, 우체국 수표 등으로도 가능하다. 또 NACCS를 이용한 신고에서는 계좌이체로도 가능하다.

(5) 납세액 상당의 담보제공을 조건으로 한, 관세 등의 납부를 유예하는 제도, 다시 말하면 납부기한 연장제도도 있다. 이 제도에는, 수입자의 납세편의를 위하여 개별연장방식, 포괄연장방식, 특례연장방식의 세가지가 있다.

1) 개별연장방식이란, 개별 수입신고단위로 납부기한을 연장하는 방식으로, 수입자가 신고건별로 관세(소비세 및 지방소비세 겸용)납기 연장신청서(개별)를 제출함과 동시에 담보를 제공한 때에 수입허가일 익일로부터 3개월의 납기의 연장을 받을 수 있다.
2) 포괄연장방식이란, 특정월분의 수입신고에 대하여, 수입자가 당해 특정월의 전월말일까지 관세(소비세 및 지방소비세 겸용) 납기연장신청서(포괄)를 제출함과 동시에 담보를 제공하면, 당해 특정월의 말일의 익일로부터 3개월 이내의 납기연장이 인정된다.
3) 특례연장방식이란, 간이신고제도를 이용하여 인수신고를 한 특례수입자가 특례신고서의 제출 기한 내에 관세(소비세 및 지방소비세 겸용)납기연장(특례신고)신청서를 제출하는 동시에 담보를 제공하면, 특례신고서의 제출기한으로부터 2개월 이내의 납기를 연장할 수 있다.

5 수입심사의 신속화 및 간소화를 위한 각종제도

세관은 수입심사의 신속화, 간소화를 위하여 다음과 같은 제도를 운영하고 있다.

①사전교시

수입 예정화물의 적용 세번과 세율을 미리 선정하여 세관에게 알리고 사전 양해를 받는 제도이다. 실제 통관시에 신속한 처리가 가능하다.

②사전검사

수입 신고 전에, 현물 혹은 견본을 제출받아, 세관이 검사한다. 실제로 신고서를 제출하였을 때 검사가 간소화된다. 이 제도는 수출화물에도 적용된다.

③포괄심사제

동일한 수출자/수입자 사이에 동일한 화물을 계속해서 수입하는 경우에, 포괄심사를 받음으로써, 개별적인 수입신고의 심사가 간소화된다.

- 처음의 수입신고시에 포괄 신청한다.
- 적용세번 등에 문제가 없는 화물일 것
- 유효기간은 2년

④예비심사제

화물이 도착하기 전에 예비적으로 수입신고를 하고, 세관의 심사를 받아두는 제도이다.

⑤도착즉시수입신고

화물이 도착하는 해항 또는 공항을 관할하는 세관의 정보처리시스템을 이용하여 예비신고가 이루어진 화물 중에서, 세관의 예비심사 결과, 검사불요로 판정된 화물에 대하여는, 보세구역에 반입함이 없이, 도착이 확인되면 바로 본 신고(수입신고)를 하고 바로 수입허가를 받는 제도이다.

⑥간이신고

처음부터 세관장의 승인을 받은 수입자는, 지정받은 종류의 화물을 수입할 때에 인수신고와 납세신고를 분리하여, 납세신고 전에 화물을 인수할 수 있다. 이 경우의 수입자를 특례수입자라고 하며, 수입자가 하는 납세신고를 특례신고라고 한다.

⑦수입허가 전 인수

수입허가 전에 화물을 인수하는 제도로 다음 조건이 붙는다.

- 세관장의 허가를 얻는다
- 관세 등에 상당하는 담보를 제공한다
- 본 제도를 이용할 특별한 이유가 있다.

ex. ○ 과세표준 등의 심사에 시간이 필요하다.
○ 인보이스, 원산지증명서 등의 입수에 시간이 소요된다.
○ 화물의 성질이나 수입목적의 긴급성 등 인수를 서둘러야 할 이유가 있다.

또 휴대품, 별송품, 탁송품에 관하여는 간이통관제도가 있다.

간 이 통 관 제 도

- 휴대품, 별송품(여구 통관) : 휴대품, 별송품 신고서를 사용한다. 구두신고가 가능.
- 탁송품 : 간이서식의 신고서를 사용한다.

간 이 세 율 이 란

휴대품 등에 적용되는 세율로, 관세와 소비세를 통합한 세율이다.

- 휴대품 : 일본 국내에 입국하는 사람(여객, 승무원 등)이 출(입)국할 때 휴대하여 수출입하는 물품.
- 별송품 : 입국자가 입국할 때 이용한 선박 혹은 항공기와 다른 선박 또는 항공기(다른 편)로 수입하는 화물.
- 탁송품 : 선박 또는 항공기를 이용하여 운송되는 화물 중, B/L을 작성하지 아니하고, 선장, 기장 또는 출입국자에게 위탁하여 운송되는 화물 .

Chapter 1

타법령

1 타법령이란

관세관계법 이외의 법령으로, 수출입에 관하여 허가, 승인 또는 검사 등을 하도록 요구하고 있는 것을 타법령이라고 한다. 타법령에서 정하고 있는 허가, 승인, 혹은 검사 등은 수출입신고, 또는 심사 및 검사를 받을 때에 이것을 받았다는 것을 증명하여야 한다. 그러므로 타법령에서 정하는 허가 등을 마치지 아니하면 수출입은 허가되지 아니한다.

세관심사가 간소화되어가는 경향이 있는데 비하여, 타법령에 의한 규제는 더욱 엄격해지는 경향이 있다. 이러한 법령에 의한 규제는 관세법상의 수출입허가제도와 연계됨으로써 그 실효성을 확보할 수 있다.

2 수출할 때의 타법령

타법령으로, 수출을 규제하는 법령은 이하와 같다.

외환 및 외국무역관리
- 수출무역관리령
- 외환령

수출의 제한, 금지
- 수출입거래법
- 문화재보호법
- 임업종묘법
- 조수(鳥獸)의 보호 및 수렵의 적정화에 관한 법률
- 대마단속법
- 각성제단속법
- 마약 및 향정신성약단속법

검역
- 식물검역법
- 광견병예방법
- 가축전염병 예방법

수출무역관리령에 의한 수출허가는, 다른 각종규제를 마친 것을 전제로 하기 때문에 이 관리령을 준수하는 것만으로도 태반의 규제법령의 요건을 충족시켰다고 할 수 있다. 수출무역관리령은 규제대상품목을 아래 표 중 항목 1과 항목 2로 나누어 기재하고 있다. 그리고 항목 1은 리스트 규제와 캐치 올 규제로 나누고 있다.

수출무역관리령

항목 1		항목 2
무기, 원자력, 생물 및 화학병기, 미사일 관련품목 등 국제적인 평화유지 관점에서 경제산업장관의 수출허가가 필요한 품목.		국내수요의 확보, 국제협정 등의 준수 등의 관점에서 경제산업장관의 수출승인이 필요한 화물
리스트 규제	캐치 올 규제	다이아몬드 원석, 혈액제제, 핵연료물질, 방사성 폐기물, 마약 및 향정신성약의 원료, 선박, 밀기울 및 쌀겨, 어분, 배합사료, 박하의 종근(種根) 및 표고버섯 종균, 낙엽송의 종자, 센, 부들, 졸참나무 원목, 장어의 치어, 냉동 대합, 모시조개, 홍합, 후론, 특정유해폐기물, 유해화학물질, 워싱턴 조약 대상 동식물, 종(種)의 보존법대상화물, 새그물, 위조 변조 모조통화, 우표, 반란을 선동하는 서적, 풍속을 해하는 서적 등, 마약 및 향정신제, 국보 및 중요문화재, 상대국의 특허권 실용신안권 의장권 상표를 해하는 화물, 일본의 상표권을 침해하는 화물
국제적으로 합의된 규제품목이다. 설령 민생용도라 할지라도, 수출하고자 하면, 경제산업장관의 허가를 필요로 한다.	리스트 규제 이외의 품목이기는 하나, 대량파괴무기의 개발 등에 사용될 우려가 있는 경우에는 수출허가를 필요로 한다. 대상품목은 수출통계품목표의 유별(類別)에서 규정하고 있다. 그러나 미국, 영국, 프랑스, 독일, 한국 등은 캐치 올 규제의 대상이 되지 않는 화이트 국으로 제외된다.	

3 수입할 때의 타법령

관세관계법 이외의 법령으로, 수입에 관하여 허가, 승인 등을 정한 것으로 관세법 제70조에서 규정하고 있다. 수입자는 수입신고를 할 때 이것을 받았다는 것을 증명하여야 한다.
규제법령은 아래에서 보는 바와 같이 매우 다양하나, 식품위생법, 식물검역법, 가축전염병예방법이 적용사례의 약 90%를 점하고 있다.

타법령 —
- 수입무역관리령 : 수입할당품목, 수입제한품목, 사전확인품목
- 조수(鳥獸)의 보호 및 수렵의 적정화에 관한 법률
- 총포도검류소지등 단속법
- 인지등 모조단속법
- 독물 및 극물단속법
- 대마단속법
- 각성제단속법
- 마약 및 향정신성약단속법
- 아편법
- 약사법 : 의약품, 화장품, 의료기구, 동물용의약품, 의약부외품
- 생사의 수입 등에 관한 법률
- 수자원보호법
- 비료단속법
- 농약단속법
- 설탕의 가격조정에 관한 법률
- 가공원료유 생산자 보조금 등 잠정조치법
- 주요식량의 수급 및 가격안정에 관한 법률
- 화약류단속법
- 고압가스보안법
- 화학물질의 심사 및 제조 등의 규제에 관한 법률
- 석유의 비축확보 등에 관한 법률
- 우편수표류 모조등 단속법
- 알콜사업법
- 식품위생법 : 음식물, 첨가물, 식기, 포장용기, 완구
- 식물검역법
- 광견병예방법 : 개, 삵, 아라이곰, 여우, 스컹크
- 가축전염병 예방법
- 감염증 예방 및 감염증환자에 대한 의료에 관한 법률
- 노동안전위생법

타법령에 관하여는 특히 다음 2가지 점에 유의하여야 한다.

(1) 일상생활감각과 다른 적용이 있을 수 있다.

ex.
- 가공육인 소시지, 햄, 베이컨 : 가축전염병예방법
- 완구 : 원칙적으로 식품위생법의 대상이 된다(유아가 입에 대거나 핥을 가능성)
- 여행용구(화장용, 세면용) : 약사법
- 옥수수가루 : 식품위생법, 식물검역법, 주요식량의 수급 및 가격안정에 관한 법률

(2) 타법령과 관계되는 허가나 승인을 받으려면 시간이 필요하다. 예를 들면 식품위생법에 의한 수입식품에 사용된 첨가물을 분석하기 위해서는 7~10일은 필요하다. 그 때문에, 사전에 샘플을 공수하여 분석을 마쳐놓지 않으면 수입화물이 보세구역 안에 장기간 유치될 염려가 있다. 다만 전 검사 및 심사가 사전에 송부되어 온 샘플에 의하여 이루어지는 것이 아니고, 상품에 따라서는 도착한 화물로부터 샘플을 채취하는 것이 강제되는 경우도 있다.

Chapter 1

D 창고와 보세제도

일반화물을 운송하는 중심적인 수단이 재래선이었던 시대에는, 수출화물은 안벽 내에 설치된 상옥으로 반입되어 일시 보관되는 것이 일반적이었다. 이 때문에 수출통관은 화물이 상옥에 놓인 상태에서 이루어졌다. 그 후, 컨테이너화가 진전되어, 일반잡화의 태반이 컨테이너로 운송되면서, 터미널은 컨테이너의 적양하에 특화되었고 화물을 컨테이너에 쟁이는 작업은 터미널의 외부에 건설된 창고가 중심이 되게 되었다. 이러한 창고는 창고 본래의 기능과 보세장치장의 기능을 겸하게 되어, 당초에는 재래선시대의 상옥기능의 대체수단이었으나, 최근에는 물류합리화를 위한 역할이 강화되고 있다.

1 창고기능

창고업을 영위하기 위해서는 국토교통성에 등록을 하지 않으면 안된다. 이러한 등록을 마친 영업 창고는 이하에서 분류되는 바와 같이 처리할 수 있는 화물의 종류가 제한되어 있다.

영업창고 — ●보통창고 : 1~3류 창고, 야적창고,
저장조 창고(사일로), 위험품 창고
●냉장창고 (10°C 이하)
●수면창고

부두지구, 특히 컨테이너 터미널의 배후지에 입지하는 창고는 일반잡화를 대상으로 하는 1류 창고가 중심이고, 소수의 위험 창고가 있다. 또 냉동품의 수출입은 냉장창고를 이용하고, 5~15°C 정도의 냉장품은 냉장창고나 보통창고 내의 정온고(定溫庫)를 이용한다.

창고의 기능은 다음과 같은 5가지로 나누어진다. 지금까지의 부두창고는 주로 저장기능과 물류결절점 기능을 제공하여 왔으나, 지금은 판매촉진, 물류합리화 기능의 중요도가 점진적으로 높아지고 있다.

창고기능 — ●저장기능 : 물품의 흐름의 시간적인 조정이 그 주기능
●가격조정기능 : 물품의 가격변동을 조정한다.
●물류결절점기능 : 물류의 흐름에서 일어나는 복수의 운송기관간의 연결기능
●금융보조기능 : 창하증권에 의한 융자, 또는 양도를 한다.
●판매촉진, 물류합리화기능 : 유통가공이나 배송기능을 갖추어, 물류합리화나 판매촉진에 기여한다.

2 보세기능

수출입화물은 보세구역에 반입된 후 수출 또는 수입통관을 하는 것을 원칙으로 하고 있다. 보세구역은 재무부장관이 지정한 지정보세구역과, 세관장이 허가하는 허가보세구역으로 나누어지며, 허가보세구역은 다시 4가지로 나뉜다.

보세구역 — ●지정보세구역(외국화물의 분류 등) 〈1개월〉
●허가보세구역
○보세장치장 (외국화물의 선별, 분류 및 장치) 〈원칙 3개월/최장 2년〉
○보세공장 (외국화물을 원료로 한 가공, 제조) 〈상동〉
○보세전시장 (외국화물의 전시 및 사용) 〈보세전시장의 허가기간〉
○종합보세구역 (위 모두를 포함) 〈원칙 3개월/최장 2년〉

*( )내는 주된 기능, 〈 〉는 장치기간의 제한

부두구역의 터미널의 배후지에 있는 창고는, 보세장치장의 허가를 취득하는 것이 일반적이다. 창고로서의 등록과 보세장치장의 허가를 아울러 갖고 있기 때문에, 통상적인 보관기능 외에 수출입 통관, 내용점검이나, 개장(改裝) 및 분류, 수입화물의 견본의 외부로 반출이나 전시, 손상품에 대한 폐기 등이 가능하다(세관장에게 신고나 허가가 필요한 경우가 있다). 한편 보세장치장의 허가로부터 오는 제약도 있다. 예를 들면 보세장치장의 운영자는, 화물의 반입, 반출이나 내용물 점검 등에 대한 기장이 의무화 되어 있다. 또 화물은 외국화물과 국내화물로 구분하여 보관하여야 한다.

3 물류합리화

상술한 바와 같이 보세장치장에서는 화물의 내용점검이나 분류 등의 작업이 이루어진 것은 종래부터 있어온 기능이나, 근년에는 3PL이나 SCM의 일익을 담당하는 업무가 증가되고 있다. 이하는 그 한 예들이다.

① 수출기지

화주의 공장은 수출예정의 유무에 관계없이, 생산계획에 의하여 수출용상품을 제조하여, 보세장치장에 반입한다. 이 시점에서 화물은 국내화물로서 수출시기나 수출선도 명확하지 않다. 그 후 수출지와 예정선박이 정해지면 보세장치장이 화물을 픽업하여, 포장하고, 카고 마크(cargo mark)를 부착한다. 그 후 통관이 끝나면, FCL(Full Container Load)화물 또는 LCL(Less than Container Load)화물별로 CY 혹은 CFS까지의 운송을 수배한다.

② 컨솔리데이션(Consolidation)

자동차 부품이나 기계부품의 수출에서 널리 이용된다. 국내의 복수의 공장이나 하청업체에서 제조된 부품을 보세장치장에 집결시켜, 일시보관하면서 필요량을 픽업하여, 컨테이너에 쟁이는 서비스이다. 보기에 따라서는 매우 간단한 작업으로 보이나 실무를 해보면 매우 복잡한 작업이다. 왜냐하면 납품하는 메이커의 수가 많은 경우 50여개사를 넘고, 메이커별로 납품단위가 서로 다르기 때문이다. 예를 들면 A사는 1회 선적분만 납품하는가 하면, B사는 3회선적분을 납품한다. 또 수출에 적합하지 아니한 포장상태로 납품된 것은 보세장치장에서 포장을 다시 해야 하는 경우도 있다. 이와 같이 출하는 계획된 대로 착착 진행되는 것이 아니기 때문에 예정선의 변경이나 긴급출하를 해야 하는 경우, 항공편으로 전환해야 하는 경우도 발생한다. 이 서비스는, 창고의 입출고, 보관, 재고관리, 포장, 밴에 쟁이기, 통관, 트럭에 의한 터미널에의 운송 등을 일관하여 인수하는 케이스가 많다.

부두구역에 있는 보세장치장이 물류합리화에 공헌하는 기회는 수출보다는 수입에 많다. 현재 일본이 수입하는 품목이나 납입처가 증가하는 경향이 있어, 수입품 물류에 있어서 보세장치장의 역할이 더욱 커질 것이 기대된다.

③ 어소팅(Assorting)

수입품, 특히 식품이나 잡화를 대상으로 하는 서비스이다. 복수의 서플라이어로부터 보내오는 수입상품을 보세장치장에 보관하여, 화주의 오더(order)에 의하여, 필요량을 픽업, 포장하여 출하한다. 특히 식품은 품목수가 3내지 400가지에 달하는 것이 일반적이다. 또 와인 등은 카톤이 아니라, 병 단위로 피킹하는 경우도 있다. 일관서비스를 제공하는 경우에는 다음 업무가 포함된다.

- 터미널에서 보세장치장까지의 OLT 운송(OLT 신청 및 트럭 수배)
- 보세장치장에서의 컨테이너에서의 꺼내기(디밴), 입고, 재고관리
- 수입통관(식품검사, 식물검역, 동물검역 등을 포함)
- 검품, 보관, 피킹, 포장
- 배송트럭 수배(차터편, 혼재편)
- 손상품의 폐기

④ 택배의 수배

고객의 배송센터로서 기능한다. 이것은 주로 수입된 화물의 배송업무가 중심인데, 화주에 따라서는 국산품도 보세장치장에 집결시켜, 수입품과 합하여 출하하기도 한다. 어소팅과 유사한 서비스이기는 하나, 소비자에게 직송하는 것으로 내장과 외장에 대한 점검을 하여야 한다. 또 배송에 대한 추적(트레이스)이나 상품의 제조 로트 넘버에 의한 재고관리가 요구되는 케이스도 있다.

Chapter 1

E 포장과 배닝

1 포장방법의 선택

상품의 포장은 후술하는 바와 같이 개장(個裝), 내장(內裝), 외장(外裝)으로 나누어진다. 물류업자가 통상적으로 하는 포장은 외장인데, 외장은 개장이나 내장과는 달리 상품의 가치를 보존시키기 위한 기능이 중요시 된다. 이 때문에 외장은 필요한 최소한으로 하고, 또 포장비가 저렴한 것이 좋다. 외장의 종류는 아주 다양하기 때문에 상품별로 적당한 포장방법을 선택하여야 한다. 컨테이너 운송을 전제로 할 경우, 컨테이너 내부에 잘 수용할 수 있고, 움직이지 않도록 하는 포장방법과 사이즈가 바람직하다.

ex. 소형기계 : 컨테이너 안의 좌우에 틈새가 생기지 않을 정도로 열을 맞추고, 최후에는 도어와의 사이에 간격이 생기지 않도록 하는 사이즈가 최적이다. 가령, 포장내부의 기계에 비하여 포장이 다소 크더라도 꼭 맞게 적재할 수 있는 포장 사이즈를 선택하는 것이, 손상을 방지하고, 적재비용(고박에 필요한 비용)을 줄이는데 도움이 된다.

2 포장방법 선택시의 유의사항

1 화물에 가해지는 압력

운송중에는 화물에 가해지는 압력이 변화한다는 사실에 주의하여야 한다. 또 컨테이너 운송의 경우, 트럭운송, 해상운송, 그리고 때로는 철도운송 등이 있을 가능성이 높다. 사용되는 운송 모드별로 화물이 받는 압력과 진동이 상이하기 때문에, 이에 적응할 수 있는 포장이 필요하다.

- 트럭운송 : 발진과 브레이크 사용시 화물은 전방 또는 후방으로 압력을 받는다. 특히 전방에의 압력이 크다.
- 해상운송 : 선박의 요동으로 인하여 화물은 좌우로의 압력을 받는다.
- 철도운송 : 철로의 이음새 통과시에 상하동, 또 연결 작업시에 전방으로 큰 압력을 받는다.

2 보관효율

운송되는 화물은 당해 운송의 전단계 또는 후단계의 운송을 위하여 보관되는 경우가 많다.
비교적 장시간의 보관이 예상되는 경우에는, 보관효율도 고려한 외장을 할 필요가 있다. 예를 들면 영업 창고에서의 보관을 예상한다면, 창고의 천정이 6m 전후가 일반적이므로 팔레트가 2단적 된다. 그러므로, 외장은 2단적을 감내할 수 있는 강도를 가져야 한다. 또 높이가 낮은 화물을 다단적(多段積)할 경우에는, 상단의 화물이 안정되어, 포크 리프트로 용이하게 이동할 수 있는 포장이 필요하다.

3 상거래 단위

앞에서 기술한 바와 같이 외장은 운송을 위한 포장으로서, 상거래는 내장 혹은 개장을 단위로 하여 이루어진다. 외장의 선택은 그 외장이 상거래 단위와 합치하여 외장된 채로 최종 수요자에세 인도되는 것이 이상적이다. 만에 하나, 수요자에게로 운송과정에서 외장을 뜯고, 내장을 꺼내게 될 경우, 운송단위가 변경되어, 작업상이나 관리상 번잡을 더하게 된다. 특히 외장과 내장을 혼합하여 수요자에게 배송하는 경우에는, 배송 수배와 잔여재고의 관리라는 양면에서 커다란 부담이 수반된다.

3

밴(Van)에 쟁이기

컨테이너 안의 스페이스를 최대한 활용하는 방법으로 화물을 쟁이는 것은 운송비용의 절감에 기여하고, 또 화물이 동요하는 것을 방지하게 되어 화물손상의 방지에도 효과가 있다. 뿐만 아니라 시큐어링 등 화물동요 방지에 소요되는 비용을 절감할 수 있다. 다만 다음 두가지 점에 대하여 유의하여야 한다.

●**중량제한 :** 컨테이너는 트럭운송 부분이 포함되므로 수입국과 수출국의 도로운송과 관련된 중량, 높이, 폭의 규제 조건에 만족하도록 하여야 한다. 특히 중량에 관한 제한은 총중량으로 규제하는 국가와 축중(軸重 : 즉 차축, 다시 말하면 타이어에 부하되는 중량)으로 규제하는 국가가 있는 것에 유의하여야 한다.

●**하역작업 :** 현재는 포크리프트로`하역하는 것이 일반적이다. 작은 단위의 카톤이나 케이스(상자) 등을 인력으로 적양하하는 것은 컨테이너 안의 스페이스 활용에는 효과적이나 하역비가 크게 증가된다. 또 포크리프트에 의한 하역에서는, 화물 사이즈가 컨테이너안의 폭과 높이보다 약간 여유를 가질 수 있도록 하는 것이 중요하다. 특히 높이는 다음 사항에 유의하여야 한다.
- ○포크리프트는 화물을 들어 올려서 이동한다.
- ○컨테이너의 도어 일부는 내부보다 높이가 낮다.
- ○포크리프트가 플랫폼으로부터 컨테이너 안으로 들어갈 때 건너는 부분은 반드시 평탄한 것이 아니어서, 포크리프트가 상하로 이동할 수 있다.

컨테이너 안의 스페이스의 유효활용과 중량대책에 기여하고, 또 하역효율을 저하시키지 아니하는 포장수단으로 시트팔레트의 이용이 증가하고 있다. 이것은 문자 그대로 얇은 한 장의 시트(플라스틱제가 많다.)위에 화물을 쌓아 적재하는 것이다. 카톤, 포대 등 광범위한 화물형태에 대응할 수 있는데, 하역에는 전용의 포크리프트(시트팔레트를 잡는 기능을 가져 포크 대신에 한 장의 판이 전후로 이동한다)가 필요하다. 이상은 컨테이너 안의 스페이스를 유효하게 이용할 수 있도록 쟁이기인데, 소량화물을 밴에 쟁일 경우에는 손상의 방지가 한층 중요한 문제가 된다. 예를 들면 화물과 화물을 서로 밀착시키고 컨테이너 내부의 틈새는 목재 등으로 채워 넘어지는 것을 방지하는 등이다. 또 진동으로 인하여 화물이 위로 뜨는 것을 방지하기 위하여 밑바닥을 고정시키기도 한다. 소량이지만 용적에 비하여 중량이 큰 화물을 밴에 쟁이는 경우에는 컨테이너의 전후의 중량 밸런스에도 주의하여야 한다. 그리고 컨테이너 안의 스페이스를 풀로 사용하는 경우와 비교하여, 소량화물을 쟁이는 경우에는 시큐어링 비용이 상대적으로 높아지는 것이 일반적이다.

포장의 종류

- ● 개장 : 물품의 하나하나에 대한 포장이다. 상품의 보호, 또는 상품의 가치를 높이는 목적을 가지고 있다.
- ● 내장 : 개장과 외장의 중간 포장이다. 물에 젖는 것, 습기, 외기 온도, 충격 등으로부터 물품과 내장을 지킨다. 정밀기계 등을 대상으로 하는 바리어 포장※도 이 범주에 속한다.
- ● 외장 : 화물의 가장 바깥쪽 포장을 지칭한다.
  - ○ 상자포장 : 나무상자, 종이상자, 플라스틱 상자, 스틸 상자
  - ○ 간이포장 : 팔레트, 스트레쳐(Stretcher), 쉬링커(Shrinker), 요하반(腰下盤)
  - ○ 포대포장 : 종이 포대, 마대, 플라스틱 주머니, 프레콘
  - ○ 벨 포장
  - ○ 기타 : 통, 캔, 병, 봄베, 실린더, 드럼통

※바리어 포장 : 진공포장을 일컫는다. 정밀 기계등과 같이 습기나 먼지 등을 싫어하는 화물을 대상으로 한다. 알미늄 시트로 화물을 완전하게 싸고, 열로 압착시키고, 청소기나 컴프레서로 내부의 공기를 빼내는 포장이다. 내부에 건조제를 넣기도 한다.

4 외장(外裝)의 종류

외장에는 주로 다음과 같은 것이 사용된다.

- 상자 포장 : 상자를 만들어서 그 안에 화물을 넣는 것으로, 밀폐(케이스)와 틈새가 있는(크레이트) 두가지가 있다. 또 상자의 재질에 따라 나무상자, 종이상자, 플라스틱 상자, 스틸 상자로 나뉜다.
- 간이포장 : 복수의 내장을 수용시키고, 운송중의 손상을 방지하고, 하역을 용이하게 하는 것이 주목적.
- 팔레트 : 목재가 주류를 이루고 있으나 목재포장재의 사용이 규제되면서 합판이나 플라스틱제가 증가하고 있다. 포크리프트의 포크가 양면에서 들어가는 양면 형과 네 방향에서 다 들어갈 수 있는 4방형이 있다. ISO는 1100x1100x144mm 팔레트를 세계표준으로 인정하고 있다.
- 스트레쳐 : 팔레트 혹은 포크리프트의 포크가 들어갈 수 있는 받침대 위에 화물을 쌓아놓고, 플라스틱 필름을 감아서 묶는다. 이것은 적재된 화물의 정점 부문만 제외하고 거의 전면을 덮을 수 있다.
- 쉬링크 : 플라스틱 필름이 열에 의하여 수축되는 성질을 이용하는 것이다. 스트레쳐와 마찬가지로 팔레트 등 포크리프트 하역이 가능한 받침대 위에 화물을 쌓은 후, 화물전체를 플라스틱 필름으로 덮어 씌운다. 이 필름은 스트레쳐보다 두껍고 폭도 넓다. 덮은 후 열을 가하여 플라스틱을 수축시켜, 화물에 밀착시킨다.
- 요하반(腰下盤) : 기계류나 완성차 등의 간이포장이다. 화물을 고정시켜 묶고, 또 기계하역이 가능하도록 하는 받침대를 만들어 이 받침대 위에 화물을 올려놓는 방법이다.
- 포대포장 : 가루나 산화물을 포대에 담는 것으로, 포대의 재질에 따라 종이포대, 마대 등이 있다. 또 최근에 증가하고 있는 것이 프레컨(플렉시블 컨테이너)이라고 불리는 대형의 포대로, 500~1,000kg/포대의 용량이 있어, 포대의 상부에 달린 끈에 포크리프트의 포크를 걸어서 하역한다.
- 벨 포장 : 직포나 플라스틱 시트, 양모, 면화, 융단 반물 등을 둥글게 뭉친 포장재
- 기타 통, 캔, 병, 봄베 등을 화물의 성질에 맞추어 사용한다.

5 목재 포장 재료의 사용제한

미가공의 목재를 포장 재료로 사용할 경우, 목재 속에 숨어 있는 해충의 확산이 우려된다. 그러므로 북미, 유럽, 호주, 중국 등 다수의 국가가 원목재를 사용한 포장이나 더니지(dunnage)를 금지하고 있다. 국별로 규제대상이 되는 목재(태반은 침엽수)나 해충구제를 위한 가공처리(열, 훈증처리)에 차이가 있었으나 ISPMS#15 규제로 통일되어가는 경향이 있다.

ISPMS#15란?

국제연합식량농업기구(FAO)의 국제식물보호조약에 의한 「국제무역에 있어서 목재포장재 규제를 위한 지침」(국제기준 No. 15 = International Standards for Phytosanitary Measures〈ISPMS〉No. 15 : 규제대상이 되는 목재, 해충, 그리고 훈증방법이 규정되고 있다).

원목재의 사용을 금지하는 국가가 앞으로도 증가될 것으로 보이기 때문에, 포장재로는 가공 처리된 목재나 규제대상에서 제외된 목재를 사용하는 것이 바람직하다. 이하가 규제대상 외의 목재들이다.

- 플라이우드(합판)
- 파티클 보드(성형, 압축판)
- OSB(잡목분쇄접착합판)

또 목재의 사용을 피하고 강화 단보루(싱글 월, 바이 월, 트라이 월), 플라스틱제의 팔레트나 상자, 스틸 상자를 선택할 수도 있다.

참고

주요각국의 국제컨테이너 운송용 팔레트 규격 일람표

	명칭(속칭)	촌법(mm)	허용오차(mm)
국제규격ISO6780평팔레트 (1988년제정)	ISO국제운송용 컨테이너 시리즈1용 ISO포장기본촌법 600X400mm에 의하는 것 ISO포장기본촌법 600X400mm에 의하는 것 인치제도국용	1140X1140 1200X1000 1200X800 1219X1016	−40 −40 −40 −40
일본(JIS규격)	1990년제정 Z0601일관운송용목제평팔레트	1100X1100	±3
미국	48X40인치팔레트	1219X1016	−
유럽	EUR팔레트 VMF팔레트	1200X800 1200X1000	−
오스트레일리아	1993년제정 표준규격AS4068 1993년제정 표준규격AS4068	1165X1165 1100X1100	±5 +20

Chapter 2

선적절차실무

Chapter 2

A 선하증권의 발행과 취급

1 선하증권

선하증권(Bill of Lading, 이하 B/L)은 화물이 운송을 위하여 화주로부터 선박회사에 인도된 시점에서 화주에게 발행되는 문서다. 「운송물을 수취하거나 선적한 사실을 인증하고, 이것을 해상운송하여, 지정된 항만에서 증권의 정당한 소지인에게 인도할 것을 약속하는 유가증권」이라고 정의되는 바와 같이, 하나의 문서로 여러 가지 기능을 복합적으로 가지고 있으므로, 그 발행과 회수는 선사의 기본적이고 중요한 업무의 하나이다.

1 3가지 기본적 기능

B/L이 가진 「운송계약의 증거」, 「화물수령증」, 「유가증권」이라는 3가지 기본적 기능에 대하여 설명한다.

① 운송계약의 증거

B/L은 화주와 운송인인 선사간에 당해화물에 대한 운송계약이 체결되었다는 증거가 되는 문서이다. 일반적으로 운송계약은 화주가 운송인에게 운송계약을 청약하여, 운송인이 이를 승낙하는 것으로 성립되는 것으로, 일정한 형식을 요구하지 아니하는 불요식의 계약이다. 통상적으로는 부킹을 하면 운송계약이 성립하였다고 해석하며, 이 시점에서 운송인은 B/L상의 제 조항에 의한 운송계약 의무를 지는 것을 묵시적으로 받아들인 것이며, 그 후에 발행되는 B/L이 그 전면 및 이면약관을 포함하는 운송계약의 내용을 나타내는 것으로 본다.

② 화물수령증

B/L은 그 문서에 기재되어 있는 화물을 운송인이 수령하였다는 사실을 증명하는 문서이다. 운송인이 기재된 화물을 수령하였다는 사실을 선언한 것이므로, 후일 소지인에 대하여,「실제 수령한 화물은 기재되어 있는 화물과 다른 것이다」라고 주장하는 것은 원칙적으로 허용되지 아니한다. 그러나 일반적인 경우 화물은 컨테이너나 나무 상자나 종이 상자 등으로 포장되어 있으므로 외부로부터 그 내용물을 볼 수가 없기 때문에, 운송인 자신은 수령한 시점에서 그 화물이 어떤 것인지 확인할 수 없다. 그렇기 때문에 운송인으로서는 송하인 (Shipper)이 신고한 내용을 믿고 그대로 B/L에 기재하는 것이 관행으로 정착되어 있다. 이 경우, 송하인의 신고가 틀린 경우에도 운송인은 그것을 이유로 B/L의 소지인(수하인)에 대한 책임을 면할 수는 없으나, 틀린 신고를 한 송하인에게 구상권을 행사할 수 있다. 특히 컨테이너 항로에서는, 컨테이너에 송하인이 화물을 쟁이고 문을 봉인(seal)한 상태의 컨테이너를 운송인에게 인도하는 CY/CY의 FCL 서비스 운송이 주류가 되고 있다. 운송인이 송하인으로부터 컨테이너만을 인수한 경우에는, 그 안에 적재된 화물에 대하여는 송하인이 신고한 대로 기재하나 "shipper' s load, count & seal"이나 "said to contain STC"라는 문구로 Remark를 다는 것이 일반화되어 있다.

③ 유가증권

B/L은 그것을 보유하고 있는 것이 그 증권에 기재된 화물을 소유하고 있는 것과 같은 효과를 갖는다는 면에서, 유가증권으로서의 성격을 가지고 있고, 이것이 B/L의 가장 중요한 기능이다. 다시 말하면, B/L의 소지인만이, 양하지에서 운송인에게 화물의 인도를 요구할 수 있고, 운송인은 B/L의 소지인에게 화물을 인도하면 된다. B/L과 상환하지 않고 화물을 인도한 후, 다른 B/L 소지인이 나타나서 화물 인도를 청구할 경우, 운송인은 Non delivery에 대하여 손해를 배상할 책임이 생길 우려가 있다. 그러므로 화물의 인도는 꼭 B/L과 상환으로 하여야 한다.

2 B/L의 종류

B/L은 다양한 관점에 의하여 구분할 수 있는데, 주요한 분류로서 다음과 같은 것이 있다.

① Shipped B/L(선적선하증권)과 Received B/L(수령선하증권)

Shipped B/L은 글자 그대로 화물이 선적되고 나서 발행되는 B/L이다. Received B/L은 선적하기 전에 운송인이 화물을 수령한 시점에서 발행하는 것으로, 운송인이 자기의 육상 터미널에서 화물을 수령하도록 되어 있는 컨테이너 항로에서 보편적으로 이용된다. 다만 Received B/L은 현재 국제상거래에서 그렇게 많이 활용되지 않고 있으며, 컨테이너의 「수취증명」에 더하여 컨테이너가 선적된 시점에 「선적확인(on board notation)」을 기재하여 Shipped B/L로 바꿔서 유통과정에 들어간다.

② Port to Port B/L과 Combined Transport B/L

Port to Port B/L은 문자 그대로 항만간의 해상운송만 수탁하여 발행하는 B/L인데, 이중에서도 특히 동일 선박으로 선적지에서 양하지까지 운송하는 것으로 되어 있는 것을 Direct B/L이라고 한다. 이에 비하여 환적을 전제로 한 Tranship B/L이나, Port to Port B/L이면서도 양하지(port of discharge)의 항만명 외에 최종목적지(final destination)가 구체적으로 기재된 B/L도 있는데, 이런 B/L은 예를 들면 운송도중 다른 운송인에 접속하여도 전 구간에 걸쳐서 운송을 인수한 것을 증명하는 B/L이다. 이러한 B/L을 발행한 운송인은, 특약이 따로 없는 한 어느 운송구간에서 발생한 운송품에 대한 손해도 전부 책임지지 않으면 안된다. MOL의 Port to Port B/L은 운송인이 양지로부터 최종목적지까지의 운송에 대하여는 운송을 주선하기는 하나 최종목적지까지의 운송책임을 지는 것은 아니라는 특약을 하고 있다는 것을 유의할 필요가 있다.

한편 Combined Transport B/L은 주로 컨테이너에 의한 해륙일관운송에 발행된다. 이 B/L은 Port to Port B/L과는 달리 복수의 운송수단에 의하여 수령지에서부터 인도지(place of delivery)까지의 전구간에 대하여, 한 운송인이 운송책임을 일괄적으로 지도록 되어 있다.

③ Straight B/L(기명식 선하증권)과 Order B/L(지시식 선하증권)

수하주로 특정한 개인이나 회사의 이름이 기재되어 있는 것이 기명식이고,「to order」라거나 「to order of A Co」로 되어 있는 것이 지시식이다. 「to order」라고 되어 있는 경우 송하인으로부터 시작된 배서(背書)가 연속되어 있지 아니하면, 그 소지인이 정당한 인도청구권자가 될 수 없다. 또 기명식 선하증권의 경우에도 선하증권에 기재된 수하인의 배서가 필요하다.

④ Long Form B/L과 Short Form B/L

Long Form B/L은 이면약관이 이면에 인쇄되어 있는 것이다. Short Form B/L은 「운송인이 정한 운송계약조건이 이 선하증권에 포함되어 있다」는 취지만 인쇄되어 있고, 약관 자체의 기재가 생략되어 있다. 후자는 주로 북미로부터 출하되는 화물용의 B/L에 사용되는 경우가 많다.

⑤ Clean B/L과 Foul B/L

선하증권의 표면에는 「외관상 양호한 상태」(in apparent good order and condition)로 화물을 운송인이 수령하였다는 문구가 기재되어 있고, 이 문구를 부정하거나 수정하는 비고(Remark)가 없으면 「Clean B/L」, 비고란에 Remark가 있으면 「Foul B/L」이다.

후자인 Foul B/L은 화물이 정상상태가 아닌 것을 나타내는 것으로, 통상적으로는 유통이 안된다. 그래서 송하인이 운송인에게 보증장을 제시하고 Clean B/L로 하는 편법이 사용되는 경우가 있으나 명백하게 손상된 화물에 대하여 보증장을 받고 Clean B/L을 발행하는 것은 B/L이 유통된다는 것을 알면서도 허위의 사실을 기재한 것이 되므로, 송하인의 보증장에 의한 보증계약 자체가 무효로 판단될 위험이 있어 B/L의 공신력이나 공정한 거래를 저해하는 것이므로 되도록 피하는 것이 좋다.

2

Sea Waybill에 대하여

B/L과 유사하면서도 성질을 전혀 달리하는 Sea Waybill이 있는데 Sea Waybill의 이용에 의하여, 한층 확실하고 간단하게 무역업무의 처리가 가능하다. Sea Waybill에는 여러 가지 이점이 있으므로 이용효율도 그만큼 높다.

1 Sea Waybill이란

B/L을 운송중 분실하거나, 도착이 지연되는 경우, 화물을 인수받기 위하여 은행의 보증장을 제시하여야 하는 경우가 발생하게 된다.
B/L은 일단 발행되고 나면, 그 유가증권성 때문에 취급에 여러 가지를 주의하지 않으면 안된다. 그렇기 때문에 상거래상 B/L이 필요한 경우를 제외한다면 B/L을 발행하지 않는 것이 분쟁을 사전에 방지할 수 있다. 이러한 사고를 바탕으로 만들어진 제도가 Sea Waybill이다.
Sea Waybill은 화물의 수령증과 운송계약의 증거기능을 가지고 있고, 서면상의 기재사항도 B/L과 매우 비슷하다. 그러나 다른 점은 유가증권이 아니어서 화물의 인도청구권을 갖지 않는다는 점이다. 그러므로 배서에 의한 양도도 안된다. 또 단순히 Sea Waybill을 운송인에게 제시하는 것만으로 화물의 인도를 받을 수 없고, 화물을 인수하기 위하여는 Sea Waybill상의 수하인임을 증명하여야 한다. 다시 말하면 스스로가 수하인임을 증명만 하면 화물을 인도받을 수 있다. 결과적으로는 Sea Waybill의 제시는 필요하지 않다(그러나 반드시 기명식이라야 한다).

2 Sea Waybill의 이점

송하인(Shipper)으로서는 화물의 인도를 위하여 수하인(Consignee)에게 서류를 송부할 필요가 없고, 수하인의 요청에 의하여 송부하는 경우에도 B/L과는 달리 분실시의 리스크가 없기 때문에 안심하고 이용할 수 있다.
또 화물을 인수하기 위하여 반드시 제시할 필요가 없으므로, 도착 즉시 화물을 인수할 수 있음과 동시에 B/L과는 달리 미착이나 분실을 한 경우에도 은행의 보증장을 제시할 필요가 없어 절차와 비용을 절약할 수 있다.

3 Sea Waybill에 적합한 거래

신용장(L/C) 거래를 수반하지 아니하는 본지점간, 해외현지법인과의 거래, 충분한 신용관계를 가진 거래선과의 계속적인 거래에 아주 적합하다. 최근의 무역구조 변화를 반영하여 일본발의 약 50%, 그 중에서도 북미향에서는 약 70%가 Sea Waybill을 이용하고 있어, 신속한 화물인도와 화주의 사무처리 간소화에 기여하고 있다.
그리고 신용장에서 Sea Waybill 거래를 인정하고 있을 때에는, 다음과 같은 방법으로 신용장거래에서도 이용할 수 있다.

- 먼저 Sea Waybill의 수하인을 L/C 개설은행으로 하고, 본래의 수하인을 도착 통지인Notify Party)으로 하는 Sea Waybill을 필요서류로 하여 L/C에 기재한다.
- 그 후 대금결제가 되고 나면, L/C 개설은행으로부터 선사에, 본래의 수하인에게 인도하도록 서면으로 지시(Release Order)하는 방법을 택하면 된다. 이렇게 하면 선사는 본래의 수하인에게 화물을 인도할 수 있다.

4 Sea Waybill 이용시의 유의사항

- 화주(송하인)는 B/L이나 Sea Waybill의 어느 것 하나를 이용할 수 있으나, 동일화물에 대하여 두 개의 문서를 발행할 수 없다. 또 양하지니 화물인도지에 따라서는 Sea Waybill의 사용이 제약되는 경우가 있다는 것을 유의하여야 한다.
- 오리지널은 한부만 발행하도록 한다. 특히 B/L과 중복으로 발행되지 않도록 유의하여야 한다.

- 운임은 구체적으로 금액을 기재하지 않고 "AS ARRANGED"라고 한다.
- B/L로부터 Sea Waybill로, 또는 Sea Waybill에서 B/L로 변경함에 있어서는 원칙적으로 본선 출항전에는 가능하나, 시간적 제약이 촉박하므로 빨리 요청하여야 하고 변경전의 B/L 또는 Sea Waybill의 변경에 관한 보증장이 필요하다.
- MOL의 Sea Waybill은「해상운송장에 관한 CMI※규칙」을 채택하고 있으므로 화물을 본선으로부터 양하하기 전까지는 송하인이 양하지나 수하인 등의 변경을 요청할 수 있게 되어 있다.
  본선 스케줄이나 화물의 적재상태 등을 감안하여 허용하는 한도 내에서 응하고 있는데, 변경의뢰를 받았을 때에는 Sea Waybill 및 당해 변경에 따른 보증장의 제출을 요한다.
- 양하지에서 화물을 인도할 때 Sea Waybill의 제시는 필요하지 않으나 화물을 인수하러 온 사람이 확실히 Sea Waybill에 기재된 수하인인지를 다음 방법으로 확인 한 후 화물을 인도한다.
  - ○본선 입항 전에 Sea Waybill에 기재된 착하통지인에게 보내는 착하통지서(Arrival Notice, A/N)에 수하인 대표권자가 서명하여 가지고 오면 화물인도지시서(Delivery Order, D/O)를 발행 – 화물인도절차– 한다. 대리인인 해상운송주선업자등이 D/O를 받아갈 때에는 그 대리인의 성명 등을 기재한 위임장의 제출을 요구한다.
  - ○착하통지인 또는 수하인의 소재지가 원거리여서 A/N에 서명하는 것이 시간적으로 어려운 경우에는 수하인으로부터 선사의 지점이나 대리점에 D/O를 받아갈 사람을 통지하고 그 사람으로부터 위임장을 받는다.
  - ○사정에 의하여 위와 같은 조치가 어려운 경우에는 상황을 확인한 후 적절한 대안을 검토한다.

  (※Comite Maritime International : 국제해법회)

3 B/L의 전자화 (BOLERO, TEDI 등)

선하증권(B/L)은 유가증권이기 때문에 취급에 많은 주의를 하여야 한다. 간편하게 해결하는 방법으로 Sea Waybill을 B/L 대신 활용하는 방안이 있으나 다른 하나의 해결책으로 소위 말하는 「전자선하증권」을 사용하는 구상이 있다. 이 구상은 다종다양한 선적관련서류와 관련된 시스템들을 자동화하고 합리화하여 간편화하는 것을 목적으로 한다.

속칭 전자 B/L이라고 불리고 있으나 법적지위가 확립되어 있는 B/L과는 다른 것이라고 할 수 있다. B/L을 발행하는 대신, 그 내용을 컴퓨터에 보존하고 서로 EDI 메시지를 전송하고, 권리를 증명하기 위하여 개인 Key 사용에 의하여, 물품에 대한 지배 및 처분권의 이전과 화물의 인도를 하는 방법이다. 그 대표적인 것으로 현재 「BOLERO」및 「TDEI」가 있고, 현재 MOL도 받아들일 준비를 하고 있으나 어느 것도 본격적인 실제 이용은 이제부터라고 할 수 있으므로 그 동향을 주시하고 있다

1 BOLERO(볼레로)

B/L의 전자화에 의하여 무역거래를 페이퍼리스(paperless)화하고, 비용의 절감과 고객 서비스의 질을 향상시키기 위하여 1994년부터 1995년에 걸쳐 EU의 지원에 의하여 구미의 26개사에 의하여 전자무역 실험이 시작되었다. 그 결과 한층 성과가 있었다고 보고, 1998년에 SWIFT와 TT Club 반반식의 출자로 BOLERO International Limited(BIL)가 설립되었다. SWIFT(Society for Worldwide Interbank Financial Telecommunication)는 벨기에에 본부를 두고, 세계 180개국 이상 7,000여개의 금융기관이 가맹하고 있는 비영리 협동조합으로서, 국제금융거래에 수반되는 금융기관간의 은행간 송금업무를 담당하고 있다. 한편 TT Club(Through Transport Mutual Insurance Association)은 런던에 본부를 두고, 선사, 하역업체, 프레이트 포워더 등의 회원에 의하여 구성되어 있는 복합운송에 수반되는 책임, 시설보험의 인수를 주목적으로 하는 업무를 수행하는 상호보험조합이다.

1999년 9월에는 전자무역상용 서비스를 개시하였고, 같은해 12월에는 일본에 일본 판매대리점을 설립하였는데, 2001년에는 일본조직을 보레로 닥트네트 주식회사(현 볼레로주식회사)로 개편하여 영업중이다.
또 유럽에서는 1995년에 볼레로 추진을 위하여, 수출입업자, 은행, 선사 등의 유저기업으로 구성되는 Bolero Association Limited(BAL)가 발족되었는데, 일본에서도 2002년 1월, 일본에서의 보급 활동이나 애로사항에 대하여 청취하고 이를 정리하여 BAL에 건의하는 협조기관으로 BAL Japan이 설립되었다.

2 TEDI(무역EDI)

일본에서는 전부터 경제산업성의 주도 아래「무역관리절차 간소화를 위한 유통성서류의 전자화 프로젝트」(Electronic Delivery of Negotiable Documents ; 약칭 EDEN)가 추진되어 왔는 바, 1999년 3월에 한층 이것이 정리되어, 무역금융 EDI(TEDI)로 계승되었다. 2000년 11월에는 사업화의 추진모체로 임의단체인 「TDEI Club」이 발족되고, 그 산하에 전문부회를 설치하여, 사업화를 위하여 활동중이다.
지금으로서는 TDEI Club에 종합상사, 대형은행을 중심으로 보험, 금융, 수출입업자, 선사 등이 참여하여 사업의 큰 틀을 짜고 있는 상황이다.

3 법적인 제문제

Sea Waybill이라면 EDI 메시지로의 대체가 용이할 것이다. 그 이유는 성질상 권원증권(document of titile)이 아니라 단순한 정보전달에 불과하기 때문이다. 권원증권인 B/L을 어떻게 전자 B/L로 다시 태어나게 할 것인가가 포인트이다.
예를 들면 볼레로에서는 BIL이 세계적 규모로 법제도를 조사하여 독자적인 룰북(rule book)을 만들어, 이용자는 여기에 서명함으로써, 단일계약상의 시스템으로 수용하여 시행하는데 합의한다는 closed system으로, 동시에 거래를 하는 전 멤버가 이 룰 북에 구속된다.
한편 TEDI는 전혀 다른 접근를 시도하여, 국제적으로 합의된 전자상거래법이나 전자서명법이 결여되어 있는 상황하에서, 서면의 B/L이 갖는 법적기능의 대체에 대하여 UCP 500, 헤이그 규칙, 각국법과의 관련성을 고려하면서, 현행 B/L 약관을 준용하여, 특정화물의 운송계약을 나타내는 Shipment Information Document로 한정적으로만 시행하는 방향으로 검토하고 있다.
B/L이 권원증권인 이유는 운송인인 선사는 B/L의 정당한 소지인에게만 상품을 인도할 의무를 지고 있으며, 원칙적으로 다른 사람에게 인도할 수 없도록 하는데 있다. EDI를 이용할 경우, 전 당사자가 어떻게 EDI 메시지를 B/L에 대신하여 사용할 것인가에 대하여 합의한다면, 달성이 가능한 것으로서, 운송인은, 운송인에게 화물을 인도하면서 지시를 할 수 있는 권리를 가진 사람의 지시에 의해서만 화물을 인도하여야 한다. 이 권리는 B/L의 경우에는 전통적으로 B/L 점유와 불가분인데, EDI를 사용하는 경우에는, 운송인이 전자적 지시를 할 수 있는 권한을 부여한 사람에게만 주어진다.

4 전자 B/L화의 과제와 MOL의 대응

무역확대에 공헌할 수 있는 전자무역화나, 수출입업자(고객) 업무처리의 IT화의 경향은 선사로서도 기대할 요소들이 많은데, 개별적이고 구체적인 사안별로는 이하와 같이 넘어야 할 과제들이 있다고 사료된다. 앞으로는 이러한 과제들을 하나씩 해결하고 불식시켜 나가는 것이, 선사의 전자무역 처리시스템을 개발해 나가는 큰 원동력이 될 것이다.

과제
- 전자 B/L이 폭넓게 침투되어야 한다, 이를 위해서는 저렴할 것.
- 국제적으로 높은 신용성과, 법제면의 정비가 이루어질 것.
- Sea Waybill과의 비교에서 그 우수성이 검증될 것
- 선사측의 책임범위, 업무량 및 비용 부담면에서 증대가 없을 것.

4 B/L발행까지의 흐름

여기에 B/L 발행까지의 흐름을 구체적으로 설명한다.

각 항목의 업무내용

① 사내의 B/L 인쇄실에서, 화주로부터 입수한 D/R 데이터를 기초로 작성한 B/L 데이터를 B/L 폼에 인쇄한다. 이것을 B/L 발행담당자가 갖는다.

② B/L 발행담당자는 담당 항로의 스케줄에 세심한 주의를 기울려 스케줄표를 항상 최신의 것으로 준비하여, 고객에게 대응할 준비를 한다.

③ 실제로 인쇄된 발행전 B/L과 데이터상의 B/L 리스트에 차이가 없는지를 인쇄실 담당자는 체크한다. 그 후 발행담당자도, 각 B/L의 기재내용이 데이터와 같은지를 확인한다.

④ 화주 또는 그 대행자인 포워더로부터, B/L을 받기 위한 준비를 위하여, B/L 발행창구에 국내지급분의 금액과 본선 동정에 대한 확인 연락이 오는데, 이에 대응한다.

⑤ 사전에 서비스 차원에서 자동적으로 B/L 명세서를 화주에게 FAX로 보내 내용의 확인을 받는다.

⑥ B/L 명세에 문제가 없는 경우, 필요한 서류와 금액을 수령하여 B/L 발행에 대비한다.

⑥-1은 국내에 받아야할 금액이 없기 때문에, B/L을 수령하러온 사람이 정당한자인 것을 확인하기 위해서 Collect B/L 발행의뢰서를 접수한다.

⑥-2는 직접 창구에 현금 또는 수표로 입금시킨 후, 정당한 수령인인가를 확인하기 위해서 발행의뢰서를 접수한다.

⑥-3 이미 고객으로부터 은행 등을 통한 송금이 완료되었을 경우, 정당한 수령인인가를 확인하기 위하여 발행의뢰서를 접수한다.

⑦ 수령한 현금이나 수표를 수납에 입금시키고 송금의 경우, 송금 사실을 확인한다.

⑧ On Board인(印,) 서명 등 필요한 사항을 추가기재하고 B/L을 발행한다.

⑨ B/L 정정이 필요할 경우, 시스템상의 데이터 정정만으로 족한가, 관계부서에 문서로 알리기 위하여 C/A(Collection Advice)를 발행할 필요가 있는지 확인한다.

⑩ 정정내용에 따라서는 고객으로부터 보증장을 받는다.

⑪ 시스템상만으로 처리가 가능한 경우에는 B/L 작성담당자에게 변경내용을 지시한다.

⑫ 시스템상만으로 처리할 수 없는 경우에는 C/A를 발행하여, 관계자에게 송부한다.

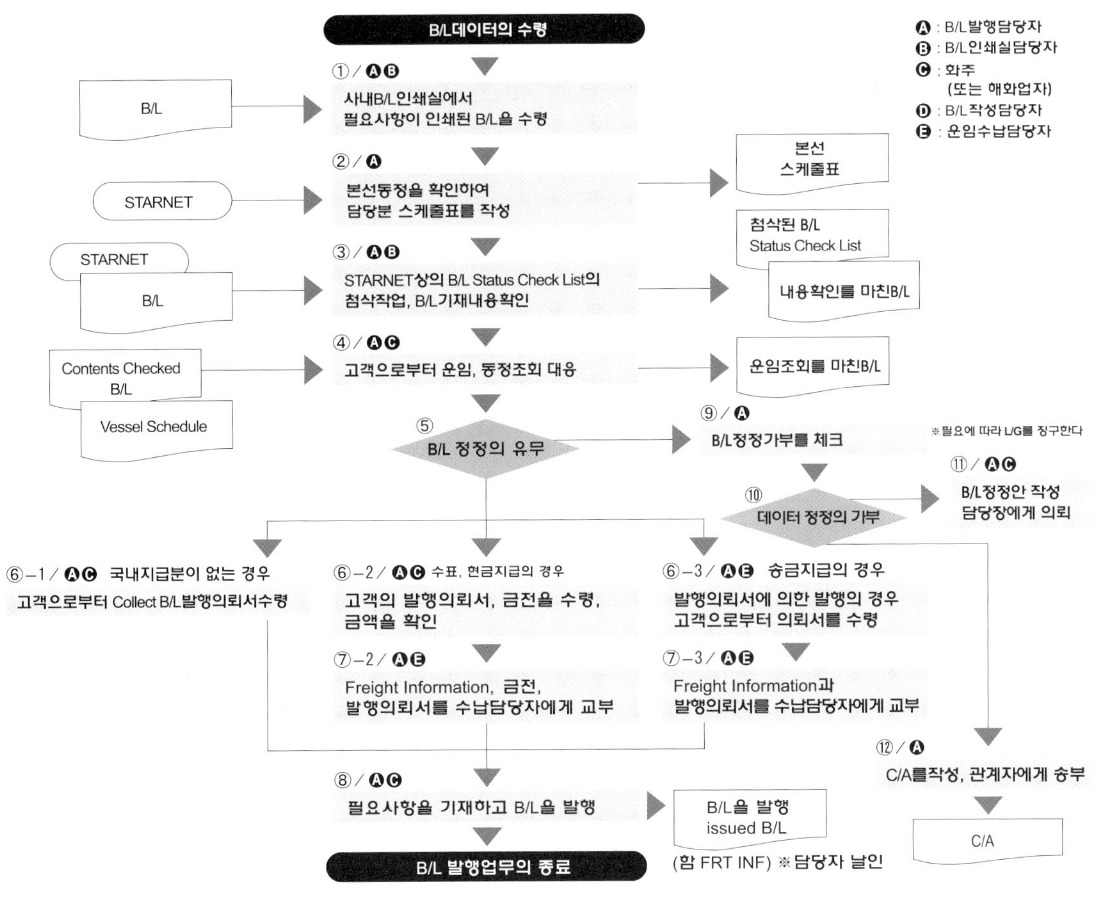

Mitsui O.S.K. Lines, Ltd.

Shipper

印紙税申告納付につき麻布税務署承認済

Consignee (Not negotiable unless consigned 'to order')

Notify Party

Pre-carriage by	Place of receipt
Ocean vessel/Voy. No.	Port of loading
Port of discharge	Place of delivery

Booking No. | B/L No.

COMBINED TRANSPORT BILL OF LADING

RECEIVED in apparent external good order and condition except as otherwise noted the total number of Containers or other packages or units enumerated below(*) for transportation from the Place of Receipt to the Place of Delivery subject to the terms hereof.

One of the original Bills of Lading must be surrendered duly endorsed in exchange for the Goods or Delivery Order unless otherwise provided herein.

In accepting this Bill of Lading the Merchant expressly accepts and agrees to all its terms whether printed, stamped or written, or otherwise incorporated, notwithstanding the non-signing of this Bill of Lading by the Merchant.

IN WITNESS whereof the number of original Bills of Lading stated below have been signed, one of which being accomplished, the other(s) to be void.

(Terms of Bill of Lading continued on the back hereof)

Shipper's Declared Value ____________ USD subject to clause 6(2) overleaf. If no value declared, liability limit applies as perclause 5(2)(C), 6(1), or 29 as applicable.

Also Notify (For Merchant's reference only)

Final destination for the Merchant's reference

Particulars furnished by shipper

Container No.; Seal No.; Marks & Nos	No. of Containers or Packages	HM	Type or kind of Containers or Packages - Description of goods	Gross Weight	Measurement

SAMPLE

* Total number of Containers or other packages or units received by the Carrier (in words):

Code	Tariff Item	Basis	Freighted as	Curr.	Rate	Per	Prepaid	Collect

No. of Originals	Place and date of B/L issue:	Totals & Pay at:

Date Signature

As Agents

Mitsui O.S.K. Lines, Ltd. as Carrier

By ____________ As Agents

MO - 001 J (200,000) PRINTED IN JAPAN QS

B/L샘플

Mitsui O.S.K. Lines, Ltd.

WAY BILL (NON-NEGOTIABLE)

Shipper

印紙税申告納
付につき麻布
税務署承認済

Booking No. | Waybill No.

RECEIVED in apparent external good order and condition except as otherwise noted the total number of Containers or other packages or units enumerated below(*) for transportation from the Place of Receipt to the Place of Delivery subject to the terms and conditions on the face and back hereof and delivery there to the Consignee on production of proof of identity.

IN WITNESS WHEREOF, the undersigned, on behalf of Mitsui OSK Lines Ltd., as the Carrier, has signed the number of Waybill(s) stated under, all of tenor and date.

This Waybill is not to be construed as a Bill of Lading or as any other similar document of title as referred in the International Carriage of Goods by Sea Act of Japan, 1957 as amended 1992 or any other foreign legislation of a nature similar to the International Convention for the Unification of Certain Rules relating to Bills of Lading signed at Brussels on August 25, 1924 or the amendments by the Protocol signed at Brussels on February 23, 1968 or the amendments by the Protocol signed at Brussels on December 21, 1979.
(The terms and conditions of Waybill continued on the back hereof.)

Consignee

Notify Party

Shipper's Declared Value ________________ USD subject to terms and conditions overleaf.

Also Notify (For Merchant's reference only)

Pre-carriage by | Place of receipt

Ocean vessel/Voy. No. | Port of loading

Port of discharge | Place of delivery | Final destination for the Merchant's reference

Particulars furnished by shipper

Container No.; Seal No.; Marks & Nos	No. of Containers or Packages	HM	Type or kind of Containers or Packages - Description of goods	Gross Weight	Measurement
			SAMPLE		

* Total number of Containers or other packages or units received by the Carrier (in words):

Code	Tariff Item	Basis	Freighted as	Curr.	Rate	Per	Prepaid	Collect

No. of Originals | Place and date of Waybill issue: | Totals & Pay at:

Date Signature

As Agents

Mitsui O.S.K. Lines, Ltd. as Carrier

By ____________________ As Agents

MO-201J (200,000) PRINTED IN JAPAN QS

Sea Waybill샘플

Chapter 2

B 컨테이너의 인수로부터 선적까지

여기서는 컨테이너를 화주로부터 수령하여, 선적하기까지의 일련의 흐름을 순서에 따라 설명한다.

1 컨테이너의 인수로부터 선적까지의 흐름

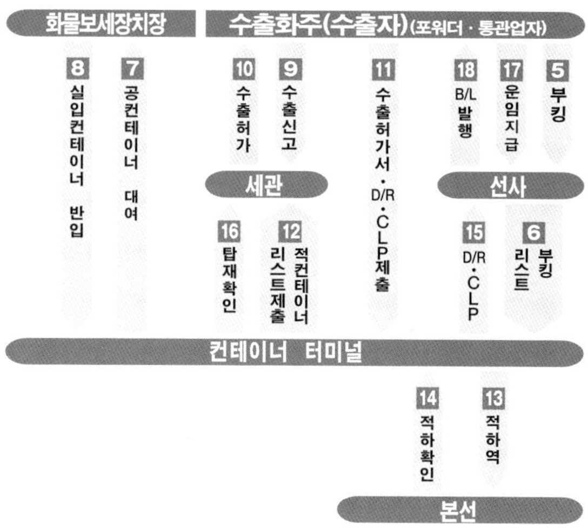

각 항목에 대한 설명

5 부킹(Booking)

【화주】선적할 화물의 계약상의 선적시기, 화물의 준비상태(cargo ready), L/C의 도착 등을 감안하여 적당한 선박을 결정하여 선사에 선복예약을 위한 부킹을 한다. 부킹을 할 때 화주는 선사에 선적예정선, 선적지, 양하지, 화물인도지, 품목, 수량, 포워더업자명, 위험품 등 특수화물인 경우에는 그 명세 등을 알린다.

【선사】화주로부터 부킹 요청을 받은 경우, 선복의 페이스 상태 등을 감안하여 예약이 가능할 경우에는, 이 부킹에 대한 Reference No.라고 할 수 있는 Booking No.를 화주에게 부여한다. 이 Booking No.는 선사가 이 Booking을 받아들였다는 표시이며 이후 선사, 터미널, 화주(포워더)간의 연락과 문의 등에 중요하게 작용한다. 선사는 동시에 Booking 내용을 컴퓨터에 입력하여, 선사 내, 터미널 간의 관련조직 간에 정보를 공유하게 된다.

6 부킹 리스트

【선사】사전에 예정본선의 부킹리스트를 터미널에 송부하여, 화주로부터의 컨테이너 반입에 대비하도록 한다.

7 공 컨테이너의 대여

【화주】선사지정 양식에 Booking No. 공컨테이너 인수예정일, 컨테이너 타입, 개수, 냉동 컨테이너의 경우에는 그 설정온도 등 필요한 사항을 기재하여, FAX로 선사에 연락.

인수당일 트럭커는 Gate에 Booking No.를 제시하고, 게이트측 데이터와 대조, 확인하고 나면, 컨테이너 실(seal)과 반입표를 수령한다. 그 후 밴풀로 가서 공컨테이너를 인수한다. 반출 Gate로 가서, Equipment Interchange Receipt(EIR)가 발행되는데 여기에 서명.

그 후 화물이 보관되어 있는 창고나 공장으로 컨테이너를 가지고 간다.

【선사】선사는 화주(포워더)로부터 공컨테이너의 인수예정 연락이 있으면, Booking No.를 컴퓨터에 조회하여 확인한 후, 공컨테이너의 인계 장소를 지정한다. 선사는 공컨테이너의 인도예정 밴 풀에 온라인으로 연락하여 화주의 공컨테이너의 인수에 대비시킨다. 공컨테이너의 인도시에는 반입표,

EIR를 컨테이너를 실을 트럭커에게 수교한다. 이때 트럭커는 인수확인을 위하여 EIR에 서명한다. 반출게이트에서는 컨테이너의 상태를 점검하고 컴퓨터의 Booking 명세에 컨테이너 No.를 입력한다.

8 실입 컨테이너의 반입

【화주】화주로부터 지시를 받은 트럭커는 Booking No. 본선명, 중량, 컨테이너 넘버, 목적지 및 냉동 컨테이너의 경우 설정온도, 컨테이너에서 삐져나오는 장척물의 경우 삐져나온 길이 등을 기재한 반입표를 터미널 게이트에 제출하고 컨테이너를 반입한다.

컨테이너의 터미널에 반입은, 본선 입항 1주일 전부터 각선별로 정해져 있는 Cut Day까지 하여야 한다.

【선사】실입 컨테이너가 CY에 반입되면, 터미널은 사전에 입수되어 있는 Booking 명세와 대조하고, 컨테이너의 손상유무 확인, 컨테이너 실(seal)의 점검, 중량 확인, 냉동 컨테이너의 경우 설정온도 등을 점검한다. 반입표의 기재내용을 확인한 후, 수령확인을 위하여 EIR을 트럭커에게 발행해주고 지정된 장소로 운반하도록 지시한다.

9 수출신고

【화주】화주 스스로도 수출신고가 가능하나, 실제로는 포워더에게 위탁하는 경우가 많다. 화주는 통관, 선적, B/L 작성에 필요한 사항을 기입한 통관, 선적의뢰서(Shipping Instruction)를 작성한다. 인보이스, 패킹 리스트 등을 포워더에게 수교하고, 통관 및 선적을 대행시킨다.

화주(포워더)는 보세지역을 관할하는 세관에 아래 서류를 제출하고, 수출신고를 한다.

- 수출신고서
- 수출보고서
- 인보이스
- 패킹 리스트
- 기타 필요한 서류

다만 현재는 Sea NACCS를 이용하는 경우가 많고, 많은 서류가 EDI화되어 있다.

10 수출허가

【화주】현재 세관에의 수출신고업무는 Sea NACCS를 이용하기 때문에, 허가정보는 각 포워더를 통하여 화주에게 송신됨과 동시에, 터미널에도 알려진다.

11 수출허가서, D/R CLP 제출

【화주】통관, Shipping Instruction 및 검수, 검량 수자에 의거하여 Dock Receipt(D/R)를 작성하여 수출허가서, Container Load Plan(CLP)과 함께 터미널에 제출한다.

CY Cut Day까지 필요한 서류(Dock Receipt, CLP)와 함께, 또는 별송으로 터미널에 제출. NACCS를 이용하는 경우, 데이터를 입력하면 터미널에 정보가 바로 전송되므로 서류를 별도로 제출 할 필요가 없다.

【선사】터미널은 본선입항 전일까지 반입된 컨테이너의 개수, 목적지, 특수컨테이너(냉동컨테이너, 오픈 탑 컨테이너, 플렛 랙 컨테이너 등)에 관련된 특기사항을 Booking 리스트와 대조하고, 수출허가를 받았는지도 확인한다.

12 컨테이너 리스트의 제출

【선사】터미널에 반입된 컨테이너를 부킹 리스트와 대조하고, 실입 컨테이너의 리스트를 작성하여, 컨테이너 자체의 통관절차를 밟는다.

13 적(積)하역

【선사】CY에 반입된 컨테이너는 본선 입항 전에 마샬링 야드에 적재순서에 따라 적절히 배치한다.

터미널은 적하 컨테이너의 명세에 따라 하역 계획을 작성한다. 부킹 내용과 대조한 후, 목적지 중량 등을 고려하면서 터미널 전용의 소프트를 이용하여 적재계획을 작성한다.

본선이 입항하면 적재계획에 따라 터미널 시스템으로부터 트랜스테이너,

구내 샤시, 갠트리 크레인에 부착된 모니터에 정보가 전달되어, 순차로 컨테이너를 이동, 본선에 적재해 나간다. 터미널은 적재시에 상태를 체크하여 Exception List, 본선 적부계획, 위험품이 있으면 위험품 리스트를 작성한다. 적재를 완료한 후, Terminal Departure Report(TDR)를 작성하여 본선 및 관계처에 송부한다.

14 적하명세

【선사】먼저 본선 적재사실을 확인하기 위하여, 적하명세를 확인하는 동시에 D/R Copy에 선장의 확인 서명을 받고, 수출허가서와 같이 보관한다. 그러나 EDI가 진전되면서 현재는 생략하고 있다.

15 D/R, CLP의 선사에의 제출

【선사】현재 Sea NACCS로 EDI화 되어 실제로 이루어지지 아니한다.

16 탑재 확인

【선사】본선 출항 후 적재 완료된 자료를 세관 및 포워더에게 EDI로 송신한다.

17 운임지급

【화주】B/L을 받기 위하여 선불운임과 제요금을 납부한다.

18 B/L 발행

【선사】D/R에 의하여 B/L을 작성하여 선불운임 및 제요금 지급과 상환으로 B/L을 발행한다.

2 북미항로에서의 예외절차들

북미항로에서는 미국세관이 해상안전보안대책의 일환으로 2002년 12월부터 각 선사에게, 미국 이외의 각항에서 캐나다 미국행 화물이 적재되기 24시간전까지, 전자 데이터로 AMS(Automated Manifest System=미국세관의 자동통관시스템)를 통하여 매니페스트 데이터를 송부할 것을 의무화하는 법률을 시행하였다. 미국세관의 룰인 「적재하기 24시간 전」이라는 규칙을 충족시키기 위해서는 본선, 터미널 오퍼레이션 및 시스템 면을 포함하는 현행의 CY Cut 및 선적 서류(D/R, CLP)의 접수시간을 현행보다 앞당기지 않으면 안된다. 즉 CY Cut을 본선입항일의 3일전, 선적관련서류의 접수마감도 3일전으로 설정하여야 한다(주말 및 공휴일 제외). 다만 CY의 오픈은 종래와 같이 본선입항 1주일 전으로 한다.

Chapter 2

C 컨테이너의 양하 하역에서 인도까지

여기서는 컨테이너를 본선에서 하역하여 화주에게 인도하기까지의 일련의 흐름을 순서에 따라 설명한다.

1 컨테이너의 양하 하역에서 인도까지의 흐름

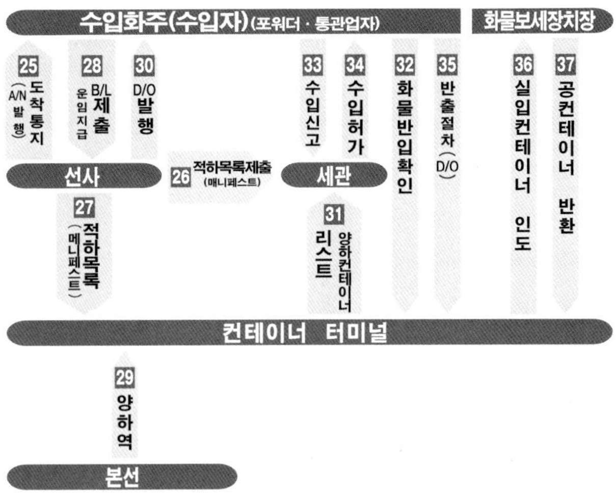

각 항목의 업무내용

25 도착통지(A/N)

【선사】화물인도지의 사무실에서는 B/L상의 Notify Party에게, 선적지에서 보내온 선적 데이터에 기반을 두어 출력한 도착통지(A/N : Arrival Notice)를 FAX로 송부하고, 화물을 수령하도록 연락한다. 화물도착 통지와 해상운임 등의 청구서를 겸한 서류로서, 고객서비스 차원에서 선사가 발행하고 있다.

26 적하목록(매니페스트)의 제출

【선사】매니페스트를 세관에 제출. 매니페스트 데이터는 선적지에서 시스템에 입력된 데이터를 Sea NACCS를 통하여 세관에 EDI로 송부해도 된다.

27 매니페스트

【선사】매니페스트 데이터는 세관외에 터미널에도 입항전에 송부된다. 경우에 따라서는 터미널은 Sea NACCS를 통하여 이 데이터를 입수할 수도 있다.
이 이외에도
- 컨테이너 일람표
- 본선적재계획표
- 특수화물, 냉동화물, 위험품 리스트
- 수입동식물 리스트
- 적하사고보고서 등도 터미널에 송부되어 하역에 대비한다.

28 B/L 제출(운임지급)

【화주】화물 수령에 대비하여, 후불(Collect) 운임과 제요금을 선사에 지급하고, 배서한 B/L을 선사에 제시한다.

29 양하하역

【선사】터미널에서는 선사로부터 입수한 매니페스트와 다른 자료들을 바탕으로 컨테이너의 양하계획, 야드 내의 배치 계획을 작성하여, 효율적인 오퍼레이션의 준비를 한다.
본선으로부터 컨테이너가 양하된 시점에서, 컨테이너의 손상유무를 확인하는 컨디션 체크를 하고 Outturn Report를 작성한다.

30 D/O 발행

【선사】28 의 B/L 소지인으로부터 B/L이 제시되면, 배서 및 운임 제요금의 지급완료 등을 확인하고, Delivery Order를 발행한다. D/O리스를 희망하는 화주에게는 D/O를 발행하지 아니하고 그 대신 Sea NACCS를 통하여, 화물인도가 가능하다는 사실을 터미널에 송부.

31 양하컨테이너 리스트

【선사】양하컨테이너 일람표(컨테이너 No., 타입, 실입, 공의 구분의 유무 등을 기재)를 작성한다.

컨테이너가 선박에서 양하되어 보세구역으로 반입되면, 컨테이너 자체의 수입신고가 이루어져야 하는데, 이것이 그때 세관제출용 리스트로 사용된다

32 화물반입확인

【선사】세관에 일괄반입 절차를 밟는다. 선적되어 온 화물을 컨테이너 터미널이라는 양하지의 보세장치장에 당해화물이 반입된 사실을 세관에 신고할 필요가 있다. 양하된 컨테이너 리스트와 매니페스트를 세관에 제출하여, 세관의 허가를 받은 후라야, 수하인에게 인도가 가능해진다(그 외에 화물의 종류와 성질에 따라 동물검역이나 식물검역 등이 필요하다). 다만 화주가 화물을 인도 받기 위하여는 이와는 별도로 화주에 의한 수입통관절차가 필요하다. 또 본선입항 터미널이외에서 수입통관절차를 할 경우에는, 보세운송절차(OTL)의 허가가 필요하다.

【화주】수입화물의 수입신고는 화물의 터미널 반입 확인 후, 그 절차를 진행시킬 수 있다.

신속하게 반출할 필요가 있는 화물인 경우에는 선사와 협의하여 당해 컨테이너만을 따로 세관으로부터 허가를 받을 수도 있다.

33 수입신고

【화주】수입신고서, 인보이스, 패킹 리스트, 화물보험증서, 원산지증명서 등을 세관에 제출하고, 화물의 수입을 허가받는 절차를 밟는다. 현재는 Sea NACCS의 데이터를 이용하여 신청하고, 사후 또는 세관의 요청이 있을 때에만 필요한 서류를 제출하기도 한다.

34 수입허가

【화주】포워더를 통하여 수입신고를 하고, 소정의 관세 및 수입소비세를 납부하고 수입허가를 받으면 내국화물이 된다

35 반출절차

【화주】인도받는 전날까지 터미널에 소정양식에 의한 반출 오더를 한다.

36 실입 컨테이너의 인도

【선사】D/O, 수입허가서 혹은 OTL 허가서 등의 서류를 터미널에 제출하도록 하여, 이러한 서류의 기재내용이 보세대장이나 매니페스트 등과 대조하여 이상이 없을 경우 화물을 인도한다. 또 컨테이너 자체의 인도인수를 위하여 터미널과 트럭간에 EIR을 교환한다.

37 공컨테이너의 반납

【화주】내용물을 꺼낸 후, 공컨테이너를 선사가 지정하는 밴 풀에 반납한다. 반납시에는 밴 풀로부터 EIR이 발행된다.

Chapter 2

D Sea NACCS와 그 이용

IT화가 발전된 오늘날에 있어서 정보의 데이터화는 대 사내 및 대 고객서비스 관점에서 필요불가결한 것이 되고 있다. 이러한 시대적 상황을 배경으로 선사가 제공하는 정보 서비스에 대하여도 고객들은 고도화된 것을 요구하고 있다. MOL에서는 이러한 고객의 요구를 수용하기 위하여, 세계적 규모로 정보 네트워크를 확장하여, 선적정보의 데이터화를 발전시키고 있다. 그 결과 전 세계에 분포된 사무소들이 네트워크로 연결되어, 리얼 타임으로 선적정보의 전달이나 검색이 가능하여, 고객에게 신속하게 화물정보를 제공할 수 있게 되어 있다.

1 정보와 시스템

물류와 정보시스템이라는 관점에서는, 화물 = 컨테이너의 동정 정보를 신속정확하게 파악하여 고객에게 제공할 수 있는가가 포인트라고 할 수 있다. 그것은 고객으로부터 부킹을 받은 후, 그 화물을 화물인도지의 고객에게 인도할 때까지 선사의 시스템을 이용하여 어떻게 그 화물의 정보를 취득, 작성, 제공할 수 있을까 하는 것이다. MOL에서는 부킹, 다큐멘테이션, ECS(Equipment Control System)을 결합시킨 STARNET라는 시스템을 가동 중이다.

먼저 고객으로부터 부킹을 받아서 그 데이터를 입력, 이 데이터가 공 컨테이너의 픽업 오더, 스페이스 컨트롤 등에 사용된다.

한편, 밴 풀에서부터 공 컨테이너가 움직이면 그것이 수시로 ECS에 등록되어, 화물의 움직임 추적과 선적예정 컨테이너 리스트의 작성에 이용된다. 또 고객으로부터 제공되는 화물 데이터를 바탕으로 B/L 및 CLP(Container Load Plan) 데이터가 입력되어, B/L의 작성, 운임의 수수, 양하지에의 전송 등으로 활용된다. 이 시스템은 Booking No.를 키로 하여 상호 연결되게 된다.

1 부킹

고객으로부터 부킹을 받은 단계에, 선사는 Booking No.를 그 부킹에 부여하고 고객에게 연락한다. 동시에 그 부킹 내용을 시스템에 입력한다.

2 ECS

고객은 포워더에게 Bookng No.를 연락하고, 포워더는 이것을 받아 공 컨테이너의 픽업 예정을 선사에 연락한다. 이때 선사는 Bookng No.를 키로 하여 그 Booking 내용을 즉시 알 수 있다. 그 후, 선사는 Booking 정보에 공 컨테이너의 픽업 예정일, 픽업 밴 풀명, 트럭명 등을 추가입력하여, 밴 풀에 그 정보를 연락한다. 트럭이 밴 풀에서 공 컨테이너를 픽업한 후, 그 컨테이너 No.는 Booking No.와 같이 입력되어, 이 시점이후에는 컨테이너 정보와 부킹 정보가 결합되어 움직이게 된다. 컨테이너 정보는 컨테이너의 움직임을 시계열로 파악하고 있으므로, 부킹 정보와 연결시킴으로서, 컨테이너를 검색하면, 화물의 움직임이 파악된다. 이렇게 하면 밴 풀에서 공 컨테이너가 픽업된 시점에서 인도지에서 공 컨테이너가 반납될 때까지 확실하고 용이하게 화물의 움직임을 추적할 수 있다.

3 다큐멘테이션

선사는 고객으로부터 B/L 정보 명세(D/R)를 받은 후, 그 데이터를 시스템에 입력한다. 이때 부킹 데이터와 B/L 데이터가 크로스 체크되어, 입력내용의 정확성을 확인할 수 있다. B/L 데이터를 입력할 때 Booking No.를 입력함으로써 B/L 정보가 부킹 및 컨테이너 정보와 일체가 된다. 그 결과 B/L No. 혹은 Booking No.를 키로 하여 컨테이너 정보를 알 수 있거나 컨테이너 정보를 키로 하여 B/L 정보를 쉽게 구할 수 있어, 고객으로부터 문의가 왔을 때 간단하게 답변해 줄 수 있다.

4 부킹, ECS, 다큐멘테이션의 관계

기본 3 시스템의 관계를 그림으로 표시하면 다음과 같다.

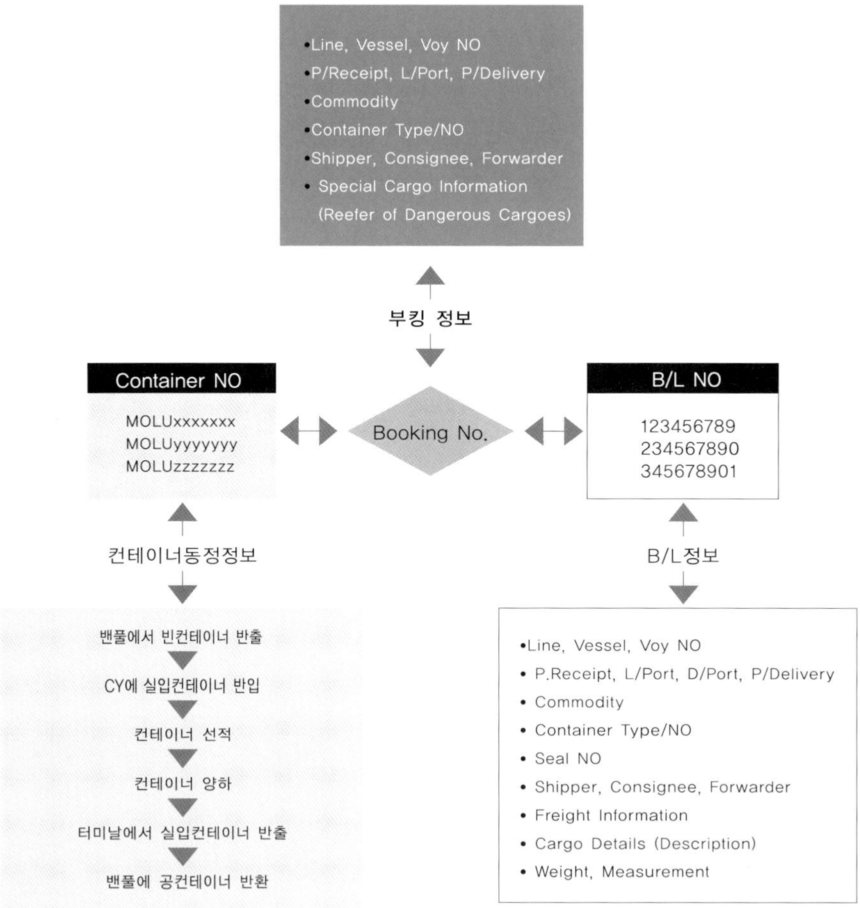

5 EDI의 상황

최근에는 EDI(Electronic Data Interchange)가 일반화되고 있어, 종래에 종이로 입수하던 정보를 전자매체를 통하여 간단히 입수할 수 있다. 예를 들면 밴 풀 혹은 터미널로부터 선사에 전하는 컨테이너 정보 전달은 거의가 EDI로 이루어진다. 또 선사로부터 터미널에의 부킹 정보도 EDI로 이루어진다. 이에 더하여 이와는 별도로 포워더, 선사, 세관 등을 참여시킨 대규모의 통관정보 시스템 Sea NACCS가 일본국내에서 가동되고 있어, 통관에서 본선 출항, 본선 입항에서 통관까지의 업무를 일관해서 수행할 수 있다.

6 수입

선적이 이루어진 후, 양하지나 화물인도지의 사무소에서는 수하지 및 적재지측에서 작성된 데이터를 바탕으로 Arrival Notice의 작성과 발송, 세관 등에 매니페스트의 제출, Delivery Order의 작성 등을 한다. 이른바 수입 다큐멘테이션 업무다. 컨테이너의 양하, 수하인에게 컨테이너의 인도, 공 컨테이너의 밴 풀에의 반납 등의 컨테이너 동정 정보도 수출의 경우와 마찬가지 경로로 ECS 경유 STARNET에 등록된다. 대 세관이라는 점에서는, 수입에서도 EDI의 움직임은 활발하여, 수입 매니페스트 데이터를 선사로부터 세관으로 EDI로 송신은 일본을 포함한 많은 국가에서 가동되고 있다(일본에서는 Sea NACCS).

2 업무시스템과 글로벌 시스템

상술한 흐름은 각 오피스별로 어느 정도 완결될 수 있는 일로서, 각 오피스에는 기본적으로 그 오피스가 관리하는 수출입 정보밖에 없다. 한편 본선 동정정보, 화물의 현재위치, B/L 등의 정보는, 북미, 유럽, 아시아 3극에 있는 메인 서버에 집적되어, 이 3극의 서버가 상호 연결됨으로써, 전 세계의 본선동정, 컨테이너 동정, B/L 정보 등 글로벌한 데이터를 검색할 수 있도록 되어 있다. 물론 그 바탕이 되는 데이터는 각 오피스에서 작성되는 것으로, 그 데이터의 정확성은 각 오피스에 의존하게 된다.

북미지구(캐나다, 중미, 남미 포함), 유럽지구(아프리카 포함), 아시아 지구의 각국에는 로컬 서버가 설치되어 있는데, 각 서버로부터 이들 메인서버에는 리얼 타임으로 데이터가 전송되고 있으며, 또 각국에서 수집된 데이터는 관계국의 로컬 서버에 배송되고 있다. 이것은 인터넷을 위시한 근년의 급속한 기술혁신으로 실현이 가능해졌다.

STARNET Global System

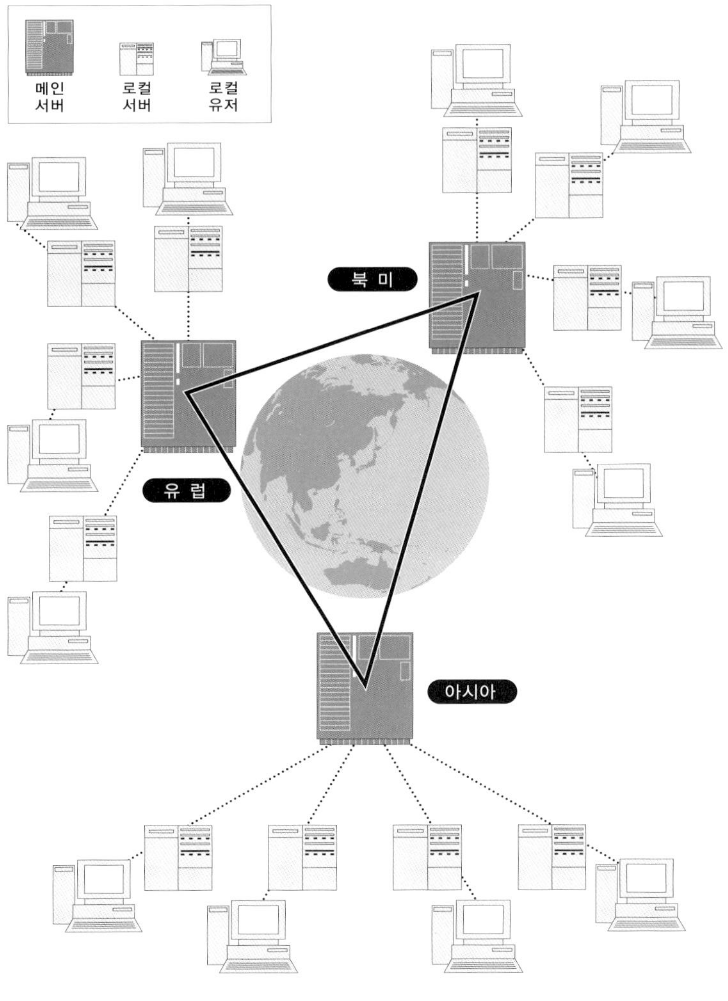

3 Sea NACCS

1 개요

Sea NACCS(Nippon Automated Cargo Clearance System)은 해상화물의 수출입 통관절차를 원활하게 처리하기 위해서, 1991년 10월에 가동된 관민공동이용의 전산처리시스템으로 독립행정법인인 통관정보처리센터가 운영하고 있다. 1999년 10월의 개선조치에 따라 수입에 있어서는 선박의 입항으로부터 화물의 양하, 수입신고, 허가, 화물의 인수에 이르기까지, 수출에 있어서는 화물의 보세지역으로의 반입, 수출신고와 허가, 선적, 선박의 출항까지의 일련의 세관절차 및 관련업무가 시스템화된 것을 계기로, 선사 및 CY도 시스템에 참가하고 있다.

2 연혁

1977년 10월	항공화물통관정보처리센터 설립 (그 후 통관정보처리센터로 개칭)
1978년 8월	항공화물정보처리시스템(Air-NACCS) 가동개시 (수입항공화물 대상)
1985년 10월	Air-NACCS에 수출항공화물업무를 추가
1991년 10월	해상화물통관정보처리시스템(Sea-NACCS) 가동개시
1993년 2월	Air-NACCS 시스템 변경
1999년 10월	개정 Sea-NACCS 시스템 가동개시 (선사 CY 등의 참여)
2004년 4월	독립행정법인화

3 Sea NACCS의 업무

항만제절차 업무(선박정보, 동정관련정보 포함)

(1) 선박기본정보 등록(VBA)

1) 일본에 처음 입항한 선박은 본선국적증서 및 국제톤수증서의 내용을 등록, 이후의 입출항시에는 본선명세의 입력은 생략한다.

2) 선박운항정보등록
- ●운항공통, 항정보등록(VTA01)
- ●본선스케줄 정보의 등록
  - ○승무원 정보등록(VTA02)
  - ○여객 정보등록(VTA03)
  - ○선용품 정보등록(VTA04)

3) 입항신고서(전묘신고서)(VIC)
- ●정박장소, 입항일시 및 일본에서의 양하화물 톤수 등을 입력하여 신청한다.

4) 톤세 등 납부신고(TPC)
- ●톤세 및 특별톤세의 납부신고
- ●멀티 페이먼트 네트워크※와 연계된 납부도 가능

5) 출항신고서(VOC)
- ●입항신고서의 정정 및 출항예정일시 등을 입력하여 신청

※멀티 페이먼트 네트워크 : 관공서, 지자체 및 민간기업 등의 수납기관과 금융기관 등을 네트워크로 연결함으로써 이용자가 공공요금 등(전화요금, 가스요금, 세금 등)을 인터넷를 통하여 납부할 수 있고, 납부하면 그 정보가 금융기관으로부터 수납기관으로 통보되는 네트워크를 지칭한다.

항만제절차의 창구일원화 및 간소화

Sea NACCS(재무성)와 항만EDI(국토교통성) 및 선원 상륙허가 지원시스템(법무성)의 접속 및 제휴에 의한 창구일원화처리, 원 스톱 처리가 2003년 7월부터 운용, 개시되었다. 또 2005년 11월에는 FAL조약이 비준되어, 항만제절차의 간소화가 실현, 시행되고 있다.

①창구일원화 : 복수의 행정기관에 공통되는 절차를 일괄하여 한번 입력하여 송신이 가능하도록 되어 있다.

②원스톱 서비스 : 복수의 행정기관에 대한 절차를 Sea-NACCS나 항만EDI 어느 것의 단말기로도 입력, 송신이 가능하도록 되어 있다.

(예)○Sea-NACCS 단말기로부터 항만관리자나 항장에의 신고절차가 가능
○항만EDI로부터 세관신고절차가 가능.

③대상업무

제출처	세관	항장 등	항만관리자	검역소	입국관리국
시스템명	Sea-NACCS	항만EDI			승무원 상륙지원시스템
절차명	◎입항(전묘)신고서* ◎출항(전묘)신고서 ◎선원명부 ◎승객명부 ○톤세 및 특별톤세 납부신고 ○적하목록 ○양하컨테이너 리스트제출 ○적하목록제출전 화물의 적양하승인신청 ○화물의 적양하에 관련된 서류의 제시 ○근무시간외 화물의 적양하신고	◎입항신고서 ◎출항신고서 ◎입출항신고서 ○계류시설사용신청서 ○정박장소지정원 ○이동허가신청 ○이동신고서 ○위험물하역허가신청 ○항로통보 ○거대선등 항행예정통보	◎입항신고서 ◎출항신고서 ◎입출항신고서 ○계류시설 등 사용허가 신청	◎입항통보 ◎입항신고서 ◎선원명부 ◎승객명부	◎입항통보 ◎입항신고서 ◎출항신고서 (별첨보고서) ◎선원명부 ◎승객명부

◎창구일원화 대상절차들
○Sea-NACCS 또는 항만 EDI 어느 단말로도 할 수 있는 원 스톱 서비스 대상절차

※입항신고서를 제출할 때 아울러 세관에 선용품 목록의 제출이 가능

참고 ●항만EDI : 항장, 항만관리자에의 신청 계출의 행정절차를 정보처리하기 위해, 국토교통성, 해상보안청이 항만관리자와 협력하여 개발한 시스템이다. 1999년부터 가동 중이다.

●FAL 조약 : UN 산하의 IMO가 채택한 조약의 하나. 국가별로 서로 다른 정보를 서로 다른 양식으로 요구함에 따라 해상운송과 관련된 절차가 복잡해지는 것을 방지하기 위하여 절차의 간소화와 통일화를 기하기 위하여, 1965년에 채택하였다. 2003년 현재의 비준국은 94개국과 1행정구. 거의 대부분의 유럽각국과 미국을 위시한, 아시아각국에서도 점진적으로 비준국이 증가하고 있다. 일본은 2005년에 비준하였다.

수출선적서류의 흐름(매뉴얼)

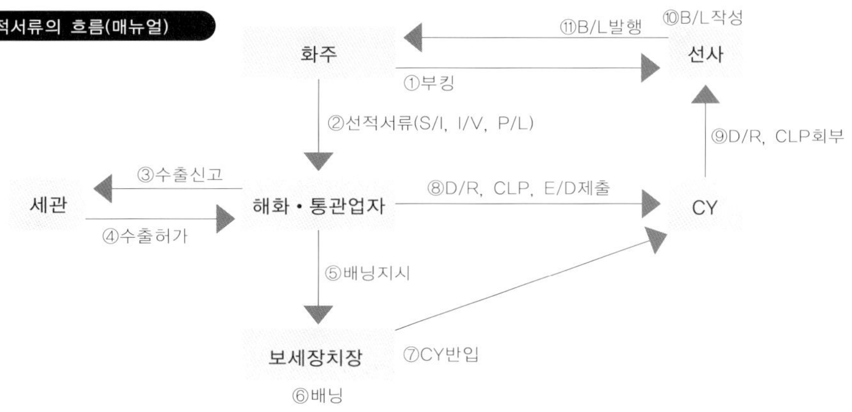

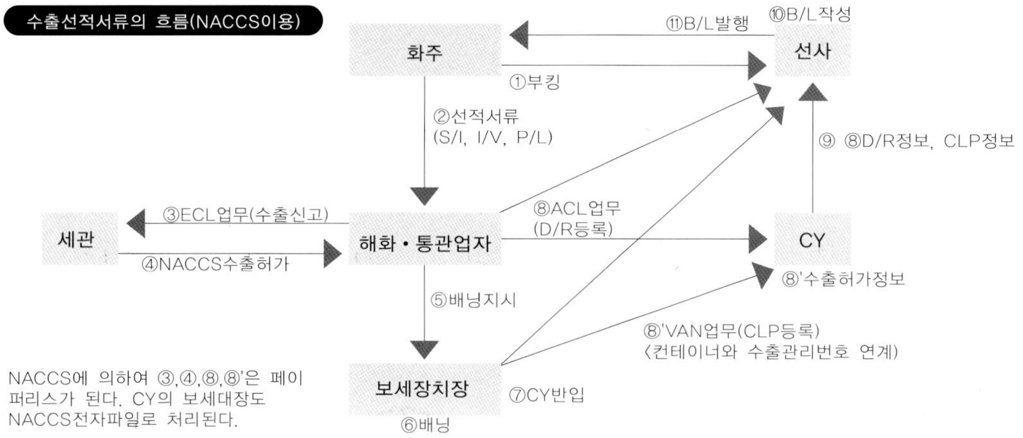

Sea NACCS에 의한 터미널에서 수출업무는 다음 순서로 이루어진다.

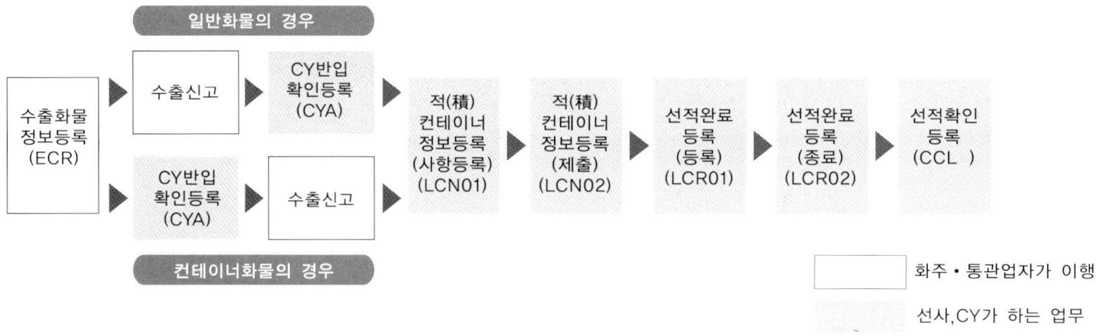

CYA : 컨테이너(공 컨테이너 포함)를 CY에 반입한 사실을 등록

LCN01 : 적재할 컨테이너 리스트의 제출에 앞서, 본선에 선적 예정 컨테이너(공 컨테이너를 포함)중에서, 수출신고를 해야 하는 컨테이너 넘버를 등록

LCN02 : 「적 컨테이너 정보등록(사항등록) : LCN01」업무로 등록한 컨테이너의 수출신고를 한다. 이에 의하여 적 컨테이너 리스트를 제출한다.

LCR01 : 본선에 컨테이너를 선적한 사실을 등록. 그러나 1회의 등록으로 전 화물을 입력할 수 없을 경우에는, 등록을 여러번 한다.

LCR02 : 본선에 선적을 완료한 사실을 등록한다.

CCL : 본선에 선적작업이 완료되어, 선적을 확인한 사실을, 선사 또는 그 대리점이 등록한다.

※ CCL 등록이외는, CY가 입력 등록한다.

Sea NACCS에 의한 터미널에서의 수입업무는 다음 순서로 이루어진다.

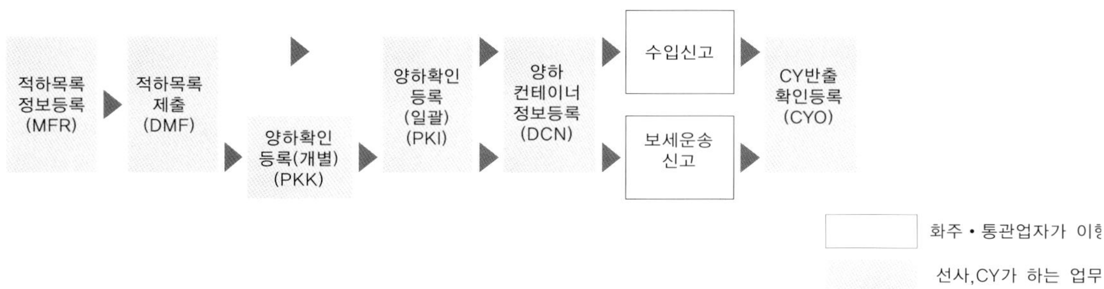

MFR : 본선이용선사 단위로, 선사 또는 그 대리점이 매니페스트 정보를 등록한다.

DMF : 본선이용선사 단위로, 선사 또는 그 대리점이 세관에 매니페스트 및 가양하 신고를 한다.

PKK : 컨테이너 단위로 CY로 선박에서 양하(반입)된 사실을 등록한다. 이 업무에서 개별적으로 선박에서 양륙을 확인한 경우에도, 당해 CY에 의한 「선박에서 양륙확인 등록(일괄)」업무에 의하여 선사단위의 일괄등록이 필요하다.

PKI : 당해 선박분의 컨테이너화물에 대하여 당해 CY에 전체 양하(반입)가 완료된 사항을 일괄등록한다.

DCN : 본선에서 양하된 컨테이너 넘버(공 컨테이너 포함)를 등록하여, 세관에 양하된 컨테이너 리스트를 제출한다.

CYO : 컨테이너(공컨테이너 포함)가 CY로부터 반출된 사실을 등록한다.

※Sea-NACCS를 이용한 D/O리스 처리

●선사측에서는 화주에게 DO를 발행하지 아니하고, D/O 발행정보를, 수입화물하도정보(DOR등록)를 이용하여 CY에 송신.

●CY는 DOR 정보를 수신하여 컨테이너 릴리스 가능을 확인.

●화주(해화업자)는 D/O 없이 컨테이너의 릴리스가 가능하게 된다.

※ Sea-NACCS를 이용한 수입화물의 도착즉시허가제도

●통관업자가 본선입항전에 예비신고(도착시 본신고를 지정)를 한 화물로서, 세관검사등이 불필요한 화물에 대하여, 화물의 도착이 확인된 시점(MF제출, DMF등록)에 자동적으로 본신고로 대체되어 수입허가가 되는 제도.

Chapter 2

E 각종 서류의 정정과 변경

여기서는 각종 선적 서류의 정정에 관하여 살펴본다.

1. B/L 기재사항의 정정
2. 양하지, 인도지의 변경절차
3. B/L에 관한 사고처리
4. 매니페스트의 정정
이상 네 가지의 요령에 대하여 설명한다.

1 B/L 기재사항의 정정

B/L 기재사항 정정은 B/L Original 모든 통에 하여야 한다. B/L Original 오기의 정정은 오기부분을 말소한 후 그 위에 정정사항을 기재한다. 만약 영어 단어 하나 안에 오자가 있을 경우 그 단어 전체를 정정한다. 정정한 곳에는 Initial Signature를 하지 않으면 안 된다. 다만 화주로부터 요청이 있는 경우나, 정정할 개소가 너무 많을 경우에는, 그 Original B/L을 폐기하고, 새로 Original B/L을 발행할 수도 있다. 그리고 정정에 있어서, 기재사항 중, Shipper, Consignee, Notify Party, Discription of Goods, Marks & Numbers, 운임의 지급 등의 정정에 있어서는 B/L발행 전에는 Shipper, B/L 발행 후에는 정당한 B/L 소지인으로부터 보증장을 받아두어야 한다. 이 경우, L/G의 서명자는 Shipper 혹은 B/L 소지인에 상당하는 권리를 가진 자의 것이어야 한다.

2 양하지 및 인도지 변경절차

선적후에 양하지 또는 인도지의 변경을 요청받은 경우, 사내의 관계자들과 사전에 충분하게 협의한 후, 요청자의 보증장을 받아두어야 한다. 그리고 변경한 경우에는 소정의 양하지 변경료 또는 이에 상응하는 제요금을 징수하여야 한다.

3 B/L에 관한 사고처리

B/L Original 전통 혹은 일부의 분실 또는 멸실을 이유로 B/L을 재발행 또는 보증도를 요구받은 경우에는 아래와 같이 처리하게 되는데, 원칙적으로 재발행보다는 보증도 방법을 취하도록 한다.

1 정당한 권리자인가의 확인

재발행 또는 보증도의 요청을 받은 경우, 요청자가 정당한 권리자인 것이 확인된 경우에 한하여, 재발행 또는 보증도를 한다. 이 확인을 위하여 경우에 따라서는, 매매계약, 인보이스 등 증명할 수 있는 자료를 제출받고, 또 L/C 개설은행, 적지 양지의 점포 등 관계처에 조회를 하고, 조사할 필요가 있다. 특히 보증도의 경우에는, Shipper에게 대금을 지급하였는지 여부와 Shipper가 보증도에 이의가 없는지를 확인하여야 한다.

2 B/L의 재발행

B/L의 일부분실에 의한 재발행을 요청받았을 때에는, 분실하지 않은 나머지를 회수한 후에 재발행하여야 한다. 재발행되는 B/L에는 분실한 Original B/L의 No.에 부가기호를 더하고, 아래와 같은 문구를 B/L 표면에 타이핑하고, 양하지와 인도지에 이러한 사실을 통지하여야 한다. "This Bill of Lading is issued in exchange for a Letter of Guarantee as the Original one has been allegedly lost by the Shipper."

3 은행의 연대보증장과 그 요건

재발행 혹은 보증도를 요청하는 화주로부터, 사전에 다음 요건에 합치하는 보증장을 제출받아야 한다.

① 서명자

원칙으로 화주의 대표권자(대표이사)의 서명을 받도록 한다. 다만 불가피한 경우에는 보증금액을 감안하여, 대표권을 가졌다고 볼 수 있는 자의 서명으로 대체할 수 있다. 어느 경우에도 서명자의 직위와 성명을 기입한 후에 서명하여야 한다.

② 연대보증

보증장에는 신용있는 은행의 연대보증이 붙지 않으면 안된다. 은행은 당해 B/L과 관련된 환어음취급은행이 바람직하다.

③ 보증기한

보증기한은 무제한으로 한다. 다만 B/L이 헤이그 규칙이나 비스비 규칙을 비준한 국가, 또는 이러한 조항을 국내법에 받아들인 국가에서 발행되고, 또 양하지도 그러한 국가인 경우에는, 재발행 B/L에 의하여 양하지에서 인도하거나, 또는 수령, 선적지에의 보증장 제출에 의한 양하지에서의 보증도의 시기부터 1년 3개월 경과 후, 관계점에 Claim 제기가 없는 것이 확인되면, 은행의 연대보증 혹은 이에 상당하는 담보를 해제하고, 화주의 단독 보증장으로 전환할 수도 있다.

④ 공시최고, 제권판결

일본의 수입 화물에 대하여, 국내 또는 국외에서 B/L이 분실되어, 재발행 혹은 보증도를 하여야 할 경우로 장래 분쟁이 발생할 소지가 있다고 판단되는 경우에는, 화주로 하여금 공시최고를 신청하게 하여, 제권판결의 등본을 제출하도록 요구한다.

4 매니페스트(M/F)의 정정

매니페스트(적하목록)란 선박명/항해번호, 선적항/양하항, B/L 번호, 품명, 총개수, 총중량, 화물기호번호, 컨테이너 번호, 수하인, 도착 통지인, 등을 명시한 것으로, 수입업무에서 매니페스트 정정이란 양하항 관할세관에 제출한 적하목록 내용의 정정이다.

1991년 10월에 가동된 Sea-NACCS에 의하여 적하목록정보등록업무 「MFR」로 등록하고, 이어서 적하목록 제출업무 「DMF」에 의하여 제출한 적하목록 정보를 적하목록정보정정 업무「CMF」로 정정한다. 이 업무는 정정하는 시점에 따라, 본선이 입항할 때 하는 적하목록제출업무 「DMF」, 그리고 화물 및 컨테이너가 터미널에 반입되면 하는 양하확인 등록업무 「PKI 또는 PKK」를 분기점으로 하여 다음 3단계로 구분하여 이루어진다.

(1) 적하목록 제출 전에 정정하는 경우에는, 적하목록 정보정정(호출하여) 「CMF11」 업무를 사용하여 적하목록제출 전 정정업무「CMF01」로 선사 자신이 정정한다.

(2) 적하목록 제출업무 후로, 동시에, 양하확인등록(일괄)업무「PKI」, 또는 양하확인등록(개별)업무「PKK」전에 정정하는 경우에는 적하목록 정보정정(호출하여)「CMF12」업무를 사용하여, 적하목록 제출 후, 정정업무「CMF02」로 선사자신이 정정한다.

(3) 양하확인등록(일괄) 업무「PKI」, 또는 양하확인등록(개별) 업무「PKK」후에 정정하는 경우에는, 선사로부터 양하한 터미널에 정정을 의뢰하여, 터미널이 화물정보정정업무「CAI」로 정정한다. 다만 정정할 수 있는 것은 화물이 터미널에 장치되어 있는 동안에만 가능하고 화물을 반출할 때 입력하는 CY반출확인등록업무「CYO」입력 후에는 정정이 안된다. 그리고 후속입력업무인 보세운송신고업무「OLT」, 수입신고업무「IDC」가 입력되어 있는 경우에도 정정할 수 없다.

이와 같이 선사에서 정정할 수 있는 기한은 반입할 때 하는 양하확인등록업무「PKI」또는 「PKK」전까지로 한정되며, 양하확인등록업무이후 CY반출확인등록업무「CYO」전까지의 정정은 선사로부터의 정정의뢰에 의하여 터미널이 수행한다.

그리고 매니페스트의 추가는 적하목록정보 등록업무「MFR」로 등록하고, 이어서 적하목록 제출업무「DMF」로 제출하여 추가한다.

매니페스트의 삭제는 적하목록제출업무전 정정업무「CMF01」,또는 적하목록제출업무후 정정「CMF02」의 처리구분을 선택하여, 삭제한다.

MOL JAPAN에 있어서는 MOL의 STARNET시스템으로 B/L데이터를 정정하고, 정정된 데이터를 사내 시스템인 JIS400에 다운로드하고, JIS400으로부터 Sea-NACCS로 전송하여 정정하는 방법과, Sea-NACCS 단말기로 직접 매니페스트를 정정하는 방법이 있다.

매니페스트의 정정 순서와 그 흐름은 다음과 같다.

①(수하인, 포워더 등)으로부터 FAX, 또는 E 메일로 증빙서류(인보이스, 패킹리스트 등)를 첨부하여 정정의뢰를 받는다.

②STARNET로 B/L 데이터를 정정하고, 이 데이터를 JIS400에 다운로드하여, JIS400에 정정데이터를 반영한다.

③매니페스트의 제출처리의 유무, 또는 반입처리의 유무를 확인한다.

④매니페스트 제출전인 경우, 적하목록 제출업무 전 정정업무「CMF01」로 처리한다.

⑤매니페스트를 제출하였으나 반입전의 경우, 적하목록 제출업무 후 정정업무「CMF02」로 처리한다.

⑥반입처리가 끝난 후의 경우, E 메일 등으로 터미널에 연락하여 화물정보정정업무「CAI」로 처리하도록 터미널에 의뢰한다.

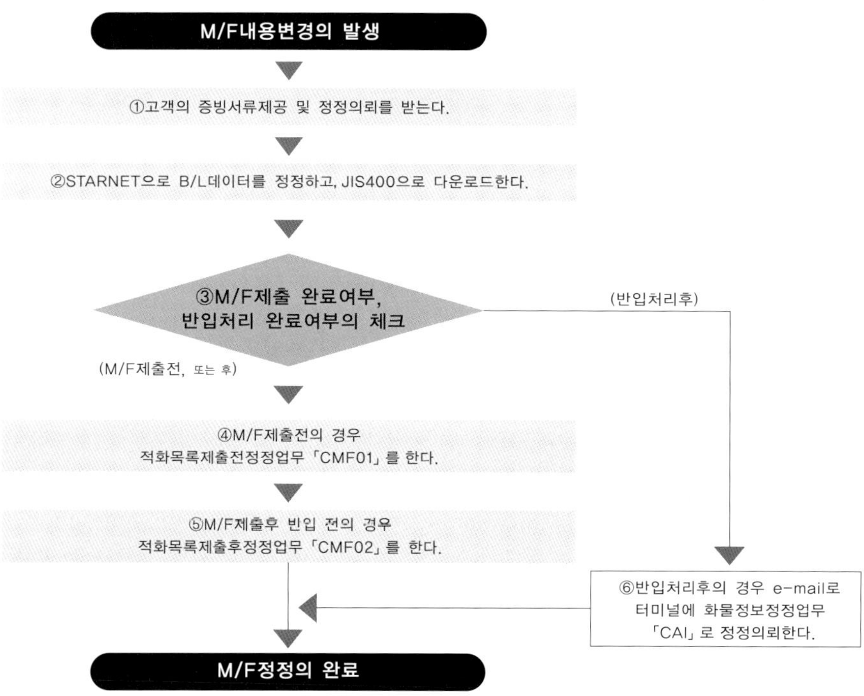

Chapter 2

F 일괄반입과 면세 컨테이너

1 수입 컨테이너 화물의 CY 반입

1 컨테이너 화물의 반입

지금까지 기술한 바와 같이 수입된 화물은, 보세구역의 관할 세관에 의하여 보세구역에 반입(도착)이 확인되고 나야, 처음으로 수입에 따른 제절차가 진행될 수 있다. 다시 말하면 보세구역에 반입되지 않으면 화주는 수입절차를 진행할 수 없는 것이 원칙이다.

본선에서 양하된 컨테이너는 컨테이너 야드(CY)라는 보세구역으로 양하되는데, 터미널은 양하와 동시에 관할세관에 보세구역인 CY에 반입을 등록한다. 이 등록이후, 수입신고나 OLT(보세운송)신고 등 절차를 진행할 수 있다. 이 등록행위를 수입시의 「CY반입」이라고 한다.

2 반입의 종류

①일괄반입

통상, 터미널에서는 모든 컨테이너가 다 양하되고 나서야 처음으로 관할세관에, 모든 컨테이너 반입을 등록한다. 이렇게 모든 컨테이너를 일괄하여 반입등록하는 것을 「일괄반입」이라고 한다.

비행기의 여객이 입국심사나 세관검사를 나온 순서에 따라 받는 것과는 달리, 말하자면 같은 항공기를 타고 온 승객 전원이 터미널에 내린 사실이 확인되고 나서야 심사가 개시되는 셈이다.

②개별반입

일괄반입을 기다리지 아니하고, 개별 컨테이너가 터미널에 양하된 시점에서 그 컨테이너만을 세관에 반입등록을 하는 것을 「개별반입」이라고 한다.

화주는 개별반입이 확인되고 나면, 일괄반입을 기다리지 아니하고, 즉시 수입절차를 진행시킬 수 있다.

일중항로에서 화제가 되고 있는 Hot Delivery Service는 바로 개별반입을 특별서비스로 하여 추가요금을 징수하는 제도이다.

③도착즉시 수입허가화물 일괄 반입 전 반출제도

예비신고가 이루어져 있는 화물 중, 세관에 의한 예비심사결과, 절차상 큰 지장이 없고, 검사가 불필요하다고 판단된 화물에 대하여는, 보세구역에 반입됨이 없이, 화물의 도착이 확인된 즉시, 본신고(本申告 : 수입신고)를 하면 바로 수입허가가 나는 제도이다.

따라서 ①②와 같은 반입확인을 기다릴 필요 없이, 화물의 도착이 확인되면 즉시 수입허가가 주어진다.

3 반입까지의 실무

CY 반입은, 터미널이 반입보세구역의 관할세관에, Sea-NACCS를 통하여 선박에서 양하확인 등록(일괄) 업무「PKI」또는 선박에서 양하확인 등록(개별) 업무「PKK」의 입력을 하는 것을 말한다.

그리고 나서 화물을 인수하기 위하여는 화물의 보세운송, 통관 등의 세관절차와 동시에 컨테이너 자체의 통관이 필요하다.

컨테이너의 통관은, 선박명칭, 컨테이너 넘버 등을 명시한 컨테이너 양하 리스트의 제출절차를 함으로써 수입허가가 되고, Sea-NACCS에서는 터미널이 당해 리스트의 제출절차로서 「양하컨테이너 정보등록(DCN)업무」를 취하고, 그 업무를 양하확인등록(일괄) 업무「PKI」또는 양하확인등록(개별) 업무「PKK」를 입력할 때 병행처리 된다.

이상과 같은 선사 및 터미널에서의 작업은, 일괄반입의 경우, 본선동정 및 일반반입 예정일 확인을 하는 화주에의 대응 정도의 작업으로, 반입과 관련되는 통상업무 이외에 특정작업은 발생하지 않으나, 개별반입의 경우는 반입에 따른 특정한 업무가 발생한다. 그 업무 순서와 흐름 차트는 다음과 같다.

①고객으로부터 개별반입의뢰를, 입항예정 전일 오전까지, 개별반입화물명세 등을 기재한 소정의 양식에 기재하여 FAX 등으로 접수한다.

②본선의 양하 하역예정시간을 확인하고, 당해 본선의 개별반입 인수의 가부를 확인한다. 만약 양하 하역시간이 야간하역이 될 경우, 개별반입에 의한 인수가 안 된다는 것을 개별반입의뢰자에게 통지한다.

③터미널에 개별반입화물명세로 소정양식에 화물명세를 일람 기재하여, 터미널측에 FAX나 E 메일로 통지하고 화물(컨테이너)이 양하될 때마다 양하확인등록(개별) 업무「PKK」의 입력처리를 의뢰한다.

④컨테이너별로 양하시간을 기재한 소정용지를 입수한 후, 컨테이너별로 양하시간을 확인한 후, 의뢰자로부터의 개별반입인수의 가부에 대하여 대처한다. 그런데 개별 반입에는 다음과 같은 제약이 있다.

- ●화물인수당일의 터미널의 주간 작업 시간 내(16시경까지)에 컨테이너(화물)가 양하될 것.
- ●선박에서 양하확인등록(개별)업무(PKK)는 세관의 업무시간 내에 이루어질 것.
- ●화물의 인수는 터미널의 주간 작업 시간 안(16 : 30 경)에 이루어질 것.

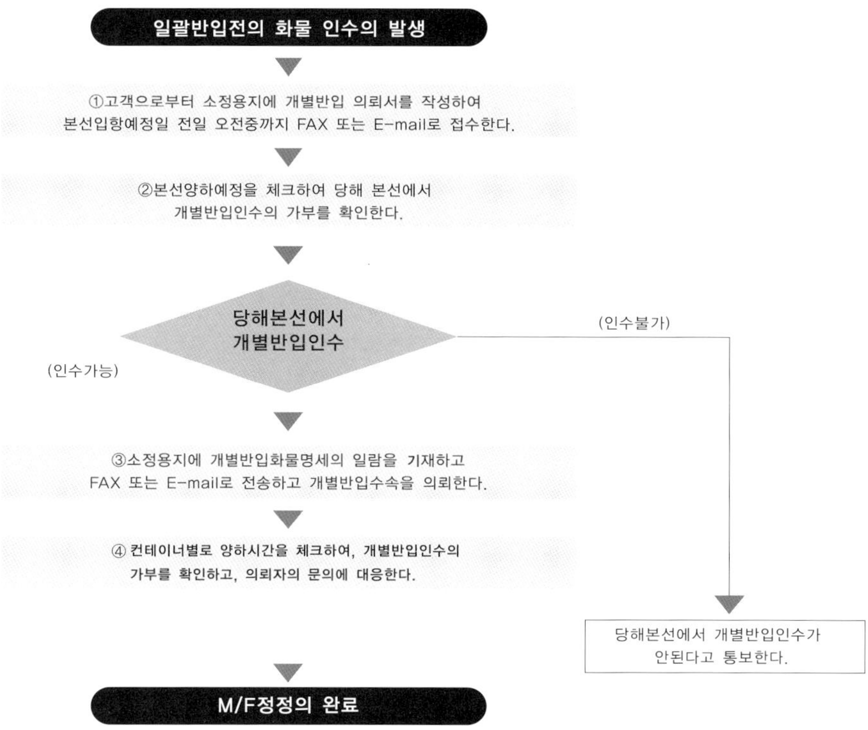

2 CY Cut

CY Cut란 컨테이너 야드에 수출용 컨테이너의 반입마감시간을 일컫는다. 수출되는 컨테이너는 선적을 하기 위해서, CY 반입 후, 터미널이 선적 컨테이너 리스트를 본선 출항 진까지 세관에 제출하여야 하므로, 마감시간을 설정하게 된다. 또 터미널은 사전에 선사로부터 Booking List를 입수하여 다양하게 사전에 대응책을 강구하는데, 본선에 실제 적재하는데는 정확한 정보가 필요하다. 그렇기 때문에 이 CY Cut 시점에서 반입된 컨테이너의 제원을 바탕으로, 터미널은 효율적인 본선

적재 Plan을 작성할 수가 있다.

그리고 컨테이너 반입 접수일을 1주일 전부터로 제한하고 있는 것은, 수출입컨테이너가 너무 장기간 체류할 경우, CY 자체의 스페이스에 한계가 있기 때문이다.

3 면세 컨테이너의 취급

국제운송에 이용되는 해상 컨테이너는 컨테이너 특례법에 정해진 일정한 조건아래, 수입세의 납부를 면제받고 있다. 이에 따라 당해 컨테이너는, 화물의 적재여부에 관계없이, 일본국내에 수입되는 경우에는, 관리자인 선사가 터미널을 통하여 면세일시수입절차를 거치고, 국내에서 사용할 수 있는 허가를 받는다.

한편 이 컨테이너를 일시적으로 국내운송에 사용하는 경우에도, 면세이기는 하나, 그에 따른 몇 가지 제약이 있다.

- 국내운송에 사용할 경우, 면세컨테이너의 국내운송신고서를 세관장에게 제출할 필요가 있다. 그 절차는 통상 운송업자가 수행하고 있다.
- 해상 컨테이너로서가 아니고 일반차량으로 취급되기 때문에, 적재중량을 대폭 감톤할 필요가 있다.
- 1회에 한하여 상술한 조건아래 국내운송에 전용이 가능하다.

참고 컨테이너에 관한 통관조약 및 국제도로운송수첩에 의한 담보하에서 이루어지는 화물의 국제운송에 관한 통관조약(TIR조약)의 실시에 수반하는 관세법 등의 특례에 관한 법률〈발췌〉

(면세 컨테이너의 국내운송에의 사용)

제8조 ①화물을 적재한 상태로 수입된 컨테이너가, 당해화물을 컨테이너에서 꺼낸 장소로부터 수출화물을 쟁이는 장소(화물을 쟁이지 아니하고 수출하는 경우에는, 그 수출지)까지 통상의 경로로 운송되는 사이에, 국제운송 이외의 운송(이하 이 조에서는「국내운송」이라고 한다)의 용도에 제공되는 경우에는, 제4조 및 제5조의 규정은 적용하지 아니한다.

②전항의 국내운송은, 재수출기간 내에, 1회를 넘어서 할 수 없다.

③제1항의 국내운송을 하고자 하는 자는, 정령으로 정하는 바에 의하여, 사전에 그 사실을 세관장에게 신고하여야 한다.

Chapter 3

컨테이너 운송서비스

Chapter 3

A 컨테이너선과 그 하역

1 컨테이너선이란

컨테이너선이란, 어떤 일정한 규격으로 통일된 외형과 규격을 갖춘 획일적인 표준화된 화물(컨테이너)을 적재하고 고박(固縛)할 수 있는 구조를 가진 선박을 일컫는데, 다음과 같은 특징을 가지고 있다.

① 1966년 4월 대서양항로에서 최초의 컨테이너선이 취항하였다.

② 본선에는 화물을 적양하할 수 있는 기기(Cargo Lifting Gear)가 장비되어 있지 않다.

③ 주로 밀폐성이 있는 컨테이너를 이용하는 운송이기 때문에, 화물은 본선의 선창내(Hold)와 갑판상(On-Deck)에 모두 적재가 가능하다.

④ 선박이 대형화됨에 따라 선폭이 넓고 건현(乾舷)이 높다.

⑤ 복수의 지역(Region)을 연결하여, 각 지역에서 다시 여러 개의 항만에 기항하여 화물을 적양하하기 때문에 화물을 적재할 수 있는 구획이 다수 존재한다.

⑥ 컨테이너 적재를 기초로 한, 갑판, 해치 커버 및 선창(船艙) 상(床) 강도가 높다. 화물의 하중이 걸리는 개소가 특정되어 있으므로 보강된 그 개소를 제외한 부분의 강도는 약하다.

⑦ 본선은 컨테이너화물 이외의 화물의 취급과 고박에 필요한 하역자재를 보유하고 있지 않다.

⑧ 현재의 정기항로화물운송의 특징으로, 타선사(APL, Hyundai 기타)와 얼라이언스나 컨소시엄 등을 형성하여 협조배선을 하는 경우가 많다.

컨테이너선(Containership)에 비하여, 종래의 화물선을 재래선(Conventional Vessel), 그리고 컨테이너 외에 컨테이너화 되지 아니한 화물도 운송할 수 있는 선박을 세미 컨테이너선(Semi-containership)이라고 부른다.

또 컨테이너선을 컨테이너를 본선에 적양하하는 하역방법에 따라,「리프트 온 리프트 오프(Lift on/Lift off Type〈LOLO선〉)」과 「롤온 롤 오프(Roll on/Roll off Type〈RORO 선〉)」의 두 가지가 있으나 현재로서는 주요항로에서는 대다수가 LOLO 방식으로, MOL 서비스에 있어서도 전부가 LOLO 방식이다.

① LO/LO 선 : 컨테이너를 육상 또는 본선 크레인으로 들어서 적양하 하역을 한다.

② RO/RO 선 : 본선의 선미 혹은 현측에 램프웨이(ramp way)를 만들어, 이 통로로 컨테이너를 적양하한다.

2 컨테이너선의 선형

2000년 당시의 MOL의 컨테이너선의 선형은, 북미항로에서는 3,000teu* 정도의 선박, 유럽항로에서는 4,700teu 선, 남미/아시아/호주항로에서는 2,000~3,000teu 선이 주류를 이루었으나, 2001년부터 약간의 대형화가 이루어져서, 유럽항로에의 새로운 시리즈선으로 5,500teu급의 선박이, 2002년에는 6,400teu급의 Over Panamax선** 이 시리즈로 투입되어, 약 3년간에 걸쳐 제1차 선대정비가 종료되었다. 이에 수반되어 기존선들은 나름대로 다른 항로로 전배되었다(유럽→북미→남미/아시아). 또 그 후에도 선대개편이 계속 이루어져 유럽항로용으로 8,000/6,400teu 선을, 북미용 선박으로 6,400/5,500teu 선을 건조하였다

한편 전세계적으로는 10,000teu 이상의 선박들이 실용화되고 있으며, 이러한 대형화는 당분간 지속되어 Malaca Max 선***(15,000~18,000teu, VLCC 클레스)의 출현이 임박하고 있다.

※ teu : Twenty Foot Equivalent Units(20FT 환산)
※※ Panamax선 : 파나마 운하를 통항할 수 있는 최대 선형으로 전장 약 247m 이내, 전폭 약 32m 이내의 선박, 적재 가능한 컨테이너수는 약 4,500teu.
※※※ Malaca Max선 : 말래카 해협을 통항할 수 있는 최대선형으로, 최대 흘수가 약 20.5m의 선박.

6400TEU선:1

6400TEU선:2

3 컨테이너선의 적재위치의 표시

컨테이너의 Stowage장소(적치장소)는,「05-03-06」「12-06-84」등 BAY-ROW-TIRE No.의 순으로 표기하도록 규정되어 있다(ISO규격)

● 선박의 전후방향 : BAY No.로 표시하여, 앞으로부터 뒤로 번호를 매겨나간다.
또 20FT BAY는 홀수, 40FT BAY는 짝수로 표기한다.

● 선박 폭의 방향 : ROW No.로 표시하여, 우현측이 기수번호, 좌현측이 우수번호가 된다(기수 ROW의 경우, 센터가 00번이 된다).

● 선박의 상하방향 : TIRE No.로 표기하며, HOLD적(積)은, 본선의 가장 깊은 HOLD를 기준으로 하여, 최하단의 02번부터 HOLD의 최상단까지 위 방향으로 향하여 짝수번호를 부여하여 02, 04, 06, … 으로 나간다. 다른 HOLD는, 그 기준 HOLD의 최상단을 Base로 하여 아래로 향하여 짝수번호를 부여한다. 그러므로 낮은 HOLD의 최하단은 02번이 될 수 없다.
ON DECK 적은, 최하단을 82번으로 하여, 아래에서 위 방향으로 짝수번호를 부여해나간다. 그러므로 TIRE No.로 HOLD/ON DECK를 구분할 수 있다.

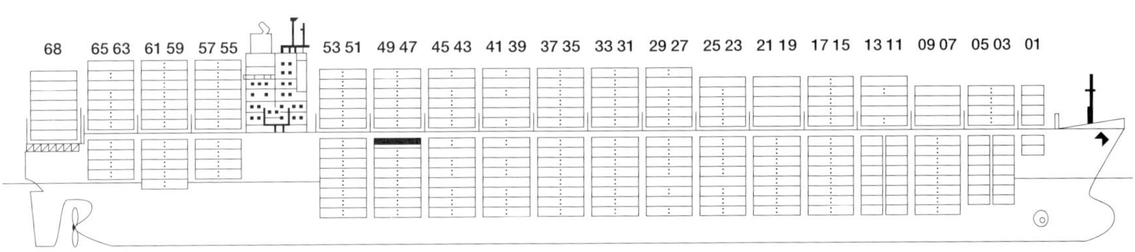

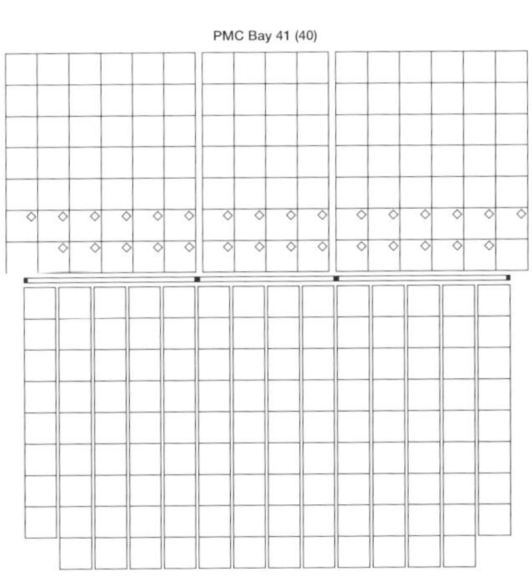

4 컨테이너 선상에서의 컨테이너의 고정

컨테이너는 기본적으로 어떤 일정한 크기와 형상을 갖기 때문에, 그 형상에 맞는 고정식이나 반고정식의 구조/속구에 의하여, 화물을 적재/고박한다.

그리고 선박에는 컨테이너/비컨테이너 화물에 대하여 기술한 Cargo Securing Manual(기국의 주무관청이 승인한 것)이 비치되어 있어, 반드시 이 매뉴얼에 기술된 방식으로, Securing이 이루어지고 있다.

기본적으로 밀폐성이 있는 컨테이너를 이용하는 운송이기 때문에, 컨테이너는 본선의 선창내나 갑판 위 어느 곳에나 적재할 수 있다.

1 선창내 구조/속구

창(艙)내에는 컨테이너의 네 귀퉁이에 상당하는 위치에 셀 가이드(Cell Guide)라는 산형(山形) 강(鋼)의 가이드 레일이, 창내의 바닥에서부터 창구연재면(艙口緣材面)까지 수직으로 설치되어 있어서, 위에서부터 이 가이드 안으로 컨테이너를 넣어서 적재한다. 대형선에서는 9단까지 컨테이너를 쌓아올릴 수 있다.

또 셀 가이드와 컨테이너 사이의 간격이 매우 좁기 때문에, 셀 가이드의 상단에 바깥쪽으로 경사된 가이드를 설치하여 넓게 하여, 컨테이너를 셀 안으로 넣기 쉽도록 하는 엔트리 가이드(Entry Guide)가 설치되어 있다.

O표:Entry guide　화살표:Cell Gudie

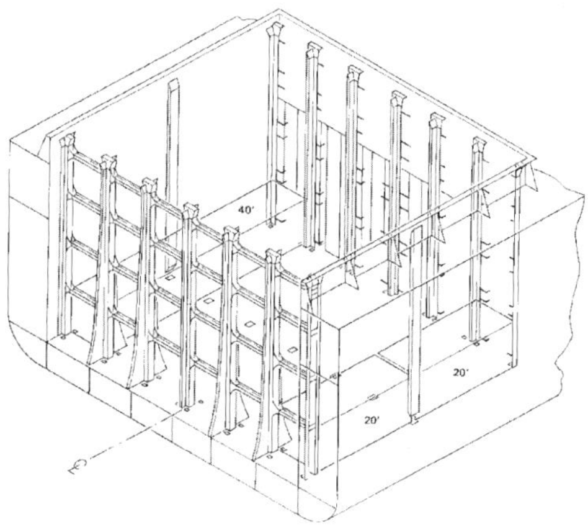

Entry guide 확대도

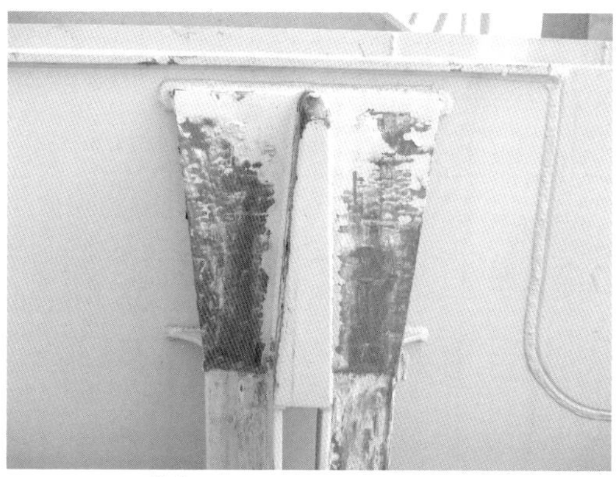

Entry guide 확대도

선창내부모습

선창내부모습

선창안은, 이 셀 가이드에 의하여, 적재된 컨테이너의 이동을 방지하는 구조로 되어 있으므로, 기본적으로는 특별한 고박용 자재가 필요하지 않으나, 40FT용 창내 하층부에 20FT 컨테이너 두 개를 한조로 하여 적재하는 Twin Twenty 방식의 경우에는, Twist Stacker 라는 고박용 자재를 20FT 컨테이너의 네 구퉁이에 사용하여 받침이 없는 부분의 옆으로의 이동을 방지하고 있다.

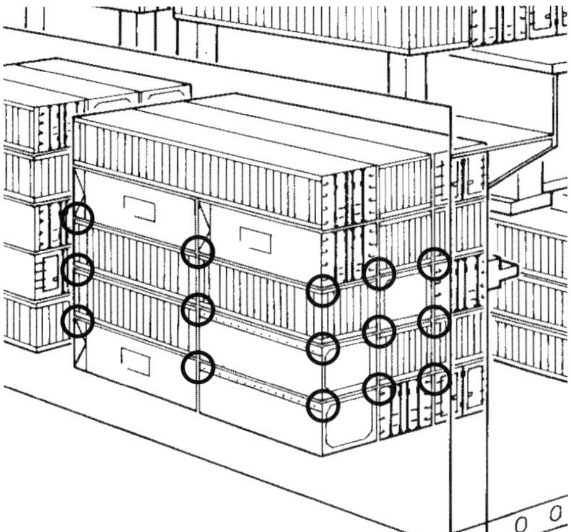

좌측 그림과 같이 좌2열 하부4단이 20FT컨테이너인 경우, ○표시부분에 Twist stacker를 장착한다.

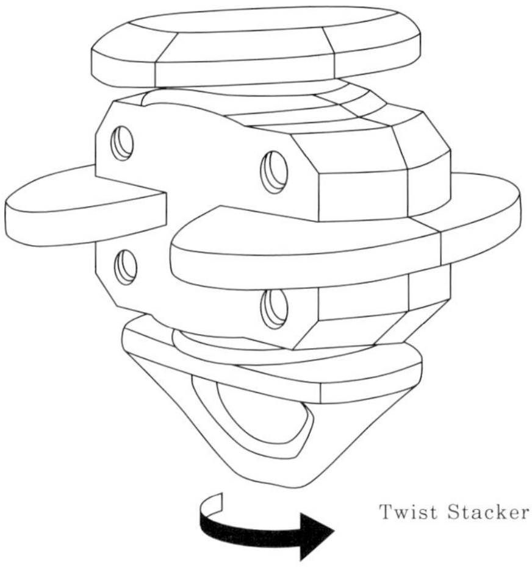

Twist Stacker

2 갑판상의 구조/속구

컨테이너의 갑판적의 경우, 갑판상은 셀 구조로 되어 있지 아니하기 때문에, 적재하고 나서 이하와 같은 특수한 고박용 자재를 사용하여, 개개의 컨테이너의 이동이나, 전도(轉倒)를 방지할 수 있도록 되어 있다.

① 세미오토 트위스트 록(Semi-Auto Twist Lock)

해치 커버나 갑판상에 설치된 컨테이너 페데스탈(Container Pedestal)위에 설치되어 있는 소켓(Socket)과 컨테이너의 우금구(隅金具)(Corner Casting) 또는 우금구끼리 상하를 접속시켜, 컨테이너의 이동이나 전도(轉倒)를 방지한다.

페데스탈소켓

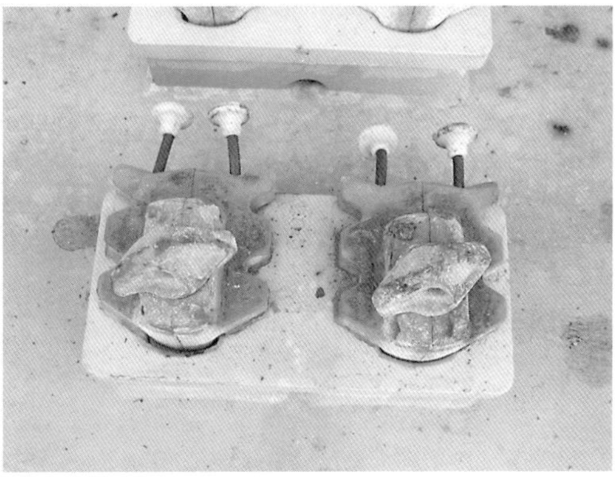

해치커버소켓에 트위스트록을 세팅한 곳

세미오토 트위스트 록

② 래싱 브릿지(Lashing Bridge)

각 홀드간의 갑판상에 설치된 구조물. 종래의 라싱 브릿지 미장비 선박에 비하여, 1단 높은 장소로부터 고박용자재에 의하여, 컨테이너를 고박함으로써, 실입 컨테이너를 갑판상에 다단적(多段積)할 수 있게 되었다.

③ 래싱 로드/ 턴 버클(Lashing Rod/Turnbuckle)

컨테이너의 우금구의 구멍에 로드(Rod) 상부의 힌지를 끼워, 하부의 아이(Eye)에 햇치 또는 라싱 브리지의 아이로부터 끌어온 턴버클(Turnbuckle)에 끼워 조여서, 갑판위에 다단적된 컨테이너가 옆 방향으로 밀려서 넘어지는(Racking)것을 방지한다.

각종 로드와 턴버클

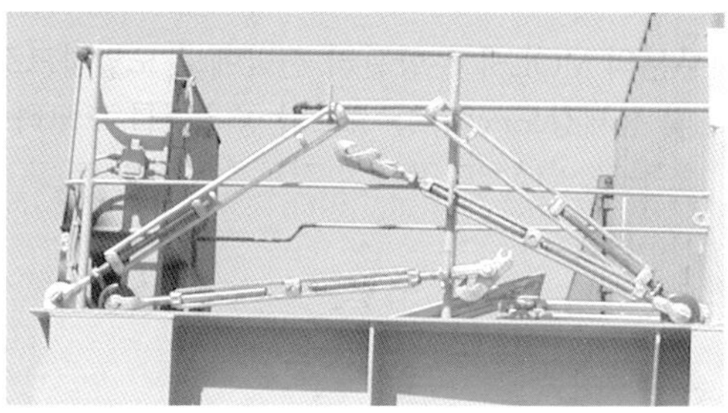

래싱 브리지로부터 로드와 턴버클을 잡은 모습

5 컨테이너정보 시스템 및 적부 시스템

1 베이 플랜 시스템

각 기항지 터미널로부터 베이 플랜 정보(컨테이너선에 적재된 컨테이너의 정보)를 EDI(Electronic Data Interchange), 데이터 베이스에 축적하여, 고객으로부터의 문의에 대응하는 등 영업부문에서의 데이터의 검색/조회/리스트 출력, 관계자에게 데이터 전송(轉送), 본선의 화물적부계획업무 등에 이용할 것을 목적으로 한 시스템이다.

본 시스템의 데이터 베이스에는 각선의 5항해분의 베이 플랜 정보가 보관되어, 임의로 출력시킬 수 있도록 설계되어 있다.

1994년에 가동하기 시작한 전 시스템을 받아서, 2002년에 재개발이 이루어져 현재의 시스템으로 바뀌었다.

현재 MOL에서는, 컨테이너부문(Virtual Liner Company〈VLC〉의 홍콩, 네덜란드, 미국의 3극(極) Regional Office와 아시아 역내의 대리점 및 관련 터미널에 전개 운용되고 있다.

베이 플랜 시스템으로부터 이하의 두 종류의 데이터 포맷을 사용할 수 있다.

① MOL 프레트 파일

MOL 독자적인 데이터 형식으로, 베이 플랜 데이터 전송(傳送)시스템용으로 개발된 것으로, 취급하는 정보량이 크고 본격적인 EDI를 가능하게 한다.
또 우수한 범용성을 갖도록 하기 위하여 국제표준인 Baplie 포맷(② 참조)과의 포맷의 전환을 전제로 그 중간 파일로 설계되어 있다.

② Baplie 포맷

베이 플랜 정보의 EDI를 위한 국제표준 메시지로서, UN에서 개발관리하고 있는 EDIFACT(EDI for Administration, Commerce and Transport) 메시지의 하나다. 현재 선륙간(船陸間)의 화물 정보의 대부분이 이 형식으로 이루어지고 있으며, 종래의 「종이」를 이용한 정보전달은 거의 없어지고 있다. 정보교환이 글로벌화되고, 또 이업종(異業種) 및 동업 타사간의 데이터 전송이 요구되고 있는 현재, 각 정보발신자가 개별적인 포맷을 사용하고 있을 경우에는 상대마다 포맷을 변환할 필요가 있는데, 통일된 국제표준양식을 사용함으로서, 정보의 범용성과 편리성, 경제성을 추구할 수 있으므로, 급속하게 보급되어 실용화되고 있다.

2 컨테이너 적부(積付) 시스템

상기 1에도 있는 바와 같이, 베이 플랜 정보를 관계자간에 EDI로 주고받을 수 있게 되었다. 그러므로 본선의 적부계획을 작성하는 시스템에도, 이 EDI 정보를 읽고, 써내는 기능이 필요하게 되었다.
위와 같은 목적에 합치하면서도, 적부계획 작성업무의 작업효율을 높이기 위하여, MOL에서는 미국 Navis사가 개발한 적부계산 소프트 「Power Stow」를 도입하였다. 이 시스템을 VLC 각극(各極)의 Marine Operation Group 및 당사대리점, 그리고 대부분의 MOL사 운항관리 선박에도 도입하므로서, 통일 플랫폼을 사용하여 화물정보 및 선체강도/안정성 정보의 공유화를 도모하여, 관계자간의 커뮤니케이션을 원활하게 하고 있다. 또 공통의 정보를 바탕으로 하고 있는 점을 살려, 본선 여적(餘積)의 유효활용과 효율적인 화물적부가 가능해졌다.

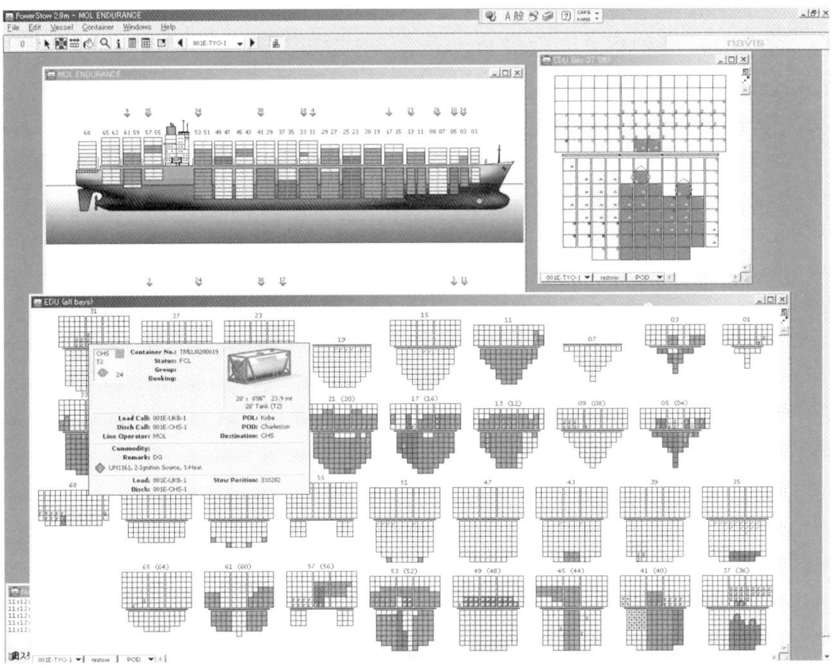

적부계산 소프트웨어인 [Power Stow]

6 컨테이너 하역기기

이미 전술한 바와 같이 통상적으로 컨테이너선은 선상에 컨테이너 적양하에 필요한 장비를 갖고 있지 않다. 그러므로 컨테이너의 적양하는 육상의 시설과 장비를 활용하여 하역하게 된다.
컨테이너 하역장비로는 다음과 같은 것이 있다.

1 갠트리 크레인

안벽 위에 설치되어 레일 위를 주행하면서 신축이 가능한 스프레더에 의하여 컨테이너를 들어 올려서 적양하 하역을 한다. 또 Break Bulk 화물의 하역의 경우에는 전용의 후크(갈고리)를 스프레더와 바꿔달아 하역한다.
근년에는 컨테이너선의 대형화에 따라, 해가 갈수록 대형크레인이 개발, 제조되고 있다. 본선위로 뻗어있는 부분이 올리고 내릴 수 있도록 되어 있어, 선박 입출항시에는 접안/이안에 방해가 되지 않도록 붐을 들어 올려둔다.

하역전의 갠트리 크레인

갠트리 크레인들

Break Bulk용 후크

텔레스코픽 타입의 컨테이너 스프레더

※텔레스코픽 타입의 스프레더란 신축이 가능한 컨테이너 스프레더로써 컨테이너의 사이즈에 따라 스프레더를 바꿔 장착하지 않고 하나의 스프레더로 20FT, 40FT, 45FT 컨테이너의 하역이 가능하다.

2 하이 어저스터

높이가 높은 화물(背高貨物, Over Height Cargo)이 적재된 Open Top Container/Flat Rack Container의 하역을 할 때 컨테이너의 윗면과 스프레다 간에 사용되는 하역기기이다. 터미널마다 보유하고 있는 기기의 사이즈(높이)가 상이하므로, 사전에 조사해 둘 필요가 있다.

20FT컨테이너용 하이 어저스터

40FT컨테이너용 하이 어저스터

하이 어저스터의 사용 예

3 Unlashing 용 케이지

컨테이너선의 대형화에 수반하여, 갑판상에 적재되는 컨테이너의 높이도 높아지게 되었다.
Twist Lock(P073참조)을 풀(Unlashing) 때, 높은 곳에서 작업할 때의 발판과 안전을 위하여 사진과 같은 케이지를 사용하는 경우가 있다. 이 케이지를 이용하여 Unlashing 작업이 이루어진다.

Unlashing용 케이지

4 스트래들 캐리어

CY 안에서 컨테이너의 이동이나 샤시에 적양하 하는 기기이다. 야드에 컨테이너를 다단적하는데 제한이 있으므로 중규모 터미널에서 주로 사용된다.

스트래들 캐리어를 사용한 컨테이너야드의 컨테이너 장치 모습

스트래들 캐리어

5 트랜스퍼 크레인(트랜스테이너)

CY 안에서 컨테이너의 이동이나 샤시에 적양하 하는데 사용하는 문과 같이 생긴 이동식 기기다. 원래 사용되던 샤시 방식과 스트래들 캐리어 방식을 발전적으로 결합시킨 야드 시스템이다.

스트래들 캐리어에 비하여 기기를 대형화할 수 있으므로 현재는 거의 모든 컨테이너 터미널에 사용되고 있다.

트랜스퍼 크래인:1

트랜스퍼 크래인:2

6 플로팅 크레인 및 바지

화물의 사이즈가 통상보다 크기 때문에 트럭 등에 의하여 육상운송이 안 되는 경우에 바지 등으로 바다 쪽에서 본선에 적양하하는 경우나, 화물의 단위중량이 너무 무거워, 갠트리 크레인으로 하역이 안 되는 경우에 사용된다.

플로팅 크레인 및 바지를 이용하여 하역하는 경우에는, 해상기상상태(풍향과 풍력/물결과 파고 등)가 하역에 크게 영향을 주기 때문에 사전에 조사 검토가 이루어져야 한다(그림 1참조).

또 크레인의 양하능력, 아웃리치 및 크레인훅의 최대 들어올리기 높이, 크레인의 선회범위 등을 확인한다(그림2 참조)

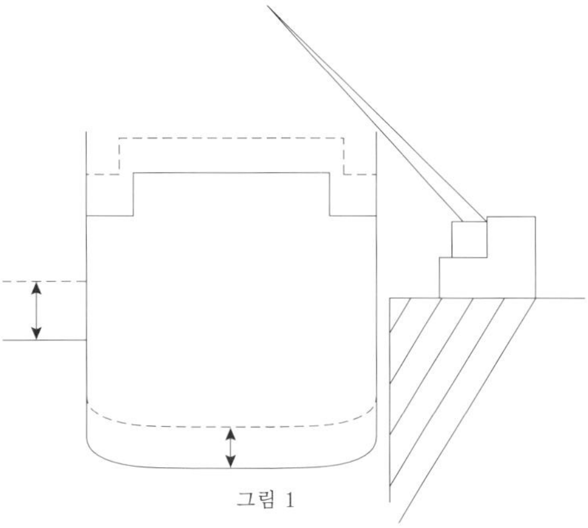
그림 1

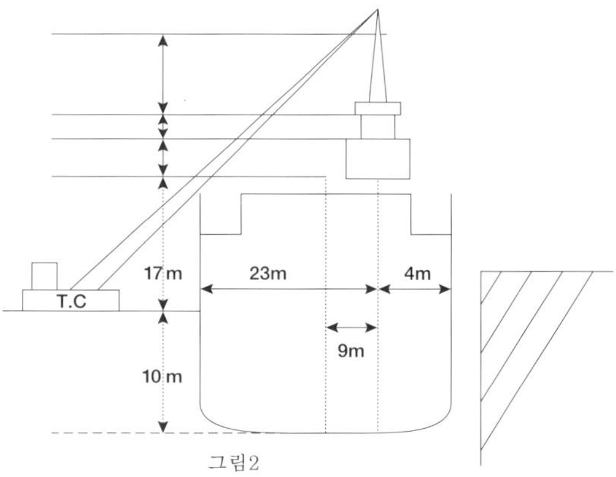

그림2

플로팅 크래인

Chapter 3

B 컨테이너의 종류

1 다양한 컨테이너의 종류

컨테이너 운송화물의 증가와 다양화의 결과, 현재로서는 다양한 니즈에 대응하기 위해서, 사용되는 컨테이너의 종류도 그만큼 다양해진다. 또 컨테이너에 의한 일관운송을 원활하게 하기 위하여, 국제적으로 규격화된 컨테이너가 필요하게 되어, 국제표준화기구(International Organization for Standardization = ISO)에 의하여 장, 폭, 고의 크기와 강도, 그리고 외형 등이 규격화되어 있다. 컨테이너는 전 세계에 약 1793만 TEU(2004년 Containerization International지의 추정치)가 유통되고 있는 것으로 추정되며, 대규모 정기선사들은 지구규모로 수많은 컨테이너를 가동시키고 있다.

1 재질

컨테이너의 재질에 따라 알루미늄 컨테이너(Aluminum Container)와 스틸 컨테이너(Steel Container)로 나눌 수 있는데, 알미늄은 가볍고, 외관이 아름다운 장점이 있는데 비하여, 스틸은 수밀성, 강도, 가격 면에서 우수성이 있다. 또 드라이 컨테이너(또는 Standard Container)는 수틸제가 태반을 점하고, 현재는 신조 드라이 컨테이너는 전부 스틸제이다. 한편 냉동 컨테이너에 있어서는 알미늄제가 근년까지 주류를 이루었으나, 가공의 용이성으로 인하여 스테인리스 스틸제가 2000년부터 도입되어, 2001년 이후의 신조 냉동 컨테이너는 전부 스테인리스 스틸제가 되었다.

2 컨테이너 타입

정기항로에서는 다종다양한 화물이 운송되는데, 컨테이너에 화물을 넣어서 운송하는 방법(Containerization)이 등장한 이래, 선사에서는 가능한 한 많은 화물을 컨테이너선으로 운송할 수 있도록 하기 위하여, 화물특성에 알맞은 다양한 컨테이너를 개발해 오고 있다.

① 드라이 컨테이너

일반화물의 운송을 목적으로 한 밀폐 컨테이너로서, 가장 일반적이고, 다종다양한 일반화물의 운송에 사용된다. 이것은 Standard Container라고 부른다.

드라이컨테이너의 예

② 리퍼 컨테이너(Refrigerated Container, Reefer Container)

높은 단열성을 가진 컨테이너 본체와 리퍼(냉동) 유니트로 구성되어, 일반적으로 30℃~- 29℃ 정도까지의 온도조정이 가능하고, 주로 냉동, 냉장(고기, 어패류, 과일, 야채 등의 신선한 화물, 필름, 화장품 등)화물이나 약품 등의 운송에 사용된다. 리퍼 유니트용 냉매(冷媒)가스(프레온가스)에 관하여는 MOL의 환경대책의 일환으로, 종래부터 사용되어온 R12, R22등 규제대상 가스로부터 R134a 사용기기로 대체를 추진하여, 2003년 말에는 R12를 전폐하였다. 또 리퍼 컨테이너에는 아래와 같이 냉동 가열의 기능 외에 부가적 기능을 가진 것도 있다.

리퍼 컨테이너의 예

부가적 기능을 갖춘 컨테이너

Controlled atomsphere container (C/A Container)	컨테이너 안에 질소가스, 탄산가스 등을 혼합한 가스를 주입하여 식물(야채, 과일 등)의 선도를 유지할 수 있는 장치를 할 수 있다. Transfresh사 제품을 사용하고 있고, 컨테이너에 콘트롤라의 부착장치, 센서의 관통부, 가스 주입구가 필요하다. 가스를 주입하기 위하여, 고기밀성이 요구된다(가스주입은 Transfresh사가 한다).
ATO/DLO	ATO/DLO-Requirement for Approval of Refrigerated Container for Flower Bulb Transportation. (ATO:Agrotechnological, DLO:Directorate for Agricultural Recerch 의 네덜란드어 약자) 네덜란드 농무성의 하부기구, 연구소 기준. 네덜란드로부터 수출하는 꽃의 구근을 운송하기 위한 냉동 컨테이너에 관한 성능, 기구에 관한 기준(네덜란드로부터 수출에 한정). 성능, 환기량(ventilation)의 Minimum 규정, 공기 누설(漏洩)량의 규정, 상(床)레일의 높이 규정이 있다.
De-Humudity Container	ATO/DLO의 규정에 제습기능을 부착한 것으로, 구근이나 정밀기계의 운송에 사용된다. Evaporator에서 냉각된 공기를 히터로 가열하여, 효율적으로 제습한다(가열원은 전기 히터, 혹은 hot gas) 가능제습역 및 설정온도. Ventilator 환기량에 따라 다르다. (예) Set +10 ~ 15°C 외기 +10 ~ 30°C Vent. 50㎥/hr로 습도 75 ~ 30% 습도설정 · 설정가능한 Unit와 연속제습 Unit가 있다.
Cold Treatment(USDA Container)	USDA- United States Department Agriculture. 야채 과일은 일정기간, 지정된 온도를 유지하여, 기록을 제출함으로써 식물검역 및 수입통관이 허용된다(일본). 화물의 저온살균 처리가 된 것을 증명하기 위해서, 화물의 내부온도(芯溫)를 3개소 계측하여, 기록하는 장치를 갖춘다. (센서, 리섹타블이 필요).
Dual Refeer	주로 온도상승에 의하여 발화되는 등의 위험물을 운송하기 위한 것으로, IMO 위험물 운송규정에 의하여, 컨테이너에 2기의 냉동 유니트가 부착되어 있어, 만일의 고장에 대비할 수 있도록 되어 있다.

리퍼 컨테이너의 구조

리퍼 컨테이너의 밴은 기밀(氣密)의 유지와 단열용 설비가 되어 있으며, 전력에 의하여 리퍼 유니트가 운전되면서, 고내(庫內)의 온도를 마이너스 29℃로부터 플러스 30℃까지 임의로 조정할 수 있도록 되어 있다. 리퍼 유니트에 의하여 조정된 냉기의 순환방법은 크게 두 가지로 분류할 수 있는데, 그 상이점은 다음과 같다.

① Top Flow System : 리퍼 유니트로부터 발생된 냉기가 컨테이너의 천정부로부터 불어 내려 와서, 안에 있는 화물을 냉각시키면서 컨테이너의 바닥까지 내려오면, 바닥에서 다시 리퍼 유니트로 들어가게 되어 있는 방식인데, 천정에 닥트 등을 설치해야 하기 때문에 화물의 스페이스가 작아져서 요즈음은 거의 사용하지 아니한다.

② Bottom Flow System : Top Flow와는 반대로 냉기가 바닥에서부터 나와 천정으로 올라가서 순환하는 방식, 많은 컨테이너가 이 방식을 사용하고 있다.

컨테이너내온도기록장치(3종류)

① 차트용지(Partlow Chart)에 온도추이를 기록하는 방식

② 리퍼 유니트 제어장치 안에 온도, 운전정보를 메모리로 기록하는 방식

③ 본선설비 리퍼컨테이너 감시 장치에 온도, 운전정보를 공급하는 방식 (Reefer Monitoring System)

그리고 냉동컨테이너에는, 컨테이너내부의 수분에 의하여 발생하는 서리에 의한 냉각효과저하를 방지하기 위하여 자동서리제거장치(Automatic Defroster), 호흡작용을 하는 생선, 청과물을 위한 환기구(Ventilator Hole)를 설치하는 등 설비가 되어 있어, 화물 상태를 유지할 수 있다.

③ 오픈 탑 컨테이너(Open Top Container)

컨테이너의의 지붕상당부분의 대부분이 개방되어 있어, 컨테이너 상부로부터 하역이 가능하도록 되어 있다. 이 컨테이너는 개구부를 방수, 가공한 범포(帆布)나 플라스틱 시트(Tarpaulin) 등으로 덮어서 일정한 정도의 수밀성을 갖도록 되어 있다. 크레인만으로 컨테이너 상부에서 적양하가 가능한 이점이 있어, 중량물, 장척(長尺)물, 높이가 높은 화물의 운송에 적합하다.

④ 플랫 랙 컨테이너(Flat Rack Container)

드라이 컨테이너로부터 천정과 측벽을 제거하여, 바닥구조와 네구퉁이의 지주(支柱)만으로 강도를 유지할 수 있도록 되어 있는 컨테이너이다. 좌우 및 상부로부터 하역이 가능한 구조로 되어 있어, 장척물(강재, 목재, 파이프 등), 중량물, 집중하중이 걸리는 화물, 또 컨테이너 속에 넣기 어려운 대형화물(기계 플랜트 등)의 운송에 사용된다. 원래는 바닥 면만 있는 Bed Type, 네 구퉁이의 지주가 고정된 Fixed End 등이 있었으나, 근년에는 앞뒤의 벽을 접을 수 있도록 되어 있는 Collapsible Type가 주류를 이루고 있다.

대형화물에 대응하기 위해서 여러 개를 병열로 해서 선상에 적재할 수도 있다. 화물의 중량과 길이(스팬)에 따라서는 최대적재중량까지 적재할 수 없는 경우가 있으므로 주의가 필요하다.

⑤ 탱크 컨테이너

동제(銅製) 프레임 안에 탱크를 격납시킨 구조로 되어 있어, 원주(몰트), 장유(醬油), 식료품, 액체화학약품 등 액체화물의 운송에 사용된다. 고압가스, 위험물에도 대응할 수 있는 것도 있다. 특정한 화물과 깊이 연계되기 때문에, 화주가 소유하는 컨테이너(Shipper' s Own Container)가 일반적이다.

3 컨테이너의 사이즈(8.6FT=8′6″ 9.6FT=9′6″ 이하 동일)

가장 표준적인 것은 20피트 컨테이너(8FT W x 8.6FT H x 20FT L)와 40피트 컨테이너(8FT W x 8.6FT H x 40FT L)가 있다. 종래 일본 국내법에 정하는 3.8m의 높이 제한에 저촉되어 국내통행이 인정되지 아니하던 배고(背高) 컨테이너(8FT W x 9.6FT H x 40FT L)도, 통행 루트를 한정 하는 등(미리 신청하여야 한다)의 제한 특인 방식으로 1985년 6월1일 이후 인정되고 있다. 2004년 3월 22일부터는 높이를 제한하는 도로에서의 높이제한이 3.8m부터 4.1m로 인상되었으므로, 지정 도로에서는 자유스러운 주행이 가능해졌다.

또 제품류를 중심으로 용적 화물(비중이 1보다 작은 것)이 증가하는 경향이 있는 것과 관련하여, 45 피트라는 대형컨테이너도 사용되고 있으나 현재 일본내에서는 사용이 인정되어 있지 않으므로, 일본발착 이외의 무역에서만 사용되고 있다.

드라이 컨테이너의 표준규격

		종류(Type) 20' (8'6"high)	40' (8'6"high)	40' (9'6"high)	45' (9'6"high)
MOL규격의 예 (Spec No.)		S20201S	S40401S	C40201S	L40201S
외부규격 (External Dim.)	길이(L) 폭(W) 높이(H)	6,058mm(19'10"1/2) 2,438mm(8'0") 2,591mm(8'6")	12,192mm(40'0") 2,438mm(8'0") 2,591mm(8'6")	12,192mm(40'0") 2,438mm(8'0") 2,896mm(9'6")	13,716mm(45'0") 2,438mm(8'0") 2,896mm(9'6")
내부규격 (Internal Dim.)	길이(L) 폭(W) 높이(H)	5,898mm(19'4") 2,352mm(7'8") 2,393mm(7'10")	12,032mm(39'5"11/16) 2,352mm(7'8"5/8) 2,393mm(7'10"7/32)	12,032mm(39'5") 2,352mm(7'8") 2,698mm(8'10")	13,557mm(44'5") 2,352mm(7'8") 2,697mm(8'10")
내용적(Interior Capa.)		33.0(1,170cft)	67.7(2,390cft)	76.0(2,700cft)	86.0(3,037cft)
개방구 규격 (Door Open)	폭(W) 높이(H)	2,340mm(7'8") 2,280mm(7'5")	2,340mm(7'8"1/8) 2,280mm(7'5"3/4)	2,340mm(7'8") 2,585mm(8'5")	2,340mm(7'8") 2,585mm(8'5")
자중(Tare Weight)		2,300kg(5,070lbs)	3,810kg(8,400lbs)	3,970kg(8,750lbs)	4,820kg(10,630lbs)
최대적재중량 (Max Payload)		28,180kg(62,130lbs)	26,670kg(58,880lbs)	26,510kg(58,450lbs)	25,660kg(56,570lbs)
최대총중량 (Max Gross Weight)		30,480kg(67,200lbs)	30,480kg(67,200lbs)	30,480kg(67,200lbs)	30,480kg(67,200lbs)

리퍼 컨테이너의 표준규격

		종류(Type) 20' (8'6"high)	40' (8'6"high)	40' (9'6"high)
MOL규격의 예 (Spec No.)		R20201S	R49202A	Z40201S
외부규격 (External Dim.)	길이(L) 폭(W) 높이(H)	6,058mm(19'10"1/2) 2,438mm(8'0") 2,591mm(8'6")	12,192mm(40'0") 2,438mm(8'0") 2,591mm(8'6")	12,192mm(40'0") 2,438mm(8'0") 2,896mm(9'6")
내부규격 (Internal Dim.)	길이(L) 폭(W) 높이(H)	5,460mm(17'10") 2,284mm(7'5") 2,263mm(7'5")	11,661mm(38'3"1/8) 2,286mm(7'6") 2,196mm(7'2"7/16)	11,581mm(37'11") 2,290mm(7'6") 2,542mm(8'4")
내용적(Interior Capa.)		28.2(996cft)	58.5(2,066cft)	67.4(2,380cft)
개방구 규격 (Door Open)	폭(W) 높이(H)	2,290mm(7'6") 2,224mm(7'3")	2,286mm(7'6") 2,177mm(7'1"11/16)	2,290mm(7'6") 2,506mm(8'2")
자중(Tare Weight)		3,090kg(6,810lbs)	3,960kg(8,730lbs)	4,700kg(10,360lbs)
최대적재중량 (Max Payload)		27,390kg(60,390lbs)	26,520kg(58,470lbs)	29,300kg(64,600lbs)
최대총중량 (Max Gross Weight)		30,480kg(67,200lbs)	30,480kg(67,200lbs)	34,000kg(74,960lbs)

2 화물

1 드라이 컨테이너 등

드라이 컨테이너나 오픈 탑 컨테이너에 화물을 적재할 때는 원칙적으로 바닥 전면에 균등하게 하중이 분산되도록 해야 한다. 과도한 집중하중이 걸리는 화물을 적재하였을 경우, 밑바닥의 파손, 바닥강도부재(크로스멤바)의 구부러짐 등의 손상이 일어날 수 있다. 또 집중하중이 걸리는 화물을 적재하는 경우에는, 컨테이너의 최대적재중량까지 적재할 수 없는 것이 일반적이다. 운송 중에는 외기 온도에 영향받기 쉬우므로, 기온이나 습도의 변화, 고온이나 저온에 약한 화물의 운송에는 적합하지 않다.

2 냉동 냉장 화물

리퍼 컨테이너는 화물의 특성에 맞추어, 각 케이스별로 최적의 운송환경을 선택, 유지할 수 있다는 것은 전술한바와 같으나, 냉동 기술의 향상, 그리고 엄밀한 온도관리에 의하여 특히 일본에의 냉동, 냉장 화물의 수입량은 비약적으로 증가하고 있다.
리퍼 컨테이너에 의하여 운송되는 화물은 그 저장온도에 따라 이하와 같이 분류할 수 있다.

리퍼 컨테이너에 의하여 운송되는 화물의 저장온도

	저장온도	화물의 종류	적 요
냉동화물(Frozen)	-10℃이하	고기 • 어물 • 버터	완전냉동
Partial Frozen	-3~10℃	고기	부분냉동
냉장화물(General Chilled)	-3~5℃	과일 • 야채 • 냉장육	냉동되지 않는 최저온도
저온화물(Hot Chilled)	5~25℃	과일 • 야채 • 필름	숙성 • 변질을 방지할 정도의 온도
환기화물	상온	과일 • 야채	단기수송

리퍼 컨테이너를 이용한 운송에서는 운송되는 화물의 특성을 고려하여, 그 최적온도를 유지하는 것이 무엇보다 중요하며, 냉동냉장화물의 컨테이너 운송중의 표준 설정온도의 예는 아래와 같다.

냉동 • 냉장화물컨테이너운송중의 표준설정 온도

화물의 종류	설정온도	환기구의 개폐
●씨푸드(게, 새우, 조개 등)	−25~−20℃	폐구
●아이스크림 ●어물, 냉동쇠고기, 어린양, 양고기 ●양고기, 제육, 말고기, 토끼고기	−23~−15℃	
●팻트푸드 ●냉동야채, 냉동과일, 냉동과즙 ●냉동전란, 냉동노른자, 버터 ●냉동버터오일, 냉동조정유지	−18℃이하	
●냉장육	−1.7~−1.3℃	
●백합(구근)	−1.5~−1℃	
●브로커리, 레스터	−1.7~1℃	개방
●복숭아	0℃	
●치즈	3~4.℃	폐구
●튤립(구근)	5~15℃	개방
●레몬, 오렌지, 그레이프 후르츠	10~13℃	개방
●포도주, 초코릿	15~20℃	폐구

※씨푸드에 대하여는 −28~−29℃로 수송할 것을 요구받을 수도 있다.

Chapter 3 터미널 업무

터미널의 레이 아웃

고베(神戶) Port Island PC 14/15

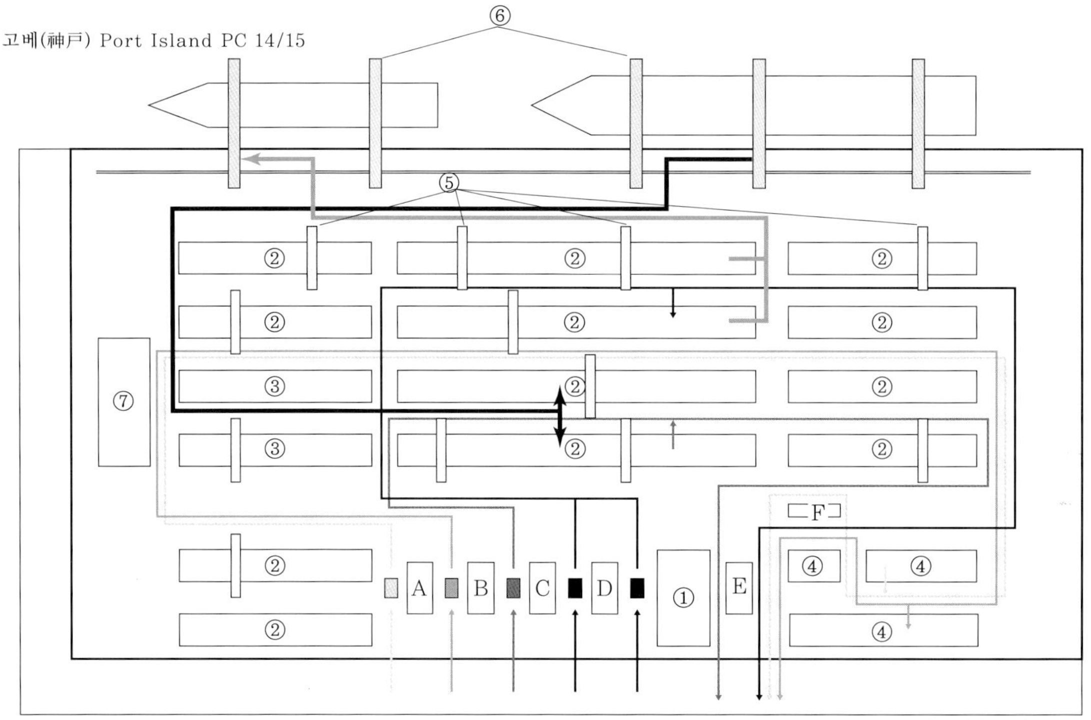

●제시설의 설명

①컨트롤 타워 - 관리동 : 터미널 오퍼레이션을 총괄하는 사령실로, 컨테이너의 반출입, 보관, 배치, 본선 적양하 작업, 선내의 적재 등에 대한 계획, 지시, 감독을 한다.

②컨테이너 야드(CY) : 반입되거나 본선에서 양하된 컨테이너를 보관하는 장소로서, 보관되어있는 컨테이너는 본선에의 적재나 화주의 인도요구에 효율적으로 대응할 수 있도록, 잘 정리, 배치되어 있다.

③리퍼 컨테이너 야드 : 본선에 적양하 되는 리퍼 컨테이너 보관 장소. 전원 플러그가 설치되어 있다.

④밴풀 : 빈 컨테이너의 보관, 장치장소(컨테이너의 수리, 컨테이너 내부의 수세식 청소설비가 갖추어져 있다)

⑤트랜스테이너 : 야드 내의 컨테이너의 이동이나 샷시에 적양하하는 문형 이동식 크레인이다. 그 외에 스트래들 캐리어라는 기기로 컨테이너를 안고(스트래들) 이동하는 방식도 있다.

⑥갠트리 크레인 : 컨테이너를 본선에 적양하하는 크레인으로 안벽에 부설된 레일위에 설치되어 레일위를 자유스럽게 이동할 수 있다. 신축할 수 있는 스프레더(Spreader)에 의하여 컨테이너를 들어 올려 적양하 한다. 컨테이너선의 대형화와 하역시간 단축에 대한 요구가 강하여 이에 대응하기 위하여 슈퍼 갠트리 크레인을 설치한다.

⑦메인터넌스 숍 : 리퍼 컨테이너나, 컨테이너 관련기기의 점검, 유지, 보수, 수리를 하는 작업장

A~D 반입 게이트 : 게이트의 양옆에 부스가 있어, 양쪽에서 접수가 가능하다. 또 CY Cut일 등으로 반입이 붐빌 경우, 반출용 게이트를 대체 활용하기도 한다.

E~F 반출 게이트 :

●각 게이트의 역할 및 컨테이너의 흐름

A 수출용 빈 컨테이너의 수령 게이트, 트럭커는 밴 풀로 돌아가서, 빈 컨테이너를 수령한다. ➡

B 수입된 화물을 꺼내고 나서 빈 컨테이너를 반납받는 게이트로 컨테이너 내외부의 손상여부 등을 점검한다(빈 컨테이너 EIR IN 발행). ➡

C 수입된 실입 컨테이너의 인도게이트, 오더 넘버 확인 후, 트럭커는 지정된 장소로 가서 트랜스테이너로부터 실입컨테이너를 인수받아 반출 게이트로 간다. ➡

D 수출실입컨테이너의 수령게이트, 컨테이너의 중량계측, 부킹 넘버 확인 후, 트럭커는 지정된 장소로 가서 트랜스테이너로 실입 컨테이너를 내리고 게이트 아웃 한다. (실입 컨테이너의 EIR IN) ➡

E 수입된 실입 컨테이너의 컨디션을 체크하고 반출하는 게이트(실입 컨테이너 EIR OUT발행).➡

F 빈 컨테이너의 컨디션을 체크하고, 반출하는 게이트(빈 컨테이너 EIR OUT 발행)➡

● 컨테이너 야드 안에서의 작업과 그 흐름

(회색 화살표) 반입된 실입 컨테이너(수출)는 본선이 입항 후, 터미널 시스템의 지시에 따라 트랜스테이너로 구내 샤시에 적재되어 갠트리 크레인으로 운반하여, 효율있게 본선에 적재된다.

(검은 화살표) 본선에서 양하된 실입 컨테이너(수입)는 터미널 시스템의 지시에 의하여 갠트리 크레인으로부터 구내 샤시에 적재되어 트랜스테이너까지 운반하여 트랜스테이너에 의하여 CY에 적치된다.

Chapter 3

D 컨테이너의 드레징과 모달 시프트(내항선, 페리, 철도)

컨테이너 운송은 지금까지 본 바와 같이 트레일러의 운송을 해상까지 연장한 것이 그 시발점이다. 그러므로 컨테이너의 역사는 컨테이너선과 함께 도어 투 도어 운송을 실현할 수 있는 트랙터와 샤시의 결합에서부터 시작되어, 현재에 있어서도 이 요소는 불가결의 요소가 되어 있다.

일본에서는 컨테이너선과의 연계는 물론, 국내운송은 일반적으로 운송거리가 짧고, 경제성, 신속성, 확실성 등에서 아주 우수하기 때문에 자동차(트레일러)에 의한 운송이 많이 이용되고 있다.

한편 근년에는 환경오염감소대책이나, 거리가 긴 장거리 운송은 운송비가 너무 높은 등의 이유로 해상운송(페리, 내항 컨테이너선)이나 철도운송으로 전환하는 경향도 보이고 있다.

여기서는 자동차 운송을 중심으로, 해상 및 철도운송에로의 모달 시프트에 대하여 검토해 본다.

1 자동차운송

1 운송차량

국제해상컨테이너의 자동차에 의한 운송은, 전적으로, 1대의 트랙터에 1대의 트레일러를 연결시킨 「세미 트레일러 방식※」으로 한다. 통상적으로는 트랙터를 「해드」트레일러를 「샤시」라고 부른다.

트랙터에는 샤시를 견인하기 위한 연결기(카프라)외에 전기를 공급하는 케이블과 브레이크용 공기를 공급하는 호스가 갖추어져 있다. 일반적으로 샤시의 주된 구조는 프레임만으로 되어 있으나 네 귀퉁이에 컨테이너를 고정시킬 수 있는 장치인 트위스트 록을 갖추고 있어 안전을 보장한다.

ISO(국제표준기구) 규격의 국제해상컨테이너는 샤시에 적재되어 트랙터에 의하여 견인 운송되는데, 일본국내에서만 사용되는 일반운송기기에 비하여, 여러 가지 다른 특징을 가지고 있다. 그 때문에 국내에서는 특수한 운송기기로 취급되어, 이에 대응하여, 도로통행에서뿐만 아니라 차량기기에 대하여도, 제한이나 특례가 설정되어 있다.

※ 세미 트레일러 방식 : 전차축(前車軸 : 車輪)을 갖지 아니한 피견인 자동차로, 그 일부가 견인 자동차에 적재되기 때문에 당해 피견인 자동차와 여기에 적재된 화물의 중량의 상당부분이 견인 자동차에 의하여 받쳐지는 구조를 가진 것을 말한다(「도로운송차량의 보안기준」). 그리고 전차축이 있는 피견인 자동차를 풀 트레일러 방식이라고 한다.

2 법적규제

자동차 운송에 있어서의「폭(幅)」「높이(高)」「무게」의 제한에 대하여는 도로법(차량제한령), 도로운송차량법(도로운송차량의 보안기준), 도로교통법 등에 의하여 규제되고 있는데, 국제해상컨테이너(기본적으로는 ISO 규격으로 되어 있다)에 의한 운송에서는 실제상 이 제한이 완화되고 있는 경우가 있다.

3 국제해상컨테이너의 운송에 대한 제한에 대하여

① 차폭(車幅)규제

도로폭 등에 의한 규제는 2.5m까지이나, 해상컨테이너의 폭은 8FT(2.44m)이기 때문에 일본국내에서는 문제가 없다.

② 차고(車高)규제

높이 지정도로에서는 4.1m까지 통행이 가능. 그 외의 도로에서는 3.8m까지로 되어 있기 때문에, 하이큐브 컨테이너(높이 2.89m의 배고 컨테이너)의 통행은 지정도로에 한정된다. 덧붙인다면 일반적인 컨테이너 샤시에 하이큐브 컨테이너를 적재할 경우, 그 차고가 4m 이상이 되므로, 도로교통법의 규정인 3.8m를 넘어서 일반도로의 통행은 불가하나, 국제적인 해륙일관운송을 목적으로 이용되고 있는 해상컨테이너에 대하여는, 제 외국으로부터의 압력도 있고 해서 도로교통법의 대상외로 하여, 2004년 3월 1일부터 국교성에서 인가한 노선에 한하여 통행이 가능하게 되었다. 결과적으로 3.8m를 넘는 차량은 도로관리자와 지자체의 공안위원회가 지정한「높이 지정도로」만 통행이 가능하다.

③ 길이 규제

도로법에 의하면 원칙적으로 12m까지밖에 허용되지 아니하나, 컨테이너 운송용 샤시에 대하여는, 특수 차량으로 해서「특수차량통행허가」를 받으면, 16.5m까지 가능하다. 그러므로 20FT(길이 약 6m), 40FT(길이 약 12m) 컨테이너운송은 문제가 없다.

④ 중량규제

컨테이너의 중량제한에 관하여는 종래에는 도로법에 의하여 해상컨테이너의 운송용 샤시에 의한 육상운송에서는 20FT/40FT를 각각 20.320KT/24.000KT(화물중량 + 컨테이너 중량)까지로 제한되었었다. 한편 국제해상컨테이너는 화물을 컨테이너 자중을 합하여 24.000KT/20FT, 30.480KT/40FT까지 적재할 수 있도록 설계되어 있다. 그러므로 이 도로법하에서는 중량베이스로 컨테이너를 풀 밴닝하였을 경우, 컨테이너를 육상 운송할 수 없게 되어, 국내외 화주들의 불만이 컸다. 1995년의 규제완화에 의하여 국토교통성으로부터 인정받은 트라이 액슬 샤시(후륜축이 3개인 샤시)는 20FT/40FT 각각의 컨테이너로 24.000KT/30.480KT까지 적재할 수 있도록 되었다(트라이 액슬 샤시에의 대체에 따른 트럭업자의 부담을 경감시키기 위해서, 국교성에 의하여 인정된 샤시의 개조를 한 더블 액슬 샤시는 2007년말까지를 시한으로 24,000KT/20FT & 40FT의 적재가 인정되고 있다).

참고
- ISO 컨테이너 풀 적재규격 샤시 이외를 사용한 경우의 컨테이너 자중 + 화물중량
  20FT = 20.320KT
  40FT = 24.000KT
- ISO 컨테이너 풀 적재규격 샤시(구조변경차량 포함)를 사용한 경우의 컨테이너 자중 + 화물중량
  20FT = 24.000KT
  40FT = 30.480KT

ISO 컨테이너의 풀 적재와 관련된 규제완화

1998년 4월 1일부터, 최대한 적재한 ISO규격 국제해상컨테이너(20FT 및 40FT)의 운송을 가능하게 하기 위한 조치가 이루어졌다. 그 내용은 이하와 같다.

① 조치의 내용 : 물류상 중요한 노선에 대하여, 도로정비를 거쳐, 특수차량 통행허가에 의하여 ISO규격의 20FT 및 40FT 컨테이너를 풀로 적재한 상태의 세미 트레일러의 통행을 가능하게 한다.

② 통행가능한 도로 : 물류상 중요한 노선만이 통행가능. 고속자동차국도 7,400km를 포함한 약 53,100km(2005년 4월 현재)만이 특수차량통행 허가를 받고 통행가능.

그 이외의 도로는 통행불가. 앞으로 도로정비가 진행됨에 따라, 서서히

도로가 개방될 예정.

③ 운송기기 : 풀 적재를 할 경우, 트랙터의 구동축중(驅動軸重)은 11.5t이 되어, 도로운송차량법의 제한인 최대 10t을 넘기 때문에, 차량 그 자체에 대하여, 도로운송차량법에 정해진 보안기준완화인가가 필요(특례로서 2축차의 사용이 인정된다).
샤시는 20FT, 40FT 모두 보안기준완화인가가 필요. 특히 40FT에 대하여는, 3축 샤시가 필요하다(종래의 40FT 샤시는 2축차).

국제해상컨테이너용 차량의 운용에 관한 법률상 유의할 점

① 국제해상컨테이너 운송의 정의 : 수출입화물이 수납되어 있는 컨테이너로, 국내에서 화물의 환적을 하지 않고 수출입시의 상태와 같은 상태로, 운송되는 것을 말한다.

- 1993년 11월 25일 이전에 등록된 40FT 샤시는 전부 그 사용이 국제해상컨테이너 운송에 한정되어 있어, 소위 「국내 컨테이너」(해상컨테이너를 전용하는 경우를 포함한다) 운송의 경우에는, 사용이 금지되고 있다.
- 1993년 11월 25일 이후에 등록된 40FT 샤시(ISO 풀 적재용은 제외)는 「국내 컨테이너」(해상컨테이너를 전용하는 경우를 포함한다)의 운송도 가능하나, 이 경우 국내운송이 되기 위해서, 특수차량통행허가조건이 A조건으로 엄격해져, 적재화물을 3~4톤 감톤할 필요가 있다.

또 화물을 수납하여 수입된 면세컨테이너를 국내화물에 전용하는 경우에는「컨테이너특례법」상의 제약을 받기 때문에, 관세법상 제절차가 필요하다.

② 도로운송차량법((도로운송차량의 보안기준) : 주로 차량을 소유, 등록하기 위한 법률. 1993년 11월 25일의 법 개정으로, 종래 규정되어 있던 「도로운송차량의 보안기준」의 완화 인가가 불필요하게 되었다(다만, 최대적재중량 20FT=20,500kg(탱크 컨테이너용은 24,000kg) 40FT=24,000kg까지의 차량).
ISO규격의 풀 적재용 차량은, 트랙터, 샤시 모두 보안기준완화인가가 필요하다.

③ 도로법(차량제한령) : 주로 도로통행상의 제한이 규정되어, 트랙터와 트레일러의 연결 상태로 규제된다. 국제해상컨테이너차량은 20, 40FT 모두 전장이 12m를 넘기 때문에 특수차량통행허가가 필요하다. 16.5m를 초과할 경우, 선도차의 의무화나 통행시간대의 제한 등을 받게 되기 때문에, 40FT의 연결전장이 16.5m 이내가 되도록 하고 있다.
또 국제해상컨테이너는 「화물이 특수하기 때문에 할 수 없는」것으로 해서 특수차량통행허가의 대상이 되어 있어, 국내의 일반차량보다 조건이 완화되고 있다. 통행조건 B조건이 되는데, 국내의 일반차량은 A조건이 원칙으로, B조건이 A조건에 비하여 적재중량이 완화되어 있다.
이 때문에 컨테이너 운행시에 항상 「국제화물」이라는 것을「증명하는 서류」를 휴대하도록 의무화되어 있다.

4 위험물의 운송

국제컨테이너에 의한 위험물의 운송은 국제간을 이어주는 운송이기 때문에, 각국의 법 규제에 의하여, 위험물의 정의나 분류, 그 처리방법 등이 서로 다른 경우가 많다.
이 때문에 국제적으로는 컨테이너에 의하여 운송되고 있는 위험물의 분류는 항상 UN 위험물운송전문위원회 권고(UN Orange Book)를 참고하여, IMO의 IMDG Code(국제해상위험물규정)에 의한 분류가 일반적으로 되어 있다.
한편 일본에서의 위험물의 해상 컨테이너에 의한 육상운송은, 독극물단속법(후생노동성), 화약단속법, 고압가스보안법(통상산업성), 소방법(소방청), 원자로 등 규제법, 방사성장애방지법(과학기술청, 국토교통성) 등의 국내법규에 의하여 각각 규제되고 있다.
이 때문에, 자동차로 운송하는 경우에는, 위험물의 종류에 따라 각각의 법에 정한 인허가절차를 거치지 않으면 안된다.

5 컨테이너 운송의 부가가치 서비스

MOL 그룹의 국제컨테이너주식회사(이하 ICT)는 해상컨테이너 운송의 서비스 향상을 위하여, 다음과 같은 서비스를 시행하고 있다.

(1) GPS를 이용한 해상컨테이너의 내륙운송 동태관리

ICT가 운행하는 트럭터에는 GPS 장치가 부착되어 있어, 단말기로부터 수신한 위치정보와 운전기사가 입력한 상황정보(컨테이너 번호, CY와 시간, 컨테이너 적재정보 등)가 사무소에 송신된다.

이것을 수신한 사무소에서는 트랙터 뿐만 아니라, 샤시나 컨테이너의 상황, 이동경로, 운전일보, 그리고 샤시 재고관리 등을 실시간으로 할 수 있게 된다.

①컨테이너의 추적관리

차에 부착된 단말기로부터, 위치, 컨테이너가 언제, 어떻게, 어디를 경유하여 운송되었는가를 추적할 수 있다(화면상의 지도로 전국의 위치확인 가능).

② 샤시의 재고관리

각지의 샤시 풀에 있는 재고를 종류와 대수까지 정확하게 확인할 수 있다.

③ 운전일보

차량으로부터 받은 위치, 컨테이너의 발착 등을 중심으로 한 운전일보를 자동으로 출력할 수 있다.

④ 차량검사시기 관리

차량검사시기(연 1회)가 가까워진 트랙터나 샤시를 조회할 수 있다.

⑤ 배송완료정보 연동

배차완료정보를 기간 시스템으로 전송할 수 있다.

⑥ 동태관리(트랙터)

트랙터의 최신위치나 주행경로를 조회할 수 있다. 또 사무실과의 메시지의 교신을 할 수 있다.

⑦ 동태관리(샤시)

단말기로부터 송신된 최신위치나 주행경로를 조회할 수 있다.

이와 같은 최신기기를 도입함에 따라

- 화주의 위치정보 문의에 정확하게 대응 가능
- 샤시의 재고확인 용이
- 컨테이너의 반환 망각의 억제
- 운전일보 작성시간의 단축
- 샤시검사의 지연방지
- 배차완료입력시간의 단축 및 정산업무의 신속화 등

고객에 대한 서비스를 향상할 수 있게 되었다.

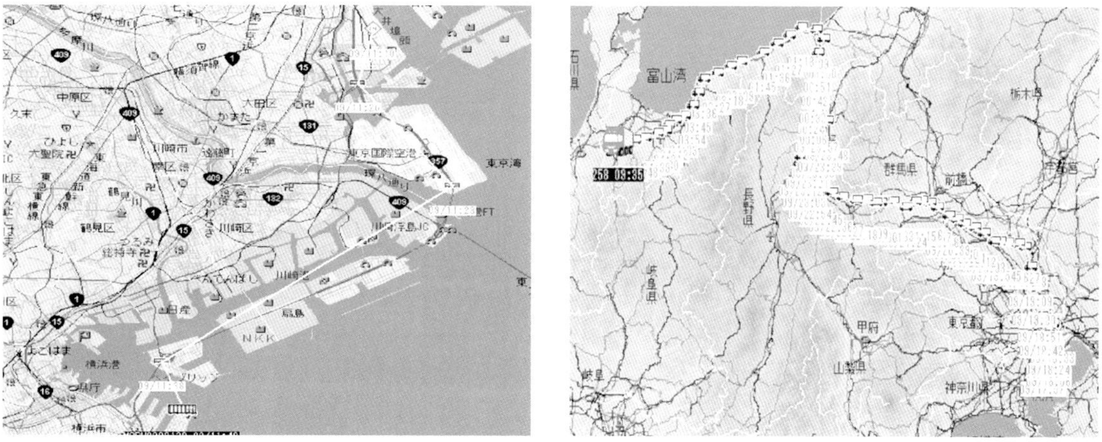

GPS를 이용한 해상컨테이너의 내륙운송 동태관리의 한 예

(2) 그린 경영인증

지구온난화 문제가 심각해지고 있는 지금, 기업의 사회적 책임으로, 환경보존활동에의 참여가 강하게 요망되고 있는데, 국토교통성에서 운수사업자의 그린 경영을 권장하기 위하여 「그린경영추진요령」을 정하였다. 이것을 받아들여, ICT는 일찍이 그「인증」을 취득하여, 환경을 고려한 경영을 실천하고 있다.

그린 경영의 효과는

- 비용절감
- 사고감소
- 직장의 활성화 및 종업원의 사기앙양 등등으로, 화주의 신뢰가 향상되고 있다.

6 해상컨테이너의 자동차운임

해상컨테이너 운송의 자동차운임은, 일반의 트럭에 의한 운송과는 다른 해상컨테이너 운송용 운임표가 제정, 시행되고 있다.

또 운임에는 거리제운임(컨테이너의 사이즈와 운송거리로 결정된다)과 전속제 운임(사용되는 차량과 작업시간으로 결정된다)의 두 종류가 있다..

거리제 운임은, 컨테이너 1개당 요금(1983년 운수성에 신고한 요금)으로 실입과 빈 컨테이너 간에 차이가 없다.

해상컨테이너 거리제 운임표

	20FT	40FT		20FT	40FT
5km까지	17,000엔	26,500엔	280km까지	117,000	174,500
10 〃	20,500	31,000	300 〃	122,000	181,000
20 〃	25,500	39,000	320 〃	126,500	188,000
30 〃	30,000	46,500	340 〃	131,500	194,500
40 〃	35,000	54,500	360 〃	136,000	201,500
50 〃	40,000	62,000	380 〃	141,000	208,000
60 〃	45,000	70,000	400 〃	145,500	214,500
70 〃	50,000	77,500	420 〃	150,500	221,500
80 〃	55,000	85,000	440 〃	155,000	228,000
90 〃	59,500	93,000	460 〃	160,000	234,500
100 〃	64,500	100,500	480 〃	164,500	241,500
110 〃	68,000	105,500	500 〃	169,500	248,000
120 〃	71,500	110,000	550 〃	177,500	259,000
130 〃	74,500	115,000	600 〃	185,500	270,000
140 〃	78,000	119,500	650 〃	194,000	281,000
150 〃	81,500	124,500	700 〃	202,000	292,000
160 〃	84,500	129,000	750 〃	210,000	303,000
170 〃	88,000	133,500	800 〃	218,000	314,000
180 〃	91,500	138,500	850 〃	226,500	325,000
190 〃	94,500	143,000	900 〃	234,500	335,500
200 〃	98,000	148,000	950 〃	242,500	346,500
220 〃	102,500	154,500	1000 〃	250,500	357,500
240 〃	107,500	161,000	이후 50km	(250,370)	(357,430)
260 〃	112,000	168,000	증가시마다	8,110	10,970

전속제운임표

차량		제5륜하중 9톤이상의 차량
기초액		80,100엔
가산액	작업시간이 8시간을 넘는 경우에 1시간 증가마다	8,760엔
	기초주행거리가 80㎞를 넘을 경우에는 10㎞ 증가마다	1,250엔

제요금

(가) 차량유치료

차량	제5륜 하중 9톤 이상의 차량		
트랙터 30분당	3,970엔		
트레일러 사이즈	20FT	35FT	40FT
트레일러 24시간당	1,680엔	2,040엔	2,190엔

(나) 차량회송료

공차운행거리에 대응하는 운임액으로부터 실차운행거리에 10㎞를 가한 거리 운임액의 2분의 1로 한다.

할증료

(가)품목할증료

항목	내용	할증료
위험물	(1)고압가스단속법에정한 품목 (2)소방법에 정한 품목 (3)독극물 단속법에 정한 품목	2할 이상의 임시 약속에 의함. 다만, 특정 독극물에 대해서는 5할 이상의 임시약속에 의함
	(4) 화약류 단속법에 정한 품목	10할 이상의 임시약속에 의함
파손되기 쉬운 것 고가품등	정밀기기, 전자계산기, 통신기, 컬러필름 등 컨테이너 1개당 상품가격이 2천만엔이상의 것	3할 이상의 임시약속에 의함
산 동물	산 소, 산 말 등	2할 이상의 임시약속에 의함

(나) 심야조조할증

오후10시부터 오전5시까지의 작업 3할

(다) 냉동, 냉장 컨테이너 할증 2할

(라) 동계할증

지역	기간	할증료
홋카이도	11월16일부터 4월 15일까지	2할
니가타현, 나가노현, 후지야마현, 이시가와현, 후쿠이현, 도토리현, 시마네현 전지역	12월1일부터 3월 31일까지	2할

(마) 휴일할증

일요일 및 공휴일 2할

2 해상운송

환경 부하 경감 및 비용절감 등의 이유에 의하여, 현재 자동차와 국내해상운송을 연계시킨 컨테이너 운송이 증가하는 경향이다.

1 페리와 RO/RO선

화객을 같이 취급하는 선박을 페리, 화물전문선을 RO/RO선이라고 한다.
페리나 RO/RO 선을 이용할 경우의 이점은 다음과 같다.

페리선

RORO선

1) 차량에 의한 해상 무인(無人) 운송이기 때문에, 운전기사의 노무비, 차량수리비, 연료비, 유료도로비 등을 절감할 수 있고 대량화물운송이 가능하여 물류비절감에 기여한다.
2) 목적지까지 화물의 환적이 없고, 또 출하지 인근의 항구로부터 목적지 인근의 항구까지는 선박을 이용하기 때문에 안전에 문제없이 운송할 수 있다.

3) 정시에 입출항하는 페리나 RO/RO선을 이용하기 때문에, 육상운송시의 도로정체로 인한 걱정이나 눈 등으로 운송이 지연되는 등 트러블 없이 안전하고 신속하게 운송이 가능하다. MOL그룹에서는 페리 전용 샤시와 그룹내외의 페리를 연계시킨 해륙일관운송에 의하여, 안정운송, 비용절감, 환경부하 경감에 기여하고 있다. 페리, RO/RO 선은 샤시반환 지점에 관한 문제가 있어, 트럭 및 페리 전용 샤시에 의한 화물운송이 주류를 이루고 있다. 한편 해상컨테이너 운송은 다음에 기술하는 내항선에 의한 운송이 중심을 이루고 있다.

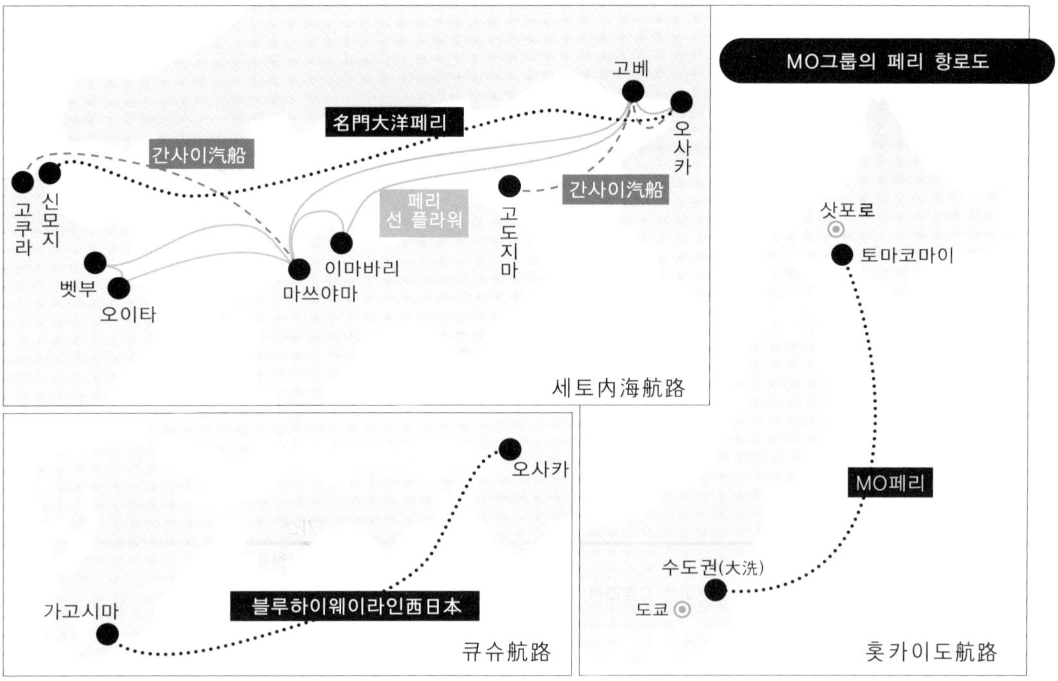

※간사이기센 • 다이아몬드페리 운항

주된 페리 전용 샤시

13m윙차

길이	폭	(높이)	(내용적)	(적재중량)	(내부
12.600m	2.370m	2.325m	69.4m³	20,000kg	크기)

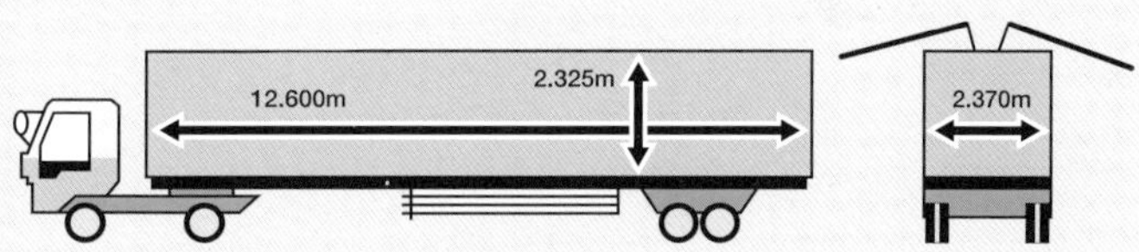

12m평상차

길이	폭	(높이)	(내용적)	(적재중량)	(내부
11.765m	2.390m	1.405m(바닥높이)	–	20,000kg	크기)

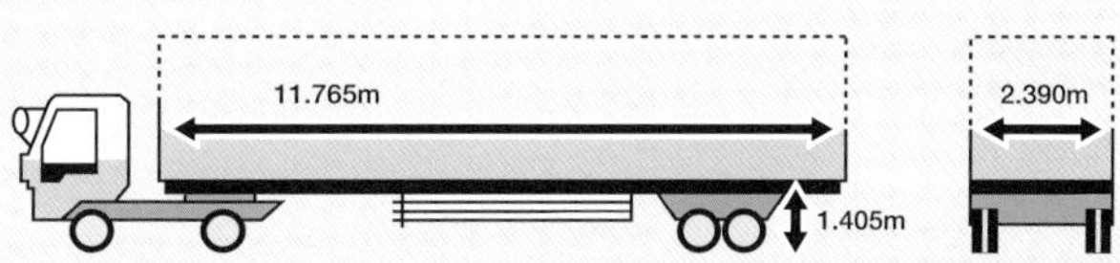

밴차

길이	폭	높이	(내용석)	(적재중량)	(내부
11,785m	2.360m	2.400m	65.5m³	19,750kg	크기)

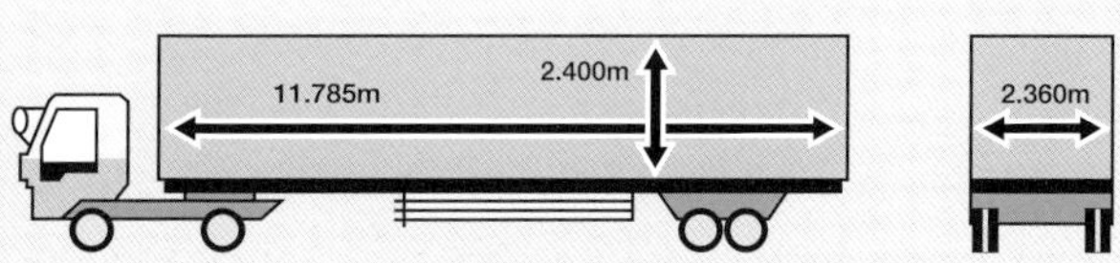

2. 내항 컨테이너선

내항 컨테이너선은, 컨테이너 전용으로 하기 위하여 셀 가이드를 설치하고, 갑판적도 가능하도록 되어 있는 선박을 지칭하며, 일본에서는 주로 주요항과 국내각지의 지방항을 연결하는 외국무역 컨테이너의 국내 2차 운송에 이용되고 있다.

국내항로이기 때문에 법적으로는 내항해운으로 구분되나, 실태는, 외항컨테이너 항로의 연장선상에 있다.

주로, 북미항로 등 대형선이 취항하는 외항기간항로와의 접속이 많으나, 최근에는 내항 컨테이너선이 외항무역부두에도 접안할 수 있게 융통성이 부여되어, 항만내의 드레지(구간운송)비용 절감에 기여할 수 있게 되었다.

현재 내항 컨테이너선은 499형※이라고 불리우는 선형이 주류를 이루고 있고, 이 크기의 선박으로 120teu로부터 140teu 정도의 컨테이너의 적재가 가능하다.

※ 499형 : 총톤수가 499톤(이보다 약간 작을 수도 있다)의 선박으로, 내항선중 대표적인 선형이다. 이와 유사하게 199형, 699형 등이 있으나 199형과 499형의 척수를 합계하면, 내항선의 5할 약을 점한다. 선박직원법상, 선박직원의 자격이 500총톤을 넘으면, 상급 해기사면허가 필요하므로, 199형이나 499형 선박이 많게 된다

MOL과의 관련성이 높은 이모토(井本)상운주식회사에서는 고베(神戸)와 하카타(博多), 모지(門司), 오이타(大分), 마쓰야마(松山), 다카마쓰(高松), 이와구니(岩國), 도쿠야마(德山), 히로시마(廣島), 호후(防府), 다마시마(玉島), 오카야마(岡山), 히메지(姫路), 등 큐슈(九州)와 세토(瀬戸)내 각항을 연결시키고 있는 외에, 게이힌항(京浜港)과 센다이(仙台), 오나하마(小名浜) 등을 정기적으로 연결하고 있다. 위험물이나 리퍼 컨테이너도 운송할 수 있다.

① 역할

기간항로 모선이 기항하지 아니하는 국내각항과, 주요항간을 소형 컨테이너선으로 접속하는 것이 주된 서비스이나, 최근에는 근해항로의 왕성한 물동량으로 인하여, 미처 적재하지 못하고, 넘쳐난 화물의 중핵항과 주요항의 접속이나, 모선 기항중지로 인한 대체운송 등 보완적인 역할도 담당하고 있다. 또 수출입의 불균형으로 인한 빈 컨테이너의 회송에도 이용되고 있다.

② 특징

내항 피더선은 소형선이기 때문에 화주나 외항선사의 요망에 따라 기항지를 추가하는 스팟 운항을 하는 경우도 있으며, 상황의 변화에 응하여, 항로변경이나 증편 등, 임기응변적인 대응이 가능하다. 그러므로 외항선으로는 곤란한 기항지의 제약이 없는 점이, 내항 피더선의 특색이라고 할 수 있다.

내항선의 한 예

3 철도운송

「고토컨」이라는 적재중량 5톤, 전장 12ft의 국내전용 컨테이너가 주류이기 때문에, 국제운송과의 관계가 그리 긴밀하지 아니하였으나, 도어로부터 항구까지 효율적으로 운송하는 수단으로, 또 구간에 따라서는 해상운송컨테이너도 운송할 수 있게 되었기 때문에, 그 이용방법이 개선되어가고 있다

또 해상 컨테이너로부터 철도컨테이너에로의 환적으로 일관운송도 하고 있다. MOL 그룹도 이미 선박과 철도 자동차를 연계시키는 일관운송의 실적을 가지고 있다.

철도 컨테이너의 주요 장점은 다음과 같다.

1) JR 컨테이너는 편도만의 사용이 가능. 배달후의 컨테이너는 착지역에 반환.

2) 발착화물역에 컨테이너를 통상 5일까지 무료로 보관 가능.

3) 대부분의 지방까지 다음날 내지 2일후 배송가능.

해상컨테이너를 철도샤시에 적재하는 곳

12FT19G형식(내용적18.6㎥)

외부크기 : 3715mm(길이) X 2450mm(폭) X 2500mm(높이)
내부크기 : 3588mm(길이) X 2325mm(폭) X 2250mm(높이)

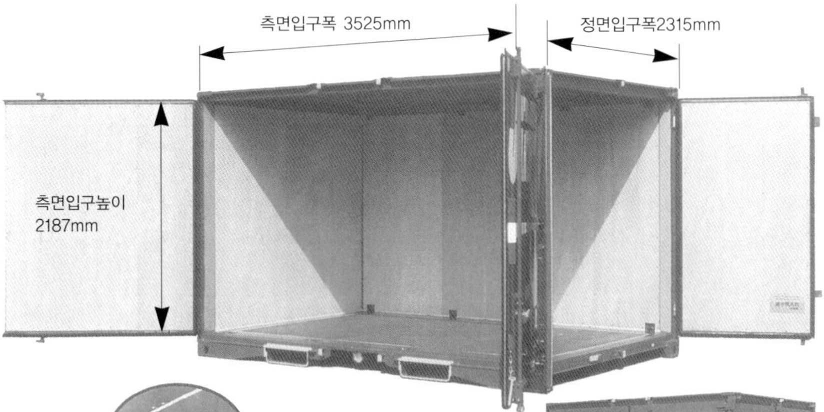

화물붕괴방지용 래싱용 쇠걸이가 장치된 모습

대형컨테이너 네트워크

40FT급 컨테이너 취급가능지역
20FT급 컨테이너 취급가능지역
배고 컨테이너 통행가능 노선

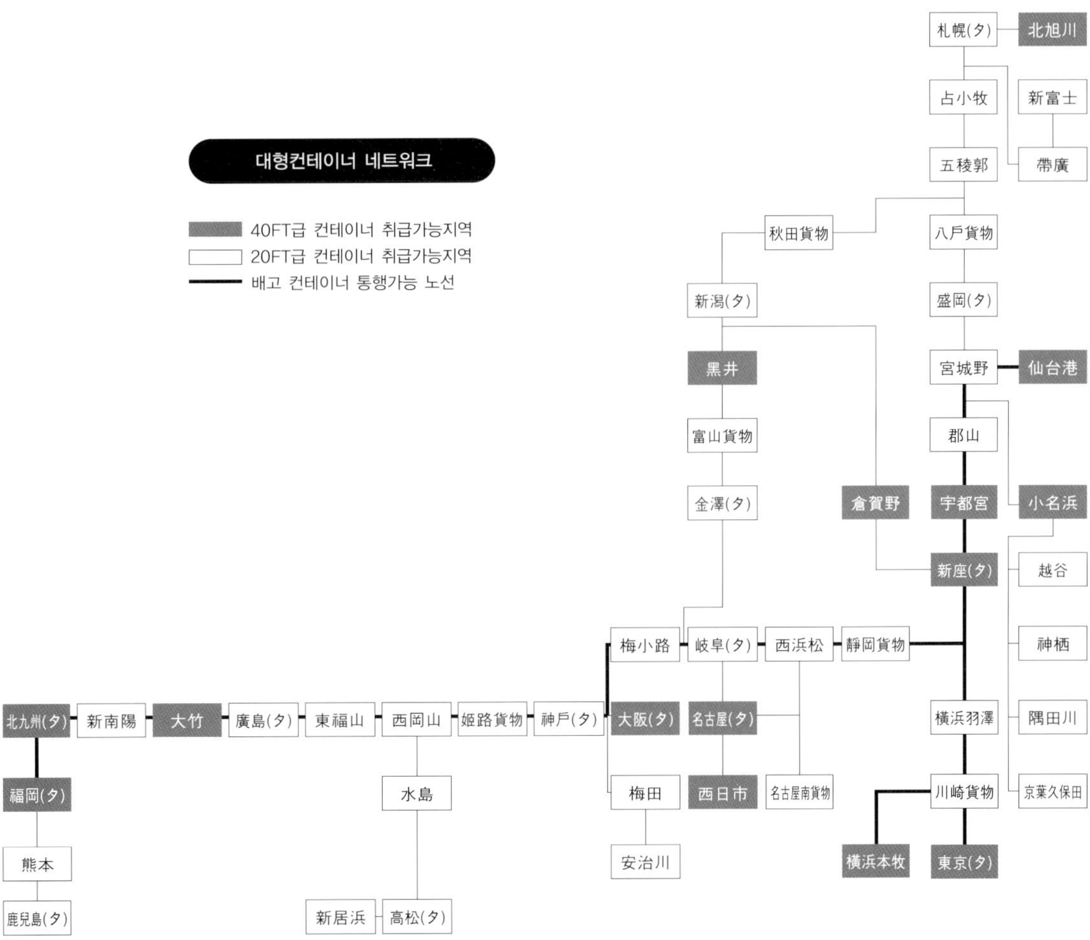

4 모달 시프트 (Modal shift)

모달 시프트란 트럭에 의한 간선화물운송을, 대량운송이 가능하고, 환경부하가 적은 해운이나 철도로 전환하는 것을 말한다. 모달 시프트에 의하여 CO_2 배출량 억제, 에너지 소비효율의 향상, 그리고 도로혼잡의 해소나 교통사고 방지 효과 등이 기대된다. 많은 기업에서는 모든 사업활동 분야에서 환경부하 경감을 위하여 다양한 방법을 강구하고 있는데, 물류에서도 운송수단을 해운이나 철도로 전환하는 모달 시프트가 효과적인 환경부하 경감대책으로 인식되어, 실천하도록 노력하고 있다.

1 MOL 그룹의 대응

페리, 내항, 육운, 항운 등 국내 그룹회사가 사업활동을 통하여 배출하는 CO_2에 대하여 「그룹환경목표제도」를 통하여 삭감에 임하고 있다. 일본 최대의 페리, 내항사업을 수행하는 MOL 그룹은 모달 시프트에 전념하여 지구온난화 방지에 기여하려 하고 있다.

Chapter 3

E 해외에서의 컨테이너 운송

1 북미

1 철도운송

로스앤젤레스/뉴욕간 약 5,000km에 달하는 광대한 북미대륙에서는, 일반적으로 1,000km 이상의 중장거리 컨테이너운송은, 트럭보다는 대량운송에 적합하고 비용면에서도 우수한 철도운송이 중심이 되고 있다.

① 철도회사

미국의 주요 철도회사는 미시시피강을 경계로 서부에서는

- The Atchison, Topeka and Santa Fe Railway Co.(ATSF)
- Burlington Northern Railroad Co. (BN) 〈위 양사는 합병 후 (BNSF)〉
- Southern Pacific Transportation Co. (SP)
- Union Pacific Railroad Co.(UP) 〈이상 양사는 합병 후(UP)〉

의 4개사가 존재하였으나 1994년 6월에 먼저 ATSF와 BN이 합병을 발표하고, 주제통상위원회(ICC)의 승인을 받고, 1995년 9월에 정식으로 합병하여 Burlington Northern and Santa Fe Co. (BNSF)가 탄생하였다. 뒤이어 1995년 8월에는 UP와 SP가 합병을 발표하고, 1996년 9월 UP가 존속회사가 되어 현재에 이르고 있다.

동부에는

- Consolidated Rail Corp. (CR)
- CSX Transportation Inc. (CSXT)
- Norfolk Southern Railway Co. (NS)

의 3개사가 존재한다. 서안으로부터 동안까지의 노선을 단독 1사로 소유하는 회사는 없으나 상호협력 운송체제를 갖추고 있으므로 대륙횡단운송은 가능하다.

캐나다에는 국영의

- Canadian National Railway Co. (CN)
- CP Rail(CP)

의 2개사가 주요철도회사로 존재하고, 양사가 모두 대륙횡단운송을 하고 있다.

② 컨테이너 철도운송형태

컨테이너를 샤시에 실은 채로 철도대차(Flat Car)에 운송하는 TOFC(Trailer on Flat Car)방식과 컨테이너를 직접 Flat Car에 싣는 COFC(Container on Flat Car) 방식이 있다.

③ 2단적 열차(Double-Stack Train : DST)

미국의 철도가 영업 중인 해상컨테이너의 COFC운송방식의 하나로, 컨테이너를 2단적 전용화차에 적재하기 때문에 이런 명칭이 사용된다. 이 컨테이너는 1량(輛)이 약 85m에 달하는 매우 긴 대차에 40피트 컨테이너를 종(縱)으로 5개씩 상하 2단적하고, 이 대차를 15량에서 28량까지 연결하여, 총연장은 1.5km로부터 2.5km에 달하는 장대한 열차가 된다.

DST는 1970년대 후반이후 실용화되어, 1980년대에 미국철도의 규제완화(deregulation)의 영향을 받아, 다양한 우수성이 인정되어 급속하게 확산되게 되었다.

DST의 특징

DST의 중심(重心)은 종래의 Flat Car의 중심보다 낮기 때문에, 공기저항이 작아진다. 또 화차의 경량화로, 저연비(低燃費)를 실현하였다. 대차 5대가 1량으로 되어 있기 때문에 종래보다 연결기를 적게한 새로운 연결방식으로 개선하여 전술한 저중심과 연결방식의 개선으로, 상하, 수평, 전후 3방향의 충격을 최소한으로 억제할 수가 있어, 안전, 고속운송이 가능하다. 컨테이너를 2단적함에 따라 컨테이너 한 개당의 비용이 크게 절감된다. 한 열차 편성 당 컨테이너 석재개수가 크게 증가하여 보다 대량운송을 할 수 있다.

2 도로운송

미국에서는 각주별로 합법적으로 주행할 수 있는 기준치(중량/길이/폭/높이)가 각각 정해져 있다. 특히 중량에 대한 제한은 엄격하며, 4가지 제한을 모두 만족시켜야만 한다.

① 총중량제한(80,000lbs 이하)

차량 및 적화를 합한 중량합계

② 차량중량제한(20,000lbs 이하)

차축 하나당의 중량

③ 단뎀차량중량제한(34,000lbs)

차축이 둘 또는 그 이상 연속되는 경우, 양단의 차축의 중심의 간격이 40inch~96inch의 경우, 그 연속되는 차축에 부하되는 중량.

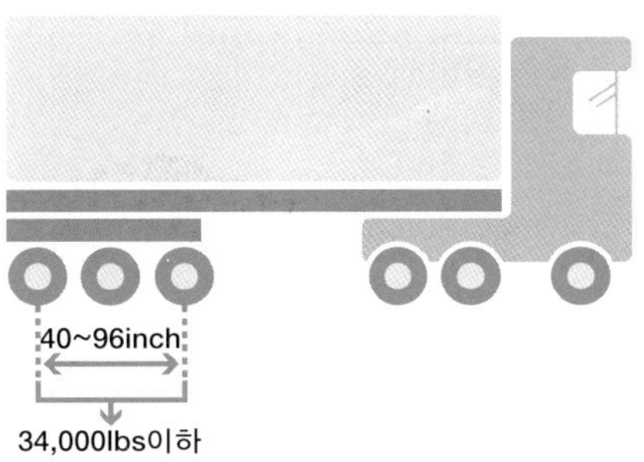

④ Bridge Formula

전체 차축의 구성에 대하여 이하의 공식으로 계산하여 그 구성안의 차축에 부하되는 총중량이 "W" 이하가 아니면 안된다.

$$W=500\left[\frac{LN}{N-1}+12N+36\right]$$

L = 대상 차축 중 외측차축의 중심 간의 거리

N = 대상차축의 수

계산예

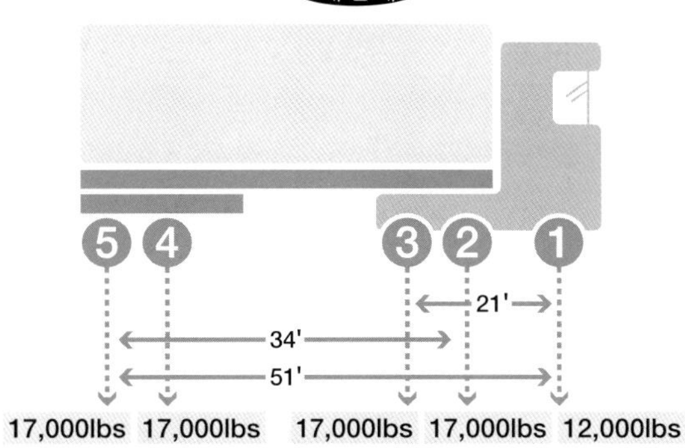

전제로서

- 총중량(적하, 컨테이너, 트랙터, 샤시) = 80,000lbs
- 이 80,000lbs가 왼쪽 그림과 같이 ❶에는 12,000lbs, ❷❸❹❺ 에는 각각 17,000lbs라는 비율로 분산되어 있다.

본래는 전체의 조합에 관하여 체크하여야 하나, 경험적으로❶~❸, ❶~❹, ❷~❺의 조합만 체크하면 족한 것으로 알려져 있다. Formula(계산식)에 의한 이론치(부등식의 좌측)를 실제의 중량(부등식의 우측)이 초과 하지 않는 것이 필요하다.

"❶~❸" $W=500\left\{\frac{21X3}{3-1}+(12X3)+36\right\}$ =51,750≒52,000〉46,000

즉, 축 ❶❷❸ 의 컴비네이션 46,000이 Foumula에 의한 이론치(좌변의 52,000)을 넘치 않고 있으므로 OK(제한내이다).

"❶~❺" $W=500\left\{\frac{51X5}{5-1}+(12X5)+36\right\}$ =79,875≒80,000≧80,000

즉 축❶❷❸❹❺의 컴비네이션 80,000이 Formula에 의한 이론치(좌변의 80,000)을 초과하지 아니하므로 OK(제한내이다).

"❷~❺" $W=500\left\{\frac{34X4}{4-1}+(12X4)+36\right\}=64,667 \fallingdotseq 65,000 < 68,000$

즉 축❷❸❹❺의 컴비네이션 68,000이 Formula에 의한 이론치 (좌변의 65,000)를 초과하기 때문에 불가(중량초과).
이상과 같이, 이 경우 ❷ ~ ❺에 대하여 Bridge Formula에 반하고 있어, 이대로는 운송할 수 없다. 적하를 줄이거나, 또는 차축간의 거리를 넓힐 필요가 있다. 중량초과라고 인정된 경우, 그 장소에서 다른 트럭에 환적하여 화물을 감량하지 않으면 안 된다.

참고 화물을 제외한 표준적인 기기의 중량은 이하와 같다.

트랙터 중량	16,500~18,500lbs
샤시 중량	8,000~9,200lbs
40FT 스틸 컨테이너	8,250lbs
합계중량	32,750~35,950lbs (30,890~34,090)lbs

※중량초과의 경우, 각주의 Permit Section(통상 Department of Transport)에 신청하여 허가를 받아야 한다. 각주마다 다른 허가수수료가 부과된다. 또 최대허용치가 주별로 따로 정해져 있는 것에도 유의할 필요가 있다.

2 유럽

비교적 좁은 지역안에 수많은 국가가 존재하는 유럽에서는, 하나의 운송에 대하여 현관항이 될 수 있는 적양하항이 복수로 존재할 수 있다. 또 운송수단도, 철도, 도로, 바지 등 복수의 수단을 선택할 수 있어 이들 중 경제성, 신속성 등 다양한 관점에서 최적의 운송루트와 수단이 선택된다. 특히 대륙북부에서는「유럽의 Gate Port」의 지위를 놓고, 로테르담, 함부르크, 브레머하펜, 앤트워프 등 항만 간의 경쟁이 치열하다.
한편 유럽지역내의 운송에 있어서는, 1993년 1월 1일의 EC의 시장통합에 의하여, 그 때까지 실시되어 왔던 역내관세의 철폐, 역내국경에서의 통관서류의 통일에 더하여, 새로 역내국경에서의 통관의 폐지, 국경에서의 동식물 검역의 폐지 등이 실시되었다. 이에 의하여 일부 국경에서의 통관대기로 인한 정체 등 운송소요시간에서의 로스 타임이 삭감되어, 운송소요시간의 단축과 비용의 절감이 이루어졌다.

1 도로운송

유럽각국에서는 원거리 운송은 철도운송, 근거리 운송은 트럭으로 운송형태가 정착되어 있다. 이 경합의 분기점이 어디인가는 화물량, 고객이 철도인입선을 가지고 있는가 등의 요인에 의하여 서로 다르기 때문에 일률적으로 거리만으로 판단하기는 어렵다. 이하의 요인 들이 그 판단기준이 될 것이다.

- 네덜란드 : 로테르담항을 기점으로 한 경우 약 350km
- 독일 : 함부르크항을 기점으로 한 경우 약 300~350km
- 프랑스 : 르아브르항을 기점으로 한 경우 약 300km
- 영국 : 사우스햄턴항을 기점으로 한 경우 약 250~300km

현재 환경문제의 관점에서 도로운송에 대한 제한이 강화되는 경향을 보이고 있어(예를 들면 주말이나 휴일에 트럭의 고속도로 주행의 제한이 실시되는 국가도 있다), 철도와의 협력운송이 광범위하게 확산되는 경향을 보이는데, 그 기동성에 의하여 앞으로 트럭운송의 수요는 점점 더 커질 것으로 예상된다.

도로운송의 최대 사이즈와 허용량

국명	차량의 높이(m)※1	폭(m)	길이(m)	최대총중량(ton)		
				3축	4축	5축
아일랜드	4.6		15	22	22	22
영국	4.2		15.5	38	38	38
이탈리아	4		14	18	28	32
오스트리아	4		16	38	38	38
네덜란드※2	4		15.5	50	50	50
그리스	4		16	38	38	38
스위스※3	4		16	28	28	28
스웨덴	3.8		15.5	—	—	—
스페인	4		16.5	38	38	38
체코	4		15	26	32	38
슬로바키아	4		15	26	32	38
덴마크	4		15.5	—	38	42
독일	4		15	26	32	38
터키	3.8		14	—	—	—
노르웨이	4.2		15.5	32	32	32
헝가리	4	2.5	14	28	28	28
핀랜드	4		16	32	32	32
프랑스	—		15	38	38	38
불가리아	4		16.5	35	35	35
벨기에	4		15	38	38	38
폴란드	4		15	32	32	38
포르투갈	4		15	26	32	38
룩셈부르크	4		15.5	38	38	38
루마니아	4		16.5	26	32	38

※1 배고 컨테이너(9.6FT)나 45FT 컨테이너의 운송은, 아직 그리 많이 사용되고 있는 것은 아니므로, 운송의 가부와 동시에 샤시의 수배 등에 관하여 사전에 문의해둘 필요가 있다.

※2 네덜란드는 다른 유럽각국과는 달리 중량제한이 그리 심하지 않고, 또 많은 대도시가 도로운송으로 24시간 안에 위치하는 등의 지리적인 이점으로 인하여, 도로운송에 가장 많이 의존하는 나라다. 파리, 프랑크푸르트, 함부르크에는 10시간 이내이고, 또 네덜란드, 벨기에 내의 각지 및 독일의 루르공업지대에는 4~5시간으로 운송이 가능하다.

※3 스위스에서는, 알프스의 환경보호의 관점에서 차량의 중량제한이 엄격하게 시행되고 있다. 그러므로 예를 들면 북유럽의 국가에서 이탈리아에 트럭으로 화물을 운송하는 경우에는, 설령 우회도로를 이용할망정 스위스 경유가 아닌, 오스트리아나 프랑스 경유로 운송하는 것이 보통이다. 게다가 1994년 2월의 국민투표의 결과, 2004년까지 트럭의 스위스 통과를 금지하는 것이 결정되었다. 이에 의하여 스위스를 통과하는 화물운송수단에 대하여는, 10년 이내에 도로에서 철도로 전환하도록, 어떤 형태론가 규제가 이루어질 것으로 보인다.

구 동유럽각국에서의 도로운송 :
구 동유럽각국의 도로운송에 관하여보면, 일부의 지역을 제외하고, 도로의 상태, 고속도로망의 정비가 불충분하고 서유럽각국과의 격차가 있다. 또 일반적으로 구 동유럽각국, 그리고 터키 등 국가들의 환경기준, 차량의 정비기준 등이 서유럽각국의 그것에 비하여 규제수준이 낮은 경우가 많아서, 자국의 환경 및 차량의 정비기준이 낮은 국가들의 트럭에 의한 서유럽 각국의 대기오염이 심각한 문제가 되고 있다. 또 북유럽 각국의 Gate Port로부터 구 동유럽각국으로의 운송에서는 국경에서의 통관대기로 인한 정체 등 로스 타임을 감안하지 않으면 안된다(상황에 따라 다르나 경우에 따라서는 하루 이상 걸리는 경우도 있다).

2 철도운송

내륙지점 및 화주의 공장, 창고 등에 전용의 철도인입선(Private Rail Siding)이 있는 경우에는 철도만에 의한 운송이 가능하나, 이러한 시설이 없는 경우에도, 트럭 등과 협력운송으로, 철도는 넓게 사용되고 있다.
유럽에서는 내륙지점에서부터 현관까지 철도운송을 한 경우, 열차출발일로부터 1~2일 이내에 목적지에 도착하는 경우가 대부분이다. 그 요금체계는 단순하게 거리에만 비례하는 것이 아니고, 다른 운송모드(예를 들면 트럭)와의 경쟁을 고려하여 책정되는 경우가 많다.
원래 독일과 스위스에서는 철도운송이 많았으나, 전용인입선 문제도 있고 해서, 편리성 면에서는 트럭이 우위에 있다.

(1) 운행형태

유럽에서는 북미에서와 같이 선사가 철도회사와의 계약으로 자사만을 위한 전용열차를 본선 도착일에 맞추어서 운행하는 경우는 많지 않고, 각국의 철도가 소유하고 있는 컨테이너운송전문철도회사를 통하여, 동사가 운행, 관리를 하고 있는 컨테이너 운송전용열차를 이용하는 것이 일반적이다. 그러므로 북미의 철도운송을 개개의 선사 "전용"열차라고 한다면, 유럽의 철도운송은 복수의 화주와 선사의 '합승' 열차라고 할 수 있다. 열차는 전부 1단적 화차를 이용하고 있다. 북미에서 발달하고 있는 2단적 컨테이너 열차는

1) 가선(架線)의 문제(유럽에서는 대부분의 철도가 전철화 되어 있다).
2) 터널 및 교량의 문제(현 상태로는 어느 것도 2단적 열차가 통과할 수 없는 실정이다).
3) 유럽각국의 국철의 투자자세(여객우선)에 의하여, 그 도입이 현재로서는 기대하기 어렵다.

(2) 운송제한

전철도의 각 노선 별로 「중량제한」과 「스피드제한」이 정해져 있고 한편으로 사용하는 컨테이너용의 대차에 의하여도, 주로 그 차축의 수에 의하여 적재 가능한 중량, 컨테이너의 수, 각 노선 별 최고의 속력이 제한되어 있다.

배고 컨테이너(9.6피트),나 45피트 컨테이너의 운송에 대하여는, 예컨대 독일, 프랑스 등 선진제국의 주요 조차장에서는 처리가 가능하나, 실무에서는 컨테이너용 대차에 한계가 있으므로, 그때마다 현지에 문의하여 가능하다는 것을 확인하는 것이 확실하다. 또 현재로서는 리퍼 컨테이너의 철도운송은 이루어지지 않고 있으며, 가까운 장래에도 실현될 가능성은 없다.

참고 리퍼 컨테이너의 운송은 이루어지지 않고 있으나, 냉동화차에 의한 철도운송은 이루어지고 있어, 그런 의미에서 냉동, 냉장화물의 철도운송은 이미 유럽에서 시행되고 있다고 할 것이다.

(3) 영불해협 터널 완성후의 철도운송

1994년 5월, 영불해협터널이 개통되어, 터널이용열차에 의하여 영국/대륙 간의 운송시간의 대폭 단축이 실현되었다. 당초에는 터널개통으로 인하여 도버/칼레 간의 항로에서의 종래의 페리 운송이 대타격을 받을 것으로 예상하였으나, 터널은 안전규칙이 매우 엄하고, 위험품의 일부가 운송되지 아니하고, 비용 상의 이유도 있고 해서, 지금으로서는 페리 운송도 건재하고 있는 실정이다.

3 바지운송

유럽에서는 대륙내를 흐르는 하천과 운하망을 이용하는 바지운송이 성행하고 있는데, 브레이크 벌크화물과 함께 컨테이너화물도 이것을 이용하고 있다.

바지운송의 이점은 비용이 저렴한데 있다. 한편 트랜짓 타임이 긴 것이나 기동성에 문제가 있는 점 등이 약점이나, 전술한 바와 같이 주말의 트럭 고속도로 통행제한이나 정체 없이 운송이 가능한 점 등을 감안한다면 실질적인 트랜짓 타임이 그리 긴 것만도 아니다.

현상으로서는, 시간적 여유가 있고, 비교적 무거운 화물이 많은 대규모 메이커의 운송에 가장 많이 이용되고 있으며, 대규모 화공품 메이커 중에는 자사의 전용 터미널을 가진 경우도 있다. 또 리퍼 컨테이너를 운송할 수 있도록 플러그가 부착된 바지도 있다. 그러나 실제 운송에서는 그 이용 가능성에 대하여 구체적으로 확인할 필요가 있을 것이다.

(1) 바지의 구조

바지의 구조에는 자주식(自走式), 자주식 + 푸시 유닛, 복수의 푸시 유닛+푸시보트 등의 세 가지가 있는데, 컨테이너의 운송에 사용되는 것은 주로 자주식이나 자주식+푸시 유닛이 이용된다. 크기는 90teu~380teu까지 다양하고 통상 2~4단적이다.

(2) 소요일수

컨테이너화물에 관하여는 로테르담항으로부터 라인강을 이용하여 네덜란드, 독일, 스위스에의 바지 운송이 가장 활발하다.

로테르담에서	오르기	내리기
뒤셀도르프	2일	1일
칼스루에	5일	2.5일
바젤	8일	3일

(3) 운송제한

배고 컨테이너(9.6피트)나 45피트 컨테이너의 운송은, 대응 가능한 터미널과 대응이 어려운 터미널이 있으므로, 케이스별로 확인하는 것이 좋다. 또 위험품, 브레이크 벌크 등 특수화물에 대하여도 똑같이 케이스별로 확인하는 것이 좋다.

(4) 라인-마인-도나우 운하의 개통에 의하여 북해로부터 흑해에 이르는 바지에 의한 운송 루트도 1992년에 개통되었으나, 스피드와 안전성의 문제 등으로 이 운하를 경유한 북해로부터 흑해까지의 컨테이너 정기운송은 이루어지지 않고 있다. 현재로서는 원재료의 벌크 운송이 중심이다.

4 컴바인드 운송

지금까지는 철도운송, 도로운송, 바지 운송으로 나누어 그 특징을 검토하였는데, 실제 운송에서는 일반적으로 그 하나만을 이용하는 경우도 있지만, 여러 가지 운송수단을 결합하여 운송하는 경우도 많다. 예를 들면 항만으로부터 화주의 최기(最寄) 철도터미널까지는 철도로 운송하고, 여기서부터 화주의 도어까지는 트럭으로 운송하는 "레일 앤드 로드"방식이나, 항만으로부터 바지가 입항할 수 있는 하천항까지 바지로 운송하고, 거기서부터 화주의 도어까지는 트럭으로 운송하는 "바지 앤드 로드" 방식 등이 많이 이용된다. 선사도, Carriers Haulage로 해서, 이런 컴바인드 운송 서비스를 제공하고 있다. 다만 컴바인드 운송을 스스로 수배하는 경우에는 당연한 것이기는 하지만, 환적에 소요되는 비용과 시간을 충분히 검토하여야 한다.

3 아시아

아시아 역내에서 컨테이너운송이 이루어지는 주요지점과 여기까지의 대표적인 운송수단은 아래와 같다. 또 선사부담으로 운송되는 지점 외에, 화주부담으로 운송되는 지점도 포함되어 있으므로, 일관운송의 가부에 대하여는 선사 등에 문의하는 것이 좋다. 각 모드별 중량 등 제한은 아래와 같다.

1 도로운송

도로주행차량의 최대사이즈와 허용량

국명	높이(m)	폭(m)	길이(m)	축량(ton) 한개당	축량(ton) 복수차축	총중량(ton) 3축	총중량(ton) 4축	총중량(ton) 5축
일본	3.8	2.5	16.5	10	18~20	34	34	34
한국[※1]	4.15	3	17	10	16	40	40	40
중국[※2]								
대만[※3]	4.25	2.5	16	14.3	22.5	35	35	35
홍콩[※4]				n.r.	n.r.	n.r.	34	38
필리핀[※5]	4.27	3	16.5	15	20	36	52	68
베트남[※6]	4.2	2.65		n.r.	n.r.	22.5	29	37.5
캄보디아[※7]								
라오스[※8]								
타일랜드[※9]	5	2.5	n.r.	n.r.	n.r.			
싱가포르[※10]	3.2	2.5	18	10	20	30.29	36	42
말레이시아	4.5	2.5	16	16	21	26	32	38
인도네시아[※11]	4	2.5	16	6~10	18	24	24	30.5
방글라데시[※12]								
인도[※13]	4.2	2.5	15.85					
파키스탄[※14]								
스리랑카[※15]								

이표의 축수는 트랙터의 축수를 포함한다.
n.r.=No Regulation

※1　최대 적재가능중량으로 20FT컨테이너 17.50t, 40FT컨테이너 21.50t이 기준이다.
※2　성에 따라 다르므로 케이스별로 조회할 필요가 있다.
※3　상기는 고속도로한정. 총중량 35t의 규제있고, 샤시의 종류에 따라 최대적재가능 중량에 차이가 있으나 자중을 포함하여 24t이 기준이다.
※4　2FT까지의 높이초과, 편측 1FT까지의 폭 초과의 컨테이너는 허가없이 통행이 가능하다. 이것을 초과하는 컨테이너 및 길이초과의 컨테이너를 적재한 차량의 주행은 그때마다 신고을 해야 한다.
※5　최대 적재중량까지 적재가능
※6　●최장 트레일러의 하대의 길이까지 가능(길이 초과는 불가)
●베트남 전국공통 : 폭 2.5m, 높이 3.5m, 중량(자중포함) 20t을 초과하는 경우에는 그때마다 신고하여야 한다.
호치민시만
1) 1995년 6월1일부터, 06:00~20:00간에는 40FT 컨테이너의 통행금지
2) 1996년 4월1일부터, 자중 포함 20t 초과하는 컨테이너의 통행금지
※7　프놈펜향은 자중 포함 21t까지 운송가능
※8　통상 라오스향은 방콕에서 라오스 국경까지 운송되어, 디배닝되고, 라오스발은 방콕에서 배닝된다.
※9　타일랜드의 당해 규칙에는 축중에 관한 규정은 없고, 총중량에 대한 규정만 있다.
※10　최대 적재가능중량은, 20FT/40FT컨테이너 /45FT컨테이너에 21.68/21.91/26.41t.
※11　20FT/40FT 컨테이너 각각 최대 적재가능량까지 적재가능.
※12　총중량규제는 자중 포함하여 8t이다. 다만 대부분의 컨테이너는, 철도로 다카ICD까지 운송되고, 20FT/40FT 컨테이너 각각 자중 포함으로 20t/30t까지라면 문제없다.
※13　적재가능중량 이내의 적재라면 기본적으로 문제없다.
※14　명확한 규정은 없으나, 최대 적재가능중량 이내의 적재가 가능. 높이 초과하는 컨테이너는 사전신고가 필요.
※15　명확한 규정은 없으나, 최대 적재가능 중량이내의 적재가 가능.

2 철도운송

인도, 인도차이나반도, 중국 등 일부의 국가에서는 9.6피트까지의 높이, 통상의 폭, 최대적재가능 중량 이내를 적재한 컨테이너의 운송에 문제가 없다(다만 Port Kelang/Ipoh 간에서는 8.6피트 이상의 경우, 저상(低床) 웨건의 수배가 필요하므로 신고하여야 한다).

3 피더

연안 및 중국의 하천에서는 9.6피트까지의 높이, 통상의 폭, 최대 적재가능중량 이내로 적재한 컨테이너의 운송은 문제가 없다.

※상술한 컨테이너 운송조건은 수시로 변화한다. 또 지역마다 수출입과 관련된 절차도 다르기 때문에, 해외에서의 물류를 검토할 때에는 선사의 현지법인 등에 문의할 필요가 있다.

Chapter 3 F

특수화물의 운송과 선적까지

1 위험물의 컨테이너운송

위험물은 인명, 화물의 안전과 환경을 저해하여, 사회생활 전체에 중대한 영향을 미칠 우려가 있으므로, 그 취급에 대하여 다양한 규제가 따른다.
위험물의 운송과 저장에 관하여는 여러 가지 관점에서 규제가 있다. 또 위험물의 정의도 각 규정에 따라 상이한 바, 이러한 규제규칙의 안전기준 등을 만족시키지 아니하면 위험물의 운송을 인수할 수 없다.

1 해상운송에서의 제규칙

① IMDG Code(International Maritime Dangerous Goods Code)

UN 산하 전문기관인 IMO에 의하여 제정된 위험물을 해상운송하는 경우에 준수해야 하는 운송규칙이 IMDG Code이다. 이 규칙은 UN의 권고를 바탕으로 해상운송의 특수성을 감안하여 제정되었다.
이 Code는 이전에는 IMO의 권고 형태였으므로 IMDG Code의 준수는 강제가 아니었기 때문에 IMO 회원국은 나름대로 그 내용을 국내법에 수용하여 국내 규칙화하였다. 그리고 유럽의 국가에서는 IMDG Code를 국내법으로 그대로 수용한 케이스도 있다. 일본에서는IMDG Code를 국내법인 「위험물 선박운송 및 저장규칙」에 수용하였고, 미국에서는「49CFR」로 수용하였다. 어느 경우에도 IMDG Code와 약간 다른 점이 없는 것은 아니나 기본적으로는 IMDG Code에 준거하고 있다. 그러므로 각국 국내법의 기본이 되는 IMDG Code를 이해하고 그 바탕에서 각국의 국내법의 차이를 이해할 필요가 있다.
현재는 2004년에 발효된 제31회의 개정에 의하여 IMDG Code가 강제화되었으므로, 국제운송에서는 IMDG Code자체를 준수하여야 한다.
위험물의 상당수가 화공약품으로, 상품개발에 수반하여 새로운 화공약품들이 새로 나오고 그 운송형태에 대응하기 위하여, 정기적인 규칙의 개정이 필요하다. IMDG Code는 매 2년마다 개정하여, 이에 대응하고 있다(상세는 p104 참조).

②MARPOL 73/78(International Convention for the Prevention of Pollution from Ships)

선박의 운항이나 그 사고로 인한 해양의 오염을 방지하기 위한 조약으로 정식으로는「1973년 선박에 의한 오염을 방지하기 위한 국제조약에 관한 1978년의 의정서」라고 부른다. 1978년에 채택되어 1984년 10월부터 국제적으로 발효되었다.
일본은 1983년에 가입하였다(한국 : 1984년). 또 동 조약의 내용을 수용한「해양오염방지법」이 제정 시행되고, 국토교통성이 이를 운용하고 있다.
이 조약에 의하면, 유류, 벌크로 선적되는 유해액체물질, 포장되어 운송되는 유해물질, 오수(汚水) 및 폐기물 전체가 규제대상이 되어 있고, 해양오염방지의 관점에서 다음 항목에 관하여 규정하고 있다.

- 유해물질운송의 기본원칙(규정에 적합하지 아니한 방법에 의한 운송의 금지)
- 운송에 사용되는 용기, 컨테이너 등의 요건
- 수납물이 해양환경에 악영향을 미치는 물질이라는 사실을 용기나 컨테이너 등에 명시하는 표시방법
- 운송에 임할 때 필요한 서류와 그 기재사항
- 용기나 컨테이너 등의 적절한 적재방법

동 조약의 부속서에서는 그 적용대상이 되는 유해물질을 「IMDG Code에서 규정한 『Marine Pollutant(해양오염물질)』라고 명시되고 있는 것」이라고 정의하고 있다.

③바젤 협약(Basel Convention on the control of transboundary movements of hazardous wastes and their disposal)

유해폐기물의 국경을 넘는 이동 및 그 처분에 수반하여 생기는 사람에 대한 건강 또는 생활환경에 미치는 피해를 방지할 것을 목적으로, 1989년 3월에 스위스의 바젤에서 체결된 조약으로, 1992년 5월 5일부터 국제적으로 발효하였다.

일본은 1993년 9월에 가입하였다. 또 동조약의 내용을 수용한「특정유해폐기물 등의 수출입 등의 규제에 관한 법률」이 시행되고 있어 환경성 및 산업경제성에 의하여 운용되고 있다.

이 조약의 규제대상물질에 해당하는 물질은 IMDG Code상에서도 위험물에 해당한다고 규정되어 있기 때문에, 다른 위험물과 똑같이 선적하기 위하여는 필요한 서류, 용기 및 포장, 표시, 표찰 등의 요건을 갖추어야 된다.

참고로 동 조약의 규제대상이 되는 화물은 수은이나 납 화합물을 포함하는 폐기물을 위시하여 광범위에 걸치는 유해 폐기물로서, 재활용을 위한 원료가 되는 것을 포함한다. 구체적인 대상 폐기물을 예시하면, 가연성 폐액, 감광체증착잔사(感光體蒸着殘渣), 유지가공촉매, 배기가스정화촉매, 도금, 오니(汚泥), 독성을 품은 광재(鑛滓), 전자회로 스크랩, PCB를 함유한 컨덴서 및 트랜스, 배터리 스크랩, 그리고 가정 쓰레기 등을 들 수 있다.

④위험물 선박운송 및 저장규칙(위규칙)

일본에서의 위험물의 해상운송에 관한 규칙은, 선박안전법에 의하여 1931년에 제정되었다. 규정내용의 일부에는 IMDG Code와 약간의 차이가 있는데(오렌지북〈의료용의약품품질정보집〉/BC Code〈Bulk Cargo Code〉/IBC Code〈International Bulk Chemical Code〉등의 규정까지 포함되어 있기 때문에), 1979년에 대개정을 하면서 IMDG Code를 전면 수용하였다.

또 매 2년마다 이루어지는 IMDG Code개정에 맞춰서 위규칙도 개정되어 IMDG Code와 잘 맞도록 되어 있다. 특히 위규칙 제19조의 특례에 의하여 위험물의 용기, 포장 및 표찰에 대하여는 영국규칙(IMDG Code와 동일)에 의한 운송도 허가하고 있다.

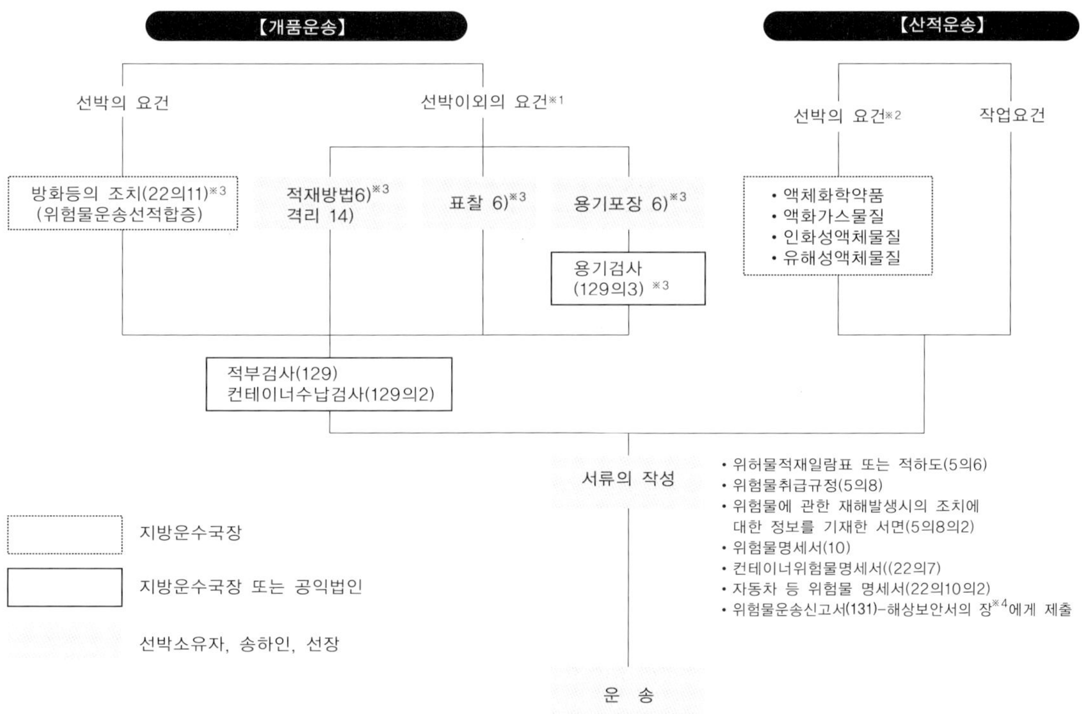

※1 : 구체적인 요건은 고시로 나타나 있으나, 고시 별표에 구체적인 품명이 없는「기타의…」의 일부에 대하여는, 용기, 포장 등에 대하여 선적지를 관할하는 지방운수국장의 허가가 필요.

※2 : 구체적인 요건이 고시되어 있으나, 고시별표에 구체적인 품명이 없는「기타의…」에 대하여는 선박의 요건에 대하여, 운수대신의 허가가 필요.

※3 : 각각에 대하여 특례가 인정될 수 있다.

※4 : 호천(湖川)에 대하여는, 선적지를 관할하는 지방운수국장.

⑤ 미연방규칙(49-CFR. Code of Federal Regulation Title-49)

미국은 위험물의 운송에 관하여, 해상운송뿐만 아니라, 항공, 철도, 도로운송에 관한 규정도 포함한 규칙으로 49CFR을 정하고 있다. 대체로, IMDG Code에 준거한 내용으로 되어있으나, 탱크 컨테이너에 관한 규정, Combustible Liquid(인화점이 +61℃ 이상의 액체. IMDG Code에서는 위험물에 해당 안됨)의 규정, 고압가스 실린더의 요건, 흡인독성 표시(아래 그림 참조)의 규정 등과 같이, IMDG Code의 기준과 다른 부분도 있으므로 주의를 요한다.

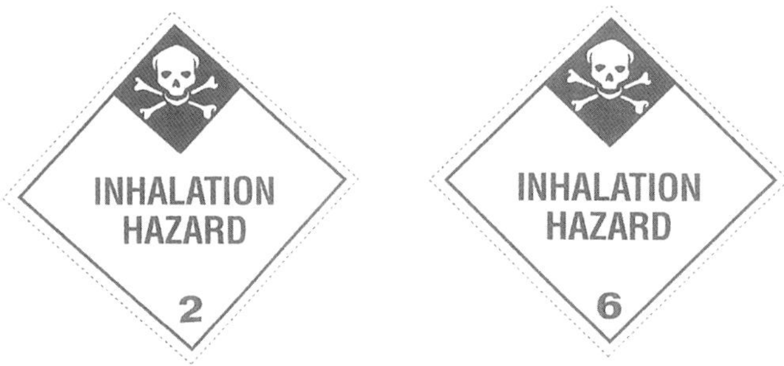

흡입독성표시-예

2 국제규칙과 국내규칙의 관계

해상에서 위험물의 국제운송의 규제를 위하여 IMO는 회원국들에게 IMDG Code의 국내법에의 수용을 의무화하고 있다. 그러나 독자의 규정을 가지고 있는 국가도 있고 해서, 위험물의 운송은 적지, 양지, 통과항의 모든 기준을 만족시킬 수 있어야 한다.

1 IMDG Code 및 위험물 선박운송 및 저장규칙의 개요

전술한 바와 같이 위험물 선박운송 및 저장규칙은 IMDG Code를 거의 전부 수용하고 있으므로 위험물 선박운송 및 저장규칙을 통하여 IMDG Code에 포함된 위험물에 대한 해상운송에 대한 개요를 설명한다.

1) 위험물의 분류(위규칙제3조)

위험물은 다음과 같이 분류하고 있다.

위험물규칙제3조

분류	IMO Class
화약류	IMO Class 1 (Explosive)
고압가스	IMO Class 2 (Gases)
인화성고압가스	IMO Class 2.1 (Flammable gases)
비인화성비독성고압가스	IMO Class 2.2 (Non-flammable, Non-toxic gases)
독성고압가스	IMO Class 2.3 (Toxic gases)
인화성액체류※	IMO Class 3 (Flammable liquids)
가연성물질류	
가연성물질	IMO Class 4.1 (Flammable solids, Self-reactive substance and Solid desensitized explosive)
자연발화성물질	IMO Class 4.2 (Substances liable to spontaneously combustion)
수반응가연성물질	IMO Class 4.3 (Substances which, in contact with water, emit flammable gases)
산화성물질류	
산화성물질	IMO Class 5.1 (Oxidizing substances)
유기과산화물	IMO Class 5.2 (Organic peroxides)
독물류	
독물	IMO Class 6.1 (Toxic substances)
병독전염성물질	IMO Class 6.2 (Infectious substances)
방사성물질 등	IMO Class 7 (Radioactive material)
부식성물질	IMO Class 8 (Corrosive substances)
유해성물질	IMO Class 9 (Miscellaneous dangerous substances and articles)

※2001년 IMDG Code 개정시 Class3의 항목(3.1, 3.2, 3.3)은 없어졌다.

2 용기, 포장 및 표찰(위규칙제8조)

송하인은 위험물을 선적할 때, 용기, 포장, 표찰, 표시 등에 대하여 아래 기준에 의할 것이 의무화 되어 있다.

①포장

일부의 위험물을 제외하고는, 위험물별로 사용할 수 있는 용기의 종류 및 크기(허용질량 혹은 허용용량)가 정해져 있다. 또 이들은 용기검사에 합격한 사실을 나타내는 UN 마크가 표시되어 있는 용기라야 한다.

일본에서는「일본선용품검정협회(HK)」가 용기검사를 하고 있다.

②표시, 표찰

송하인은 위험물의 운송이 국제항해와 관련될 때에는 용기 또는 포장안에 들어있는 위험물의 정식명칭(Proper Shipping Name) 및 UN 넘버 등을 표시하지 않으면 안된다. 또 해양오염물질(Marine Pollutant)에 해당하는 경우에는 해양오염물질 마크를 표시하지 않으면 안된다(해양오염 및 해상재해의 방지에 관한 법률 시행규칙 제37조의 19). 또 부차(副次)위험성등급을 수반하는 경우에는 주표찰 외에 부표찰도 첨부한다.

소형, 중형용기의 표시예

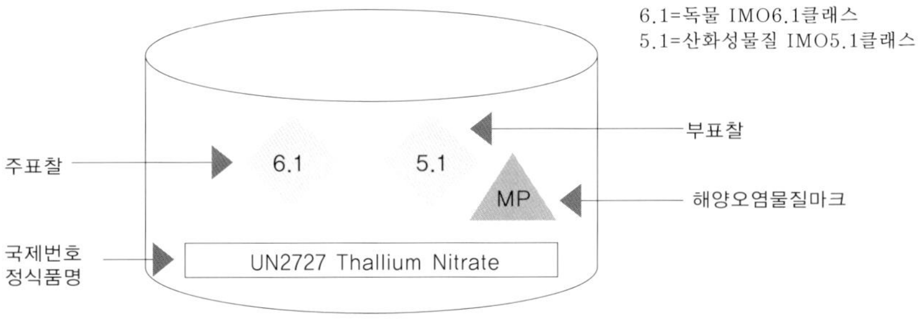

※정식품명이란 IMDG Code의 위험물 리스트에 기재되어 있는 품명으로서, 상품명은 정식품명이 될 수 없다.

〈예〉	〈틀린 표기〉	〈바른 표기〉
	브랜디	Alcoholic Beverages (알코올음료)
	헤어스프레이	Aerosols (에어졸)

③컨테이너에의 표지(위규칙 제28조)

위험물을 컨테이너 안에 수납하였을 경우에는, 당해 위험물의 표지를 4측면에 표시하여야 한다. 동일 UN 넘버의 위험물을 동일 컨테이너에 그로스 웨이트로 4톤을 초과하여 수납하였을 경우에는 UN 넘버를 표지의 근방에 표시하여야 한다. 또 해양오염물질에 해당하는 경우에는 해양오염물질 마크를 표시하여야 한다(해양오염및 해상재해 방지에 관한 법률시행규칙 제37조의 19에 의한다).

컨테이너에의 표시예

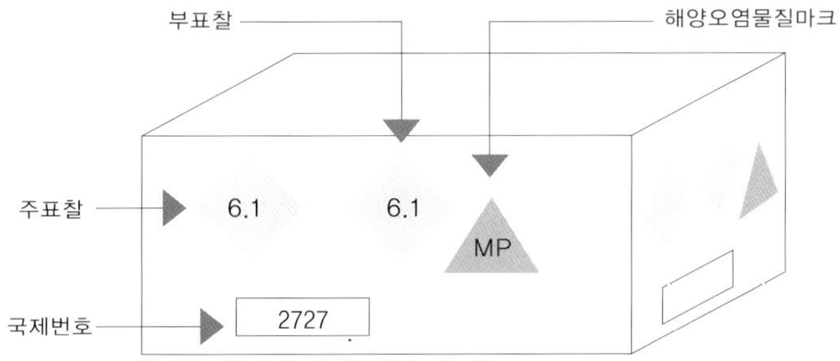

※ 각각 4측면에 첨부. 국련번호가 동일 UN의 위험물이 산적되어 있는 경우, 혹은 4톤을 초과하여 수납되어 있는 경우에 필요하다. 또 용기와는 달리 「UN」이라는 문자는 기재하지 않는다.

④ 컨테이너의 적재와 격리방법(위규칙 제20조, 21조)

위험물을 해상운송할 때 규정된 적재방법에 따라야 한다. 예컨대 본선상의 적재가 「갑판적」으로만 한정되는 위험물도 있다. 또 동일한 선박에 서로 다른 품명의 위험물을 수납한 복수의 컨테이너를 적재할 경우, 위험물을 수납한 컨테이너 상호간의 격리방법(예를 들면 선박의 폭 방향으로 컨테이너 2개분 이상 떨어지도록 적재하는 등)이 정해져 있다.

⑤ 동일한 컨테이너 안에 복수의 위험물의 혼재(위규칙 제27조)

상호작용에 의하여, 발열, 가스의 발생, 부식작용을 일으키는 물질, 또는 위험한 물리적, 화학적 작용을 일으킬 위험이 있는 화물을 동일한 컨테이너에 수납해서는 안된다.

또 IMDG Code에서 상호 격리하여야 할 화물로 규정된 위험물을 혼재해서는 안된다. 역으로 말하면 격리를 요하지 않는 클래스로, 위험물 상호의 특성에 따라, 위험한 물리적, 화학적 작용을 일으키지 않는 화물끼리만 혼재가 가능하다.

⑥ 위험물명세서, 위험물 적하일람표, 컨테이너 위험물 명세서 (위규칙 제17조, 22조, 30조)

송하인은 위험물을 선적할 때, 미리 그 품명, 수량 등 필요한 사항을 기재한 「위험물 명세서(Declaration of Dangerous Goods)」또는「컨테이너위험물명세서」를 선장 또는 운송인(선사)에게 제출하여야 한다. 운송인(선장)은 동 명세서에 의하여 「위험물적하일람표(Dangerous Goods List)」를 매 항해별로 작성한다.

위험물명세서나 컨테이너 위험물 명세서에는 필요사항만 기재하면 되고, 특별히 결정된 양식은 없으나, 일반적으로 JASTPRO(일본무역관계절차간소화협회)가 발행하고 있는 표준서식이 이용되고 있다.

⑦ 위험물의 수납검사(위규칙 제112조)

다음의 위험물을 컨테이너에 수납하여 운송하는 경우, 송하인은 선적전에 그 수납방법에 대하여, 선적지를 관할하는 지방해운관서나, 국토교통성이 인정한 등록검사기관의 검사를 받아야 한다. LCL의 경우, 선사는 송하인이 되므로, LCL에 대하여는 선사가 수배하여야 한다.

참고 특별한 경우를 제외하고는, 지방운수국이 검사하는 경우는 없고 일본해사검정협회가 이를 수행한다. 비용은 컨테이너에 수납되는 위험물의 개수가 100개까지는 19,200엔(円)/컨테이너+교통비가 되고, 개수가 10개 혹은 단수 증의 경우마다 450엔이 증액된다.

●화약류(IMO Class 1 : Explosives)
●고압가스(IMO Class 2 : Gases
●인화성 액체류(IMO Class 3 : Flammable liquids)
인화점(FP : Flash Point)이 23℃ 미만의 것. 혹은 인화점이 23℃이상 61℃ 이하로, 동시에 Class 6.1 또는 8의 부차위험이 있는 것.
●유기과산화물(IMO Class 5.2 : Organic peroxides)
●독물(IMO Class 6,1 Toxic substances)
액체 또는 기체로 용기등급(PG : Packing Group) 1 또는 2의 것
●방사성물질 등(IMO Class 7 : Radioactive materials)
●부식성 물질(IMO Class 8 : Corrosive substances)s)
Class 3도는 6.1의 부차위험이 있는 것.

⑧ 탱크 컨테이너의 사용

탱크 컨테이너로 운송이 가능한 위험물은 일본의 위규칙 고시별표 제1의 대형금속용기의 난, IMDG Code의 DG List의 Tank instruction, 미국에서는 49CFR의 §172.101의 Special provisions의 난에 그 사용을 인정한 것에 한정된다.

그리고 고압가스의 탱크 컨테이너의 사용에 대하여는 IMDG Code에서 인정하고 있어도, 위규칙/49CFR에서 인정하지 않는 경우가 있으며, 경우에 따라서는 탱크 컨테이너 사용에 대하여 선적을 관할하는 지방운수국장이나 USDOT(미국 교통성)의 허가가 필요하다.

⑨ 소량위험물(Limited Quantity)

규칙에 정한 구조를 가진 용기(하나 이상의 내장용기 및 외장용기로 구성된 용기)를 사용하여, 내장용기별로 화물의 내용량 혹은 질량이 제한량 이하이고, 또 외장용기 하나당 그로스 웨이트가 30kg이하(외장이 토레이의 경우는 20kg 이하)의 운송물은 소량운송물로 취급되어, 이하의 완화조치가 인정되고 있다. 다만 모든 위험물이 소량위험물에 의한 운송이 인정되고 있는 것이 아니라, 위규칙 고시별표 제1 소량위험물란에 「-」의 표기, 혹은 IMDG Code의 DG List 란에 「None」으로 표기된 위험물은 소량위험물에 의한 운송이 인정되고 있지 않다.

● 표시 표지 기재의 운송용기에 부착하는 표시, 표찰에 대신하여 「dangerous goods in limited quantity of class xx」로 표기할 수 있다.
● 컨테이너의 표지의 컨테이너에 부착하는 표찰에 대신하여 보기 쉬운 위치에 「Limited Quantity」로 표시할 수 있다. 다만 이 경우에도 해양오염물 마크는 생략할 수 없다.
● 용기검사를 하지 아니한다.
● 상호작용에 의하여 발열, 가스발생, 부식작용을 일으킬 염려가 없는 것이거나 물리적, 화학적 작용을 일으킬 염려가 없는 경우에는 품명이 서로 다른 위험물들의 격리를 하지 아니해도 된다(동일한 컨테이너에 혼재가 가능).

⑩ 해양오염물질(Marine Pollutant)

1992년 7월, 해양오염방지조약(MARPOL73/78조약)의 부속서가 발효됨에 따라, 일본에서는 「해양오염 및 해상재해의 방지에 관한 법률」에 규정되어 있다. 위규칙의 고시별표 제1의 품명의 우견(右肩) 혹은 IMDG Code의 DG List의 Subsidiary risk란에「PP」혹은「P」의 표기가 있는 것은 Marine Pollutant의 대상물질이 된다. 또 IMDG Code의 DG List의 Subsidiary risk란에 「●」의 표기가 있는 물질은 Marine Pollutant의 대상물질의 함유율에 의한다.

Marine Pollutant에 해당하는 것에는 전술한 바와 같이 용기, 포장 및 컨테이너에 해양오염물 마크를 표시한다. 또 위험물 명세서에도 Marine Pollutant인 것을 기재한다.

⑪ 폐기물의 운송

1992년 5월 바젤협약(유해폐기물의 국경을 넘는 이동 및 그 처분에 관한 조약)이

발효되어, 위험성을 갖는 폐기물을 운송할 때에는, 수출국정부가 발행한 이동서류(Transport Document)의 휴대가 의무화되는 등, 국제적으로 엄격히 규제되고 있어, 운송에 주의가 필요하다.

⑫ 송하인, 운송인의 의무 등

위와 같은 해상운송에 관한 다양한 규제와 의무를 「송하인」과 「운송인」으로 나누어 정리하면 다음과 같이 된다.

- ● 송하인의 의무/확인사항/준비해야 할 것
  - ○ 위험물의 식별, 분류
  - ○ 용기 및 포장, 표찰, 표지 등
  - ○ 용기검사, 수납검사
  - ○ 위험물명세서※1
  - ○ 위험물 및 유해물 사전연락표※2
- ● 운송인 및 선장의 의무/확인사항/준비해야 할 것
  - ○ 적재방법
  - ○ 격리방법
  - ○ 수납검사(CFS 수령의 경우)
  - ○ 적재검사
  - ○ 위험물적하일람표

※1 위험물명세서 : 통상적으로 포워더가 대행, 수납검사증을 첨부하여 제출.

※2 위험물 및 유해물질 사전연락표 : 이것은 위규칙에 의하여 제출이 의무화되어 있는 것이 아니고, 항만노동재해방지협회에 의하여 위 규칙에 의하여 위험물이나 이에 준하는 화물의 송하인에 대하여 항만노동재해의 방지 관점에서 제출이 의무화되어 있는 것이다. 송하인은 연락표를 작성하여 협회에 제출하여 인증을 받은 후, 포워더를 통하여 하역업자에 제출하도록 되어 있다.

3 항측법(우리나라 개항질서법 상당)상의 규제

항측법은 항내의 선박교통의 안전 및 항내질서의 유지를 목적으로 하고 있어, 위험물 적재선의 입항, 정박, 이동, 하역에 대하여 항장의 권한에 의하여 규제하고 있다.

(1) 항측법상의 위험물

항측법상 위험물은 IMDG Code 상의 위험물과 일치하지 아니한다. IMDG Code 상 위험물이라도 항측법상으로는 위험물이 아닌 것이 있다.

(2) 규제의 개요

항측법에서는 위험물 적재선에 대하여 입항(정박) 및 하역 등에 관하여 규제하고 있다. IMDG Code에서는 선박 한 척당 위험물의 적재에 관하여 제한을 두고 있지 아니하나, 항측법에서는,「위험물적재선의 정박장소 지정 및 하역허가 기준」이 정해져 있어, 안벽의 종류에 의하여 한 척당 위험물의 정박 및 하역허용량이 정해져 있다. 다시 말하면 이 허가기준을 초과하여 위험물을 적재하고 있는 선박은, 통상적으로 입항이 허용되지 않고, 또 하역허가도 받을 수 없다. 2001년에 컨테이너선에 있어서 위험물 적재량이 완화되어, 정박 및 하역허용량이 증가되었다. 이에 의하여 항측법상의 규제로 적재량이 제한받을 수 있는 사례는 거의 없으나, 화약류에 대하여는 그 제한량의 기준치가 작기 때문에, 제한을 받는 경우가 있다.

또 이전에는 화약류, 방사성물질 등을 적재한 선박의 야간 입항이 금지되었으나, 1999년에 방사성물질 등, 2001년에는 화약류의 야간입항금지가 해제되었다.

4 외국 각항에서의 규제

최초에 기술한 바와 같이, 위험물의 운송은 적지, 양지, 경유지의 규칙을 모두 만족시키지 않으면 안된다. 한 가지 예를 드는데, 필요에 따라 그때마다 확인할 필요가 있다.

외국의 제항에서의 규제	
미국	●탱크 컨테이너, 고압가스 실린더는 독자규격이 있음. ●자동차등의 내연기관은 아직도 위험물로 취급된다(가스 프리가 될 때까지 엔진을 회전시키고, 배터리 플러그를 빼고, 가스프리 증명을 첨부한 경우에는 비위험품 취급이 된다). ●IMO Class2.3의 전체와 6.1의 일부에는 IMDG Code와는 다른 표찰, 표시 Inhalation Hazard(흡인독성)의 표찰을 첨부하여야 한다
싱가포르	●MPA(Maritime and Port Authority of Singapore)에 의하여 위험물 취급에 관한 룰이 정해져 있다. 제한을 받아야 할 화물로 Schedule Ⅰ 화물이 규정되어 있다(Schedule Ⅰ : 규제량을 넘는 Schedule Ⅰ에 속하는 위험물을 적재한 선박은 착안할 수 없다).
포트켈랑	●화물의 위험성에 따라 LPK Ⅰ, Ⅱ 및 Ⅲ의 3개 카데고리로 분류하여 규제하고 있다.
부산	●터미널에 장치할 수 없기 때문에, Class 1,2 및 7의 환적이 안된다.
홍콩	●Class1. 7등에 관하여는, 단순한 통과화물이라도 사전에 Trade Department로부터 Import/Export License의 취득이 필요. 또 다수의 전략물자도 정하여, 통과화물을 포함하여, 규제하고 있다.

특히 화약류와 방사성물질 등에 관하여는 IMDG Code의 기준에 적합한 화물이라 할지라도, 항만에 따라서는 입항이 안되는 경우가 있어, 사전에 충분한 조사가 필요하다.

5 위험물의 터미널에서의 저장 및 터미널까지(부터)의 육상운송

일본국내에서의 위험물의 저장 및 육상운송에 관하여는「소방법」「화약류 단속법」「고압가스보안법」등의 각 위험물의 종류에 따라 각 관할관청에 의한 개별적인 규제가 이루어지고 있다.

(1) 소방법

1)소방법상 위험물과 IMDG Code의 위험물은 일치하지 아니한다. 소방법상의 위험물은, 정해진 기준의 소화설비를 가진 장소 이외에서 저장하거나 처리할 수 없다. 그러므로 일반상옥에는 위험물을 저장할 수 없다.

2)일반적으로 컨테이너 터미널은 저장소 또는 취급소로 인정받고 있지 아니하므로, 지정수량(위험물의 위험성을 감안하여 정령으로 정한다) 이상의 위험물은 컨테이너터미널에 저장하거나 처리할 수 없다. 다만 관할소방서로부터 승인을 받을 경우에는 지정수량 이상의 위험물을, 10일이내의 기간, 가저장하거나 처리할 수 있다.

3)항측법상 항장에 의하여 야간하역이 인정된 경우에도, 관할소방서장에 의하여 주간 가처리(일시처리)만 인정된 경우에는, 야간하역이 불가능하므로 주의할 필요가 있다. 예를 들면, 고베항의 PI(Port Island)항도소방서에서는, 일부의 제3류 위험물(자연발화성 물질 및 금수(禁水)성 물질/지정수량이 20kg 미만의 것)은 주간가처리만 허용하고 있다.

4)소방법상 위험물을 육상 운송하는 경우, 정해진 표시(화기엄금 등), 표지(차량 전, 후면에 「위험물」의 표지 등)등을 하여야 한다.

(2) 고압가스보안법

1)고압가스의 장치에 대하여는 고압가스보안법에 의하여 저장의 기술기준에 적합한 시설이외에서의 장치는 인정되지 않고, 일정량을 넘는 경우에는 시도지사의 허가가 필요하다. 컨테이너터미널에서 처리할 때는, 특히 가연가스에 대하여는, 될 수 있는 대로 직적(直積), 직도(直渡)하지 않으면 안된다.

2)운송에 관하여도 용기, 표시 등의 제한이 있다.

(3) 화약류단속법

1)원측으로 화약류는 터미널, CFS 내에 저장할 수 없고, 전부 통과화물로 처리하여야 한다. 그러므로 컨테이너 터미널 내에서 화약류의 취급은 직적(直積), 직도(直渡)가 원칙이다. 자동차용 에어백은 화약류단속법상 규제대상물에서 제외되어 있다.

2)운송에 있어서도 사전신고, 표지의 부착 등 다양한 규제가 있다.

(4) 기타

이상 이외에도 「독극물단속법」「핵원료물질,핵연료물질 및 원자로 등의 규제에 관한 법률」등 각각의 위험물에 대한 운송 및 저장방법 등에 대하여 다양한 관점에서 규제가 이루어지고 있다.

(5) 정리

위험물의 운송을 인수할 때에는, 다음사항을 확인할 필요가 있다.

1)당해화물이, 화물을 적재할 예정 선박의 운항자/소유자의 적취금지/제한화물에 해당되는 것은 아닌가.

2)IMDG Code의 규정에 따라, 분류되고, 용기포장이 사용되고, 표지 및 표시가 제대로 되어 있는가.

3)화물의 상세한 내용(p113의 「Booking에서 선적까지」 참조)에 대하여 화주로부터 충분한 정보가 제공되었는가.

4)본선상에 해당위험물을 규칙에 적합하게 적재할 수 있는 스페이스의 확보가 되어 있는가.

5)화물의 적지, 환적지, 양지의 규제에 문제가 없는가.

6)화물을 적재할 예정 본선이 도중에 기항할 항, 통과하는 운하 등의 규제에는 문제가 없는가.

7)기타, 터미널에의 반입전, 반입후의 내륙 운송에서의 규제는 어떤가.

8)위험물 명세서, Container Packing Certificate, 바젤협약 대상화물에 관한 문서 등, 관계 제규칙에서 요구되는 서류들이 제출되어 있는가.

3 중량화물과 대형화물

컨테이너화에 의하여, 현재 거의 대부분의 화물은 드라이 컨테이너에 의하여 운송되고 있다. 그러나 일부의 화물에서는 중량이 ISO가 정한 컨테이너 한 개당의 중량을 넘거나, 컨테이너 규격보다 대형인 화물이 있어, 통상적으로 이용되는 드라이 컨테이너에 의하여 운송할 수 없는 경우가 있다. 재래선에 대신한 컨테이너선에 의한 해상운송이 주류가 되고 있는 오늘날에는 다음과 같은 방법으로 이와 같은 중량화물이나 대형화물의 운송을 수행하고 있다.

1 특수컨테이너에 의한 운송

컨테이너화가 진전된 오늘날로서는 갠트리 크레인을 이용하여 하역하는 것이 작업 효율이나 비용면에서 유리하다. 그 때문에 Flat Rack Container나 Open Top Container를 이용한 운송이 보급되고 있다. Flat Rack Container는 천정과 측벽이 없고, Open Top Container는 천정이 없는 구조로 되어 있다.

그 때문에 다소 규격을 초과하는 대형화물도 이러한 컨테이너를 이용할 경우, 적재가 가능하다. 그러면서도, 화물이 확실하게 컨테이너에 고박되어 있는 경우에는, 일반컨테이너와 마찬가지로 갠트리 크레인을 이용하여 하역할 수 있다.

(1)플랫랙 컨테이너

천정과 측벽이 없기 때문에 포크리프트를 이용하여 컨테이너의 옆 방향으로부터 배고(背高)화물과 광폭(廣幅)화물을 컨테이너에 적재할 수 있다. 또 포크리프트로 적재할 수 없을 정도의 중량화물이라도 크레인을 이용하여 위로부터 적재할 수 있다. 반면에 측벽이 없기 때문에 예상되는 바다의 악조건하에서도 화물이 움직이지 않도록 단단히 고박할 수 있는 고박 포인트(Lashing Point)를 가지고 있고, 화물자체도 견고한 구조의 화물을 컨테이너에 견고하게 고박할 것을 요한다.

플랫랙 컨테이너에 적재된 대형화물

플랫랙 컨테이너에 적재된 대형화물

(2) Open Top 컨테이너

천정이 없기 때문에 크레인을 이용하여, 어느 정도 대형의 화물을 컨테이너 안에 적재할 수가 있다. 컨테이너 측벽 상부에 캔버스를 수납할 수 있는 스페이스가 있어 그만큼 개구부(開口部)가 컨테이너 내부 사이즈보다 좁기 때문에 상부가 크고 높은 화물을 적재할 때에는 주의가 필요하다. 오픈 톱 컨테이너에는 Top Rail/측벽이 있기 때문에 컨테이너 안에 적재하기가 비교적 쉬운데 반하여, Flat Rock 컨테이너보다 컨테이너의 강도나, 범용성, 화물적재 과정에서의 용이성은 약하다.

그러나 Flat Rock Container나 Open Top Container를 이용한다고 해도 드라이 컨테이너와 같은 방식으로 특수화물을 운송할 수 있는 것은 한계가 있다. 이하 구체적인 사례를 들어본다.

- 과도하게 컨테이너의 옆방향이나 위 방향으로 화물이 돌출되어 있는 경우(갠트리 크레인에 의한 처리가 곤란하다).
- 컨테이너의 전후방향으로 화물이 돌출되어 있는 경우(컨테이너 안에 적재하는 것 자체가 불가능).
- 컨테이너의 상면(床面)에 화물이 접하는 면적이 그 중량에 비하여 현저하게 작은 경우(컨테이너의 국소에 응력이 집중되기 때문에 컨테이너 자체가 파손될 위험이 있다).

높이가 높은화물을 적재하는
오픈탑 컨테이너

2 브레이크 벌크에 의한 운송

위와 같이 Flat Rack Container나 Open Top Container를 사용해도 대응할 수 없는 중량화물 및 대형화물은 본선 선창내(Hold)나 갑판상(On Deck)에 Flat Rack Container를 병렬하여 플로워를 만들어, 그 위에 직접 화물을 적재하여 운송하기도 한다. 이것을 브레이크 벌크(Break Bulk)라고 한다.

브레이크 벌크 화물은, 그 성질상 일반적으로 선창내의 최상단에 적재한다. 그러나 특별히 선창내에 적재할 필요가 없는 종류의 화물이거나, 화물의 사이즈로 보아 선창내에 들어가지 않는 등 부득이한 경우에는, 갑판상에 적재하기도 한다.

브레이크 벌크로 운송하는 경우 크레인으로 화물을 들어 올려 본선상에 직접 내려놓는 작업이 이루어진다. 이 때문에 화물의 중량과 각 적양지의 갠트리 크레인의 능력을 충분히 고려하여, 갠트리 크레인을 사용할 수 없는 경우에는 모빌 크레인, 플로팅 크레인 등 중에서 가장 적합한 것을 적의 수배하여야 한다.

각종 크레인의 능력(개략)
갠트리 크레인 30 ~ 50t
모빌 크레인 30 ~ 50t
플로팅 크레인 ~ 200t

브레이크 벌크 화물의 하자(荷姿 : 화물의 생김새)에는 하역과 적재(화물을 고정시킴)에 지장을 주지 않도록 다음과 같은 조건이 최소한 갖추어져야 한다.

- 화물을 들어 올리는데 필요한 슬링 와이어, 체인 슬링을 장착할 수 있도록 할 것.
- 들어 올린 상태에서 화물이 파손되지 않을 만한 충분한 강도를 가질 것.
- 본선 상에 적재할 경우 고박점이 충분히 확보될 수 있을 것.

대표적인 하자로서는 Bare(아무 포장이 없는 화물채로), 케이스 포장, Crate 포장(나무 틀) 등이 있다. 특히 중량화물을 적부할 경우에는 플로워로 이용하는 Flat Rack Container의 일부에 과도한 하중이 집중되어 컨테이너가 파손되어 큰 손상이나 사고가 발생하는 것을 방지하여야 한다. 이를 위하여서는 화물의 적정한 위치를 고려하여, 각재 등을 이용하여 중량을 분산시킬 필요가 있다. 물론 해상운송에 충분히 견딜 수 있도록, 와이어나 각재를 이용하여 충분히 화물을 고박하여야 함은 말할 필요도 없다.

이와 같이 중량화물, 대형화물의 운송에서는, 트러블의 발생을 미연에 방지하기 위하여 충분히 주의할 점들이 많기 때문에, 운송할 때에는 전문 해기사 등에 의한 충분한 사전점검이 필요하다.

케이스 포장화물의 예

상자(Crate)포장화물의 예

무포장화물의 예

바지를 이용한 선측 및 바다로부터의 하역 예

3 컨테이너선에서의 특수화물의 인수와 관련된 사항의 검토와 필요정보

컨테이너화가 진전된 오늘날 정기화물 운송의 현상으로서는, 표준적인 크기와 모양을 갖춘 해상운송컨테이너를 전용으로 적재하도록 설계된 선박에, 갠트리 크레인 등의 육상설비를 이용하여 하역을 하는 것이 하역효율 및 비용의 양면에서 모두 매우 유리하고 효율적이다.

다른 한편 플랜트 화물, 건설기계류, 파이프, 요트, 페리, 버스 등 이동용 기계 등의 컨테이너에의 유닛화 자체가 곤란한 장척화물/배고화물이나 플랜트 화물, 코일 및 철판 등 강재류, 금형, 묘, 추 등의 철물 등의 중량물이나 편가중(偏加重) 및 집중하중 화물을 정기선으로 운송하고 싶다는 니즈도 있을 수 있다.
이러한 특수화물을 컨테이너선에 적재할 경우, 개개의 운송화물별로 운송의 안전성과 실행가능성을 사전에 충분히 검토하여야 한다.

부킹에서 선적까지

	위험품	특수컨테이너사용화물 및 OOG • Break Bulk	유의점
부킹의 연락시	필요로 하는 화물정보 ①항로명/Vessel name/ Voyage No. ②적지 ③양지 ④품명(N.O.S 화물이나 총칭화물의 경우에는 화학품명 ⑤인화점 ⑥용기의 재질/종류와 개수 ⑦총중량 및 화물질량 또는 용량(액체화물의 경우) ⑧위험품 등급/국련번호 ⑨상기 8.에서 화물의 상태가 판별되지 않는 경우에는 액체/고체의 식별 ⑩EMS 및 MFAG정보 ⑪해양오염물질여부 ⑫사용할 컨테이너 종류 및 개수 ⑬기타 추가정보/서류(필요에 따라) ※이들 위험품명세에 대하여는, 위험품명세서를 작성, 송부 받는 것으로 최종확인 ※위험물의 화물정보는 운송의 안전확보는 물론이려니와, 상대국에서도 엄격한 규제가 있어, 잘못된 신고는 엄중한 벌칙을 받을 가능성이 있다는 것을 고객에게 인식시킬 필요가 있다.	필요로 하는 화물정보 ①항로명/Vessel name/ Voyage No. ②적지 ③양지 ④화물의 사이즈 ⑤화물중량 ⑥포장상태(Case, Bare, Crate 등) ⑦Commodity ⑧사용할 컨테이너의 종류/개수 ⑨갑판상의 적재의 가부 ⑩화주로부터의 화물취급과 관련된 특별한 유의점 ※위의 정보만으로 안전성을 판단할 수 없을 때에는, 이하의 정보가 필요 ⑪화물의 중심위치 ⑫화물의 모습/형상 ⑬포장의 강도/스키드의 위치 및 형상 ⑭화물의 고박가능위치 및 강도 ⑮화물의 조(弔)리점/포크 포켓의 유무 및 위치 ⑯Vanning 및 Securing Plan ⑰적양하항에서의 필요한 하역장비의 유무 ⑱적양하항에 있는 육상 크레인의 사이즈 및 능력	다음 사항들이 확인되지아니하면 고객에게 인수의 가부에 대하여, 최종판단을 할 수 없다는 것에 요주의 ①당해화물이 당사 내의 기준에 문제가 없을 것 ②적취에 필요한 스페이스 및 컨테이너가 준비될 수 있을 것 ③예정선박의 운항자로부터 적취에 대한 허가를 받을 것
사내 확인 및 신청	다음 점을 확인 ①부킹 연락시의 정보가 예정선의 운항자/소유자의 금지 및 제한화물에 해당하는 것은 아닌가 ②예정선박의 운항자에게 위험품의 선적신청 ③필요한 스페이스를 확보할 수 있는 가의 여부	다음 점을 확인 ①고객이 희망하는 스페이스의 확보가 가능한가 ②화물을 운송할 선박의 사내인수 기준은 크리어되었는가 여부(예정선박 운항자에 대한 선적 신청)	
적재예정선박의 운항자로부터의 허가 취득	위험품 선적허가를 받고 고객에게 화물의 인수를 최종 확인한다.	선적허가를 취득하고, 고객에게 화물인수를 최종 확인한다.	
Booking No.의 발행	화물의 인수가 가능함을 통보하고 Booking No.를 발행	화물의 인수가능함을 통보하고 Booking No.를 발행	
화물의 CY 반입	CY로 반입시에는 필요한 라벨이 첨부되었는가를 터미널이 확인	OOG의 경우, 컨테이너 외부 사이즈를 초과하는 길이가 신고와 같은가의 여부를 확인한다.	
선적	선적	선적	

4

기타(컨테이너 안에서의 결로현상)

1 컨테이너안에서의 Sweat(發汗, 結露)

수분이 수증기로 공기 중에 함유되어 있을 수 있는 량은, 그 온도에 따라 다르기 때문에, 그 한계량 이상은 수증기를 품을 수 없어, 수증기가 응결하게 된다. 어느 공기에, 그 온도에 의해서 정해진 최대한의 수증기를 품은 상태를 포화상태라고 한다. 또 포화수증기량은 온도의 상승에 수반하여 급속하게 증가하는 경향이 있다.

일정한 수증기를 품은 공기를 냉각하면, 포화상태가 된다, 이 때의 온도를, 이 상태의 공기의 결로점이라고 하고, 그래도 계속해서 냉각될 경우, 여분의 수증기는 공기 중에 머물지 못하고 응결하여 물방울이 된다. 이 작용을 발한(결로)작용이라고 한다.

화물운송중의 응결, 발한 작용은 다음 두 조건이 겹칠 경우 발생한다.

(1) 습기의 원인이 존재하는 경우

- 화물자체
- 화물의 외장물
- 적재에 사용된 자재류(더니지, 각재, 팔레트 등)
- 컨테이너 자체(목재 상재(床材)등)
- 포장 및 적재시의 봉입(封入)공기

(2) 온도의 차이가 존재하는 경우

주로 외기의 급격한 기온변화로 야기된다.

2 Sweat의 종류

발한 작용이 생기는 개소에 따라, 다음 두 가지 종류가 있다.

(1) Sweat on Contaner(컨테이너 내벽에 생기는 발한)

컨테이너가 외측으로부터 냉각되어, 컨테이너 내벽의 온도가 컨테이너 내의 공기의 결로점보다 낮아진 경우에 발생한다. 고온다습한 지역에서, 곡류 등의 수분을 함유한 화물을 수납하여, 한냉지로 향하는 경우에 자주 발생한다. 또 컨테이너 내부의 온도가 햇빛 등으로 상승하여 화물 등으로부터 수분이 증발하여 컨테이너 내부에 존재하는 수증기의 양이 증대되어, 내부공기의 결로점이 높아진 상태에서, 컨테이너가 냉각(야간에 온도의 저하 및 급격한 기상의 변화)되면, 증발된 전체수증기가 증산(蒸散)원인 화물에 흡수되지 않고, 발한으로 나타나기 쉽다.

화물에 따라서는 운송 중, 발한작용에 의하여 컨테이너 안의 천정 등에 결로가 생길 경우가 있는데, 이 결로수에 의한 화물의 누손(漏損)을 방지하기 위한 자재로 흡수 시트가 있다.

컨테이너 천정에 설치되어 있는 Lashing Ring을 이용하여 천정부분에 간단하게 부착할 수 있는 한 장으로 된 흡수시트나, 복수의 시트를 천정에 양면테이프로 직접 부착하는 타입의 흡수 시트도 있다.

한장짜리 흡수 시트

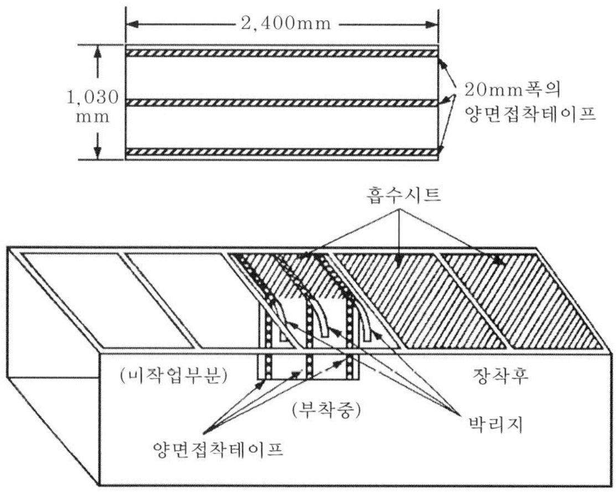

세퍼레이트 타입의 흡수시트

(2) Sweat on Cargo(화물에 생기는 발한)

Sweat on Cargo는 화물자체의 표면온도가 컨테이너 내부공기의 결로점보다 낮을 경우에 화물표면에 발생한다. 예를 들면 한냉지에서 통조림, 기계, 강재 금속제품이 냉각된 상태대로 적재되어, 온난한 곳으로 향할 때에 발생한다.

화물자체의 온도는 컨테이너 내부 공기 온도에 비하여 완만하게 변화하기 때문에, 상대적으로 저온이다. 한편 컨테이너 내부의 온도가 외측으로부터 열을 받아 상승하여 화물포장의 나무로부터 수분이 증발하여 결로점이 상승하여, 화물표면에서 냉각될 때 발한작용이 일어나기 쉽다.

이 발한은 재래선에서는 자주 발생하였으나, 동일한 시점과 장소에 배닝된 컨테이너화물에서는 그리 자주 발생하지 않는다.

그러나 녹이 쓰는 문제 등에 민감한 화물에 대하여는 특수한 포장을 하거나, 사전에 컨테이너 내부와 화물의 온도 차를 최소한에 머물도록 하는 등 대응조치가 필요하다.

Chapter 3

G 운임과 할증료의 여러 가지

운임은 대별하면 기본요금인 베이스 프레이트(Base Freight)와 추가요금인 Surcharge로 구성된다.

1 기본운임 (Base Freight)

운임의 기본요금은 개별 고객과의 협의에 의하여 결정되나, 그 교섭시기나 유효기간은 고객의 요망에 따라 서로 다르다. 자동차 메이커로 대표되는 제조업에서는, 연간 코스트가 고정되는 것을 바라므로, 연간계약이 되는 경우도 있다. 운임결정까지의 교섭에서는 크게는 선복량과 화물량의 수급 밸런스를 반영한 타선사와의 경쟁상황에 좌우되나, 여기에 다음과 같은 개별적인 사정을 고려한다.

①화물량

화물량, 또는 매주 어느 정도 일정량이 예견되는가의 여부(선사로서는 스페이스 관리상 , 매우 중요)

②고객의 니즈

운임 이외의 고객의 니즈에 응하는 것으로, 운임이외 것에서, 타선사와 차별화가 가능한가의 여부.

2 할증료 (Surcharge)

기본운임을 보완하는 것으로, 기본운임에는 포함되지 아니한 특정한 비용을 보상하기 위하여 사전에 결정되어 있는 추가요금을 말한다. 그 내용은 환율이나, 연료대의 변동에 대한 리스크 해지나, 각국의 사정에 의하여 정하여진 특정 목적의 요금, 또는 처음부터 기본운임에는 포함되어 있지 않은 서비스에 대한 대가 등이다.

각 항로에 공통되는 대표적인 것으로는

①Currency Adjustment Factor(CAF)

미불화로 결정되어 있는 운임에 대하여, US$와 각국 통화간의 환율 변동을 감안하여, 일정한 기간마다 개정하는 서차지

②Bunker Adjustment Factor(BAF)

선사에게 있어, 비용에서 점하는 비중이 큰 연료비의 변동을 반영하여, 일정기간마다 조정하는 할증료

③Terminal Handling Charge(THC)

기본운임에는 CY에서 소요되는 비용이 포함되어 있지 아니하므로, 그 부분을 보상하는 것.

기타 각 항로에 특징적인 할증료는 다음과 같은 것이 있다.

〈아시아 북미항로〉

①Panama Cannal Transit Fee

파나마 운하를 통과하기 위하여, 필요한 통행료의 보상.

②Peak Season Charge

북미로 향하는 물동량은 12월의 크리스마스 성수기에 맞춰, 6월부터 11월까지 편

중되는 경향이 있어, 이 시기에 증가되는 비용을 보상하기 위한 것.

③Customs Advanced Information Charge

미국에서는 9. 11 테러 이후, 미국에 도착하는 화물은 그 적지에서 선적하기 24시간 전까지에, 화물명세를 미국세관에 제출해야하는 규정이 있는데, 이를 준수하기 위한 비용.

④Terminal Security Surcharge

테러 방지를 위하여, 터미널에서의 보안대책에 관한 규제가 강화되어, 그 대책비용을 보상하기 위하여, 터미널이 선사에게 과징하기 때문에, 그 비용을 보전하기 위한 것.

⑤Chassis Usage Charge(CUC)

미국에서는 컨테이너 샤시를 선사가 공급하는 관습에 따라, 그 비용을 보전하는 것.

〈아시아 유럽항로〉

①International Ship and Port Facility Security Charge(ISPS)

미국에서의 9. 11 테러 이후, 국제조약상, 선박이나 터미널 등에서 선사의 부담이 되는 새로운 Security 대책이 적용되어, 이에 소요되는 비용을 보전하는 것.

②General High Cube Additional

높이 8.6피트인 일반해상컨테이너보다 30cm가량 높은 9.6피트의 배고 해상컨테이너를 사용한 경우의 할증료.

③Inland Haulage Tariff(Additional/Cost)(IHT, IHA, IHC)

트럭, 레일, 바지를 사용한 내륙운송비용

④Tranship Additional(TAD)

모선기항지 이외의 항으로, 피더 운송할 경우의 Additional. 기본운임에 포함되는 경우도 있다.

⑤Peak Season Surcharge

혼잡기의 할증운임(일본발은 제외한다).

〈남미, 아프리카, 오스트레일리아 항로〉

①Port Congestion Surcharge(남아프리카, 동아프리카, 서아프리카)

선혼할증료

②War Risk Surcharge(서아프리카)

분쟁에 의한 선박보험료할증 등을 보전

③Freight Tax Surcharge(서아프리카)

일본-서아프리카간의 무역에서 코스트 상승을 받아, 정부당국이 과세.

④Maritime Security Levy(뉴질랜드)

정의는 유럽과 동일

Chapter 3

해운대리점업무와 선박의 운항

1 입출항 준비

컨테이너선을 안전, 신속, 효율적으로 운항하기 위하여는 다음과 같은 준비가 필요하다.

①선석(Berth)

선석은 그 소유 운영형태에 따라 공공버스와 사설버스로 분류되는데, 통상 풀 컨테이너선은 선사가 부두공단 등으로부터 전용으로 임차한 컨테이너 터미널을 사용한다.

②도선사

도선법에 의하여 도선사가 업무를 제공하는 수역을 도선구라고 하는데 현재 일본에는 39개 도선구가 있다. 일정한 기준이상의 선박이 도선구를 입출항할 때 도선사의 승선이 의무화되는 항만이나 수역을「강제도선구」라고 한다.

- 항역에 설정된 강제도선구 : 요코스카(横須賀), 사세보(佐世保), 나하(那覇), 요코하마(横浜) 및 가와사키(川崎), 칸몬(關門)
- 수역에 설정된 강제도선구 : 도쿄(東京)만, 이세미카와(伊勢三河)만, 오사카만(大阪灣 , 明石海峽, 紀伊水道를 포함한다), 비잔세토(備讃瀬戸), 쿠루시마(來島)해협, 간몬(關門)(통협선만)

※요코하마 항등은 도쿄만과 합하여 두 강제도선구의 도선사를 승선시켜야 한다.

③Tug Boat(예선)

터그보트는 본선을 안전하게 이접안하기 위하여 사용된다. 정상 기상상태 하에서는, 현재 대형 컨테이너선에는 2척의 터그보트로 이, 접안한다. 또 바우 슬러스터가 장착된 본선에 대하여는 비장비선보다 터그보트 사용 척수를 감하거나, 보다 소형의 터그보트를 사용할 수 있도록 되어 있다.

④줄잡이

본선을 안벽에 고박시키기 위하여, 로프로 본선과 부두의 비트 사이를 단단히 잡아매고, 출항시에는 이를 풀어준다.

⑤항로통보 등

해상교통안전법과 항측법에 의하여 국내의 선박교통이 폭주하는 해역이나 수로(항로)에 통보대상선박이 항행하고자 할 때에는, 사전에 관계기관에 그 사실을 통보하도록 되어 있다. 이를 위하여 일본에는 7개소의 해상교통센터(Maritime Traffic Information Service Center=MARTIS)가 설치되어 있다.

<u>해상교통 삼법과 그 내용</u>

해상교통삼법이란 ①「해상충돌예방법」, ②「해상교통안전법」, ③「항측법」으로 그 목적과 기본적인 규칙은 다음과 같다.

①국제규칙에 준거하여, 해상에서의 선박의 충돌을 예방하여 교통의 안전을 도모한다.

◎ 우측항행, ◎ 우전피항(右轉避航), ◎ 현등(舷燈)(좌현 : 빨강, 우현 : 초록) 등

②선박이 폭주하는 해역에 특별한 교통방법을 정해 선박안전을 도모한다.

◎ 속력의 제한(12노트 이하) ◎ 거대선 등의 항행통보의무 등

③ 항만내에서의 선박교통의 안전과 질서를 유지함.

◎ 야간입항의 제한, ◎ 출항선 우선, ◎ 수로항행통보 등

그리고 이 3법의 관계는 ①이 일반법이고 ②③이 특별법의 관계에 있어 ②③은 ①에 우선하여 적용된다.

2 입출항 절차

외항 컨테이너선을 입출항시키기위해서는 관계관청의 절차가 필요하다. 일본에서의 주요절차는 다음과 같다. 절차는 서류를 관계관청에 가지고 가서 수행하는 방법과 Sea NACCS나 항만EDI 등의 전자 매체를 통하는 방법 그리고 이 두가지를 병용하는 방법이 있다.

1 항만관리자

(1) 시설등 사용허가 신청(안벽 등의 사용신청)
(2) 입출항계

2 항장(관할하는 해상보안부의 부장 또는 해상보안서의 서장)

항측법이 적용되는 항은 501개항(2004년 9월 현재)으로, 다음 신고가 의무화되어 있다.

(1) 입출항계
총톤수 20톤 미만의 선박이나 평수구역을 항행구역으로 하는 선박 등을 제외하고, 특정항※을 입출항하는 선박은 신고를 요한다.
(※특정항은 주요항을 위시한 전국 86개항)

(2) 계류시설 사용신고
「명령으로 정하는 선박」(총톤수 500t 이상의 선박으로, 도쿄구 및 와카마쓰구(若松區)에서는 300t 이상)이 계류시설을 이용하는 경우에는 신고한다.

(3) 정박장소 지정신청
묘지에 묘박하려고 할 때.

(4) 야간입항허가신청
항측법에서는 「명령이 정하는 특정항」에서는 일몰 후 일출 전까지는 원칙적으로 야간입항이 금지되고 있다. 다만 항장의 허가가 있는 경우에는 적용이 제외된다.

※야간입항금지의 이 조항은, FAL 조약이 일본에서 효력이 발생한 날(2005년 12월)로부터 폐지되었다.

(5) 이동허가신청
묘지로부터 안벽, 안벽에서 안벽, 안벽에서 묘지 등으로 이동(시프트)시에 신청한다.

(6) 위험물 적재선박 정박장소 지정원
「위험물 선박운송 및 저장규칙」중 명령이 정하는 위험물을 적재하고 입항할 때.

3 세관

관세법에 의하여 외국무역선이 개항에 입항할 때, 공휴일을 제외하고 24시간 이내에 다음 서류의 제출이 필요하고, 톤세는 톤세법 및 특별톤세법에 의하여 납부한다.

1) 전항의 출항허가를 증명하는 서류
2) 국적증서와 국제톤수증서
3) 입(출)항계(기항지 일람표 포함)
4) 선원명부
5) 승객명부
6) 선원휴대품 리스트
7) 선용품 목록(Store List)
8) 통보전(通報箋 : 각 세관간의 연락사항을 기재한 것)

9) 양하목록(Discharging Cargo M/F)
10) 통과화물목록(Through Cargo M/F)
11) 톤세 납부 신청서

4 출입국관리사무소

출입국관리 및 난민인정법에 의하여, 출입국시에 다음의 절차가 필요하다.
1) 입항통보(본선의 입항 예정을 사전에 통보하는 서류)
2) 입(출)항계
3) 선원명부(입출항시)
4) 승객명부(입출항시)
5) 선원상륙허가신청(일본의 첫 기항항에서 Shore Pass 발급시)
6) 선원수첩 혹은 Passport ※일본 첫 기항지에서 위 5)를 신청하는 경우
7) 별첨 보고서(출항시)
8) Shore Pass의 반납(일본 최종항 출항시)

5 검역소

외국으로부터 일본으로 입항하는 본선은, 검역법에 의하여 첫 기항항 입항 전에 선원 및 승객의 건강상태를 체크받아야 한다.
1) 검역신청서(보통검역의 경우 ~ 항외에서 검역관이 승선하여 검사하는 경우)
2) 무선검역전보송달서(이하 무선검역=검역관이 검사를 위해 승선하지 않는 경우)
일, 영문 모두 WHO에 의하여 다음의 순서로 각 항목을, 국외 최종항 출항 후, 입항예정 36시간 전에 송달한다.
항목① RPM ※Radio Pratique Message의 약자
②선명과 국적
③전항명과 그 출항년원일
④일본입항 전 28일간의 기항지와 그 출항년월일
⑤입항하고자 하는 항명과 그 예정일시
⑥쥐 구제증명서 발행기관과 발행연월일
※쥐 구제증명서(Deratting Certificate)의 유효기간은 6개월임
⑦선원과 승객수
⑧일본입항 전 28일간에 다른 선박으로부터의 승선자 혹은 물품의 유무
⑨일본입항 전 28일간에 승선자중의 이상자의 유무
⑩일본입항 전 28일간에 승선중인 자중 사고이외의 원인으로 사망자의 유무
⑪쥐들의 역병 또는 일본입항 전 6일간의 대량사의 유무
⑫적재중의 화물 중 격리가 필요한 것의 유무
⑬선의의 유무
⑭선장명
이상 자료를 수령한 검역소장은 내용을 심사하여. 검역감염증의 병원체가 국내에 침입할 우려가 없다고 인정하면, 가검역제증(假檢疫濟證)을 교부한다. 그리고 입항 후 다음 서류를 제출한다.
3) 입항계(Voy. Memo)
4) 선원명부
5) 여객명부
6) 명고서
이들 문서를 최종적으로 심사하여 문제가 없으면, 검역소장은 「검역제증」을 교부한다.

6 해상보안부

선박보안정보의 송부 :
테러방지대책을 위한 IMO는 개정 SOLAS 조약 및 ISPS(International Ship and Port Security Code : 선박과 항만시설의 국제보안 코드)를 2002년 12월에 채택하여. 2004년 7월 1일에 발효되었다.
2004년 7월 1일 이후 국외로부터 입항하려는 모든 선박은, 첫 항만 입항 24시간 전에 「선박보안정보」의 소정 24개 항목의 정보를, 입항하고자 하는 항만을 관할하는 해상보안부에 본선 혹은 대리점으로부터 연락(항만 EDI 또는 FAX 이용)하지 않으면 안된다.

7 국토교통성

선박유탁손해배상법에 의한 보장계약정보의 송부
유탁사고에 의한 손해배상(보전대상손해 : 연료유에 의한 손해, 선체의 철거에 관련되는 비용)을 담보할 보험가입을 의무화하여, 이것을 확인하기 위하여 , 총톤수 100t 이상의 선박(일본선박 : 국제항해에 종사하는 선박, 외국적선 : 일본에 입항하는 선박)이 일본에 입항(혹은 입역)할 때, P&I 보험가입을 확인할 수 있는 항목을 포함한 소정의 15개 항목을, 국토교통성의 지방운수국(고베항의 경우에는 신호운수감리부)에 일본입항 24시간 전까지 연락할 것이 2005년 3월 1일 이후 의무화되었다.

이상의 절차를 이행하기 위하여 이용 가능한 시스템은(2005년 9월 현재) 다음 표와 같다.

항만관계시스템으로 사용가능한 절차, 신청 등

2005년 9월 현재

제출처	세관		항만관리자		해상보안부	항장등	검역소	출입국관리국	
시스템명	Sea-NACCS	Cupes	각항시스템	항만 EDI시스템					선원상륙허가신청시스템
절차명					◎입항통보(선박보안정보)		◎입항통보	◎입항통보	
	◎입항신고서			◎ 입출항신고서		◎입항신고서	◎입항신고서	◎입항신고서	
	◎출항신고서					◎출항신고서		◎출항신고서(별첨보고서)	
	◎선원 승객명부						◎선원, 승객명부	◎선원, 승객명부	
	톤세납부(M.P.N)	선박자격변경신고서	계류시설등사용허가		항로통보	계류시설사용신고서	명고서		선원상륙허가신청
	사전등록업무	탁송별송수출신고(선원 승객)	급수신청서			정박장소지정원	검역통보		
	선박기본정보	지정지외/선륙/ 선박간 교통허가신청	여객승강용도교 사용			이동허가 신청			
	선박운항정보					이동신고서			
	선용품 정보					위험물하역허가			
	시프트 정보								
	선원정보								
	여객정보								

※◎=복수성청에 동시에 신청이 가능한 절차
Cupes=Customs Procedure Entry System, 「세관절차 신청시스템」
M.P.N=Multi Payment Network(관세, 톤세등의 지급)

Chapter 4

항공운송서비스

Chapter 4 A

항공운송의 특색

1 항공운송의 중요성

일본 항공운송수요는 미국 동시 다발 테러 발생(2001) 이전까지의 10년간 평균 7% 정도의 신장률을 나타냈고, 한때 위축되는 시기도 있었으나, 그 후 순조로운 성장세를 되찾았다. 국제 테러나 미국항만 장기 스트라이크라는 변동요소에 좌우되는 경우가 많지만, 앞으로도 항공운송의 중요성은 점점 더 커질 것으로 보인다. 현재의 국제운송량에서 항공운송이 점하는 비율은 1% 정도에 지나지 아니하나, 일본 무역통계를 바탕으로 한 금액 베이스로는 약 3분의 1이 항공운송에 의존하고 있어, 상품의 라이프 사이클의 단기화, 재고감축 뿐만 아니라, 서플라이 체인 전체의 슬림 다운이라는 물류 전반의 흐름에도 크게 작용하고 있다고 할 수 있다. 항공운송은 이제는 신선한 식료품과 같은 특수 아이템에만 한정된 것이 아니라, 계획적으로 기업의 국제 물류 속에 중요하게 자리잡아가고 있다.

2 항공화물운송에 적합한 상품과 그 이용의 메리트

이상과 같은 경향은 운임 부담력이 큰 상품에서 특히 현저하게 나타나고 있다. 아래의 표는 일본발 미국향의 항공운송 상위 품목명, 항공운송비율, 상품의 kg당 가격을 나타낸 것이다. 약간 낡은 자료이기는 하지만, 운임 부담력과 관련성을 잘 나타낸 자료이므로 참고로 여기 게재한다. 이들 상품을 보면 일본에서 일반적으로 잘나가는 수출제품의 라인업을 반영하고 있는데 이와 반대로 미국에서 일본으로 향하는 것은 미국산의 신선한 식료품이, 또 항공운송의 간선 루트의 하나인 이탈리아 발 일본향의 경우, 고급 브랜드의 의료(衣料)품 등 각국의 사정을 반영하여, 항공운송에 적합한 상품이 이용하고 있다. 실제로 선어(鮮魚) 처리에서 일본 제1의 항(港)은 나리다(成田) 공항이다.

일본에서 미국으로 항공운송 상위30위 품목(금액 기준)

항공이용률과 kg당 가격(2000년)

순위	품목	항공이용률	US$/kg	순위	품목	항공이용률	US$/kg
1	MOS형IC	99%	1,204	16	하이브리드IC	95%	986
2	비디오 카메라	79%	252	17	세라믹콘덴서	99%	396
3	재수입품	91%	280	18	라디오 • TV부품	80%	214
4	사무용기기부품	40%	198	19	압전결정소자	98%	780
5	컴퓨터기억장치	95%	186	20	IC제조장치	100%	301
6	컴퓨터 입출력기기	31%	187	21	세미컨웨하	99%	662
7	전화기	83%	350	22	컴퓨터	74%	133
8	TV게임기	70%	112	23	세미컨웨하검사기	99%	259
9	의약품	99%	986	24	의료용검사기기	87%	377
10	기계류	54%	157	25	갈본산	99%	7,389
11	노트북 PC	96%	379	26	IC부품	99%	290
12	광전성반도체 디바이시스	96%	746	27	진기식표시반	91%	363
13	송수신기기	64%	216	28	축전지	86%	69
14	손목시계	83%	92	29	컴퓨터 기타의 장치	90%	174
15	모노리식IC	99%	716	30	릴레이 스위치	87%	144

운임단가가 높은 항공운송은, 긴급한 상황과 같은 불가피한 경우 외에도 계획적으로 사용되는 이유는, 상품의 라이프 사이클의 단기화일 것이다. 예를 들면 노트북 컴퓨터는 거의 3개월마다 신제품이 발매되는 단기 라이프 사이클 상품이다. 1년 전에 나온 상품은 상점 진열대에서 구석으로 밀려나고 판매가격은 첫발매시의 반값, 그래도 안 팔리면 돈을 들여 폐기처분해야 하기도 한다. 이하는 일본항공의 시산인데 Port to Port 운임수준이 해상운송의 약 6배의 항공운송을 이용해도, 상품의 진부화손(陳腐化損)이나 재고관련 금리수준을 고려하면, 노트 북 컴퓨터의 "로지스틱스 총비용"은 항공이용이 훨씬 절감된다는 것을 나타내고 있다.

노트북 컴퓨터의 운송 코스트 비교

도쿄 교외의 공장에서 시카고 근교의 현지법인 창고까지 운송
노트북컴퓨터 2500㎏, 15㎥상품가격 1억1,250만엔 (4.5만엔/㎏)

	항공운송	해상운송
적재까지의 제비용(일본)	75,000	127,000
운임(공항간/항간)	1,250,000	222,000
문전까지의 운송비용※1	60,000	82,000
보험료※2	168,750	337,500
진부화손※3	0	2,250,000
보관료※4	225,000	1,125,000
금리차※5	0	173,000
총비용	1,778,750	4,316,500

단위 : 엔

※1 해상운송에는 미 서안에서 시카고까지의 철도운송비 포함.
※2 항공으로는 1만엔에 15엔, 해상은 그 두 배.
※3 운송기관의 차 4주간에 2%의 진부화손이 발생. 1억1,250만엔x2%=225만엔.
※4 제품단계의 보관비는 상품금액의 1%에 상당하는 112.5만엔. 항공의 경우 1/5.
※5 금리를 연 2%로 가정, 해상운송은 운송일 수분(4주간)의 금리를 부담한다.

3 프레이트 포워더에 의한 혼재운송이 주력

항공운송은 그 물리적 제약 때문에 FCL 운송과 같은 형태는 거의 없고, 소규모, 혼재운송형태가 압도적이다. 그렇기 때문에 서비스 판매의 주역(主役)은 독자적인 운임 태리프와 국제거점, 국내배송네트웍을 가진 이용항공운송업자(혼재업자 = 소위 말하는 포워더)이다. 이들 업자는 NVOCC(Non Vessel Operating Common Carrier)와 마찬가지로 다양한 항공회사를 이용하여, 전세계의 항공운송을 단일창구에서 대응하고 있어, 해상운송에서 선사가 화주와 직접 계약하는 케이스가 많은 것과 좋은 대조를 보이고 있다.
물론 그 외에도 대형이면서도 운송일정상의 제약 등으로 발생한 플랜트 설비운송이나 "보조레 누보"와 같은 단기간 대량운송의 경우에는 항공기를 차터하여 운송하기도 한다.

4 리드타임

포워더가 다양한 항공회사를 병용하여, 정기운항서비스를 제공하기 때문에 일본~미국 동해안이나 일본~유럽과 같은 장거리노선이라도, 실제 Transit time은 하루가 안 걸리고, 중간에서 환적하는 경우에도 전세계를 3~5일로 Airport to Airport 운송은 완료될 수 있다. 전후에 수반되는 수출입세관업무나 집배송 업무 때문에 여기에 3~5일이 더 소요되지만 Door to Door에도 최단 5일에서 7일 정도로 운송이 완료될 수 있다.

Chapter 4

B 화물의 인수, 탑재방법, 기타 제약

한정된 공간을 가진 항공기에 혼재상태로 탑재할 수 있는 항공 화물은, 그 인수, 탑재와 관련된 여러 가지 제약을 받는다.

1 일반적인 항공화물의 탑재방법과 크기의 제약

일반적인 항공화물은 통상, Unit Load Device(ULD)라고 하는 운송 용기(容器)에 적재하여 탑재된다. ULD는 철, 알루미늄, 플라스틱, 등으로 만들어진 소형의 컨테이너 내지는 팔레트로, 여기에 항공회사나 포워더가 화물을 적재하여, 기내에 탑재한다. 많은 화물은 화물전용기가 아닌 여객기로도 운송되기 때문에, 탑재할 수 있는 스페이스는 항공기의 상하(床下)인 경우가 많다. 또 운송루트별로 운항하는 항공기의 종류가 다르기 때문에, 인수가 가능한 화물의 크기를 일률적으로 말하기 어려운데, 이하에는 일반적인 제약이 되는 경우가 많은 케이스를 중심으로 설명한다.

(1) 화물의 높이는 160cm가 가이드라인

대형여객기의 상하의 천정 높이는 160cm가 약간 넘는다. 그러므로 이보다 높을 경우 화물전용기로만 운송이 가능하다. 화물전용기는 상상(床上)에도 탑재할 수 있고, 도어 사이드는 폭 350~380cm 높이 250~300cm이지만 화물전용기가 취항하는 노선은 한정되어 있다.

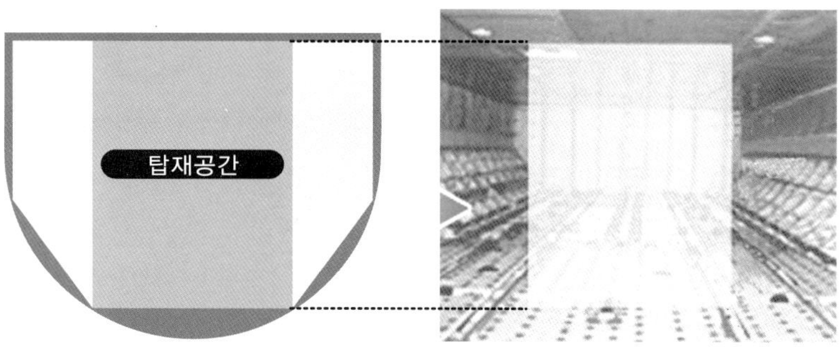

대형여객기의 상하화물 스페이스

(2) 길이 200cm 초과하면 요주의

일반적인 ULD의 사이즈는 아래 그림과 같은데, 이 사이즈를 넘을 경우, 탑재가 곤란한 경우가 많다. 또 다양한 화물을 항공사나 포워더가 혼재로 적재하기 때문에 탑재효율이나, 인력에 의한 하역 작업상 이러한 사이즈 이내라 할지라도, 제약이 있는 경우가 있으며, 표준적인 운임으로 운송할 수 없는 경우가 있을 수 있다. 일반적으로 길이가 200cm를 넘는 장척, 대형화물의 경우, 적재능력을 알아보고 이에 맞추도록 하여야 한다.

기본적인 ULD의 사이즈

① 96inch(243cm) Pallet ULD

② 88inch(223cm) Pallet ULD

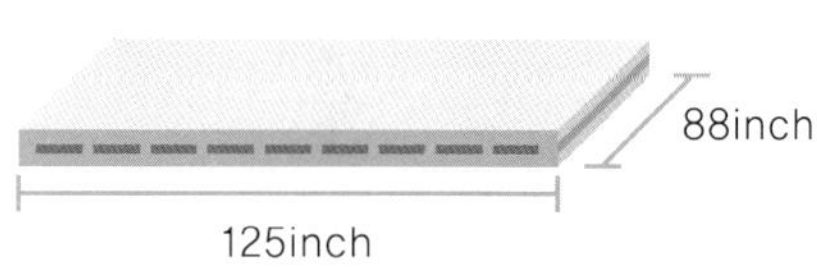

※ULD : (Unit Load Devices) ※1inch=2.54cm

(3) 소형여객기 노선

미국내, 유럽내 등 단거리노선에서 사용되는 소형여객기의 경우, 천정 높이가 50~80cm로, 제약이 더욱 심해질 뿐만 아니라, 이에 더하여 수작업에 의한 하역이 많으므로 화물 개당 중량제한이 따른다. 이러한 제약은 항공사마다 다양하며, 현실에서는 이러한 단거리 항공회사의 주선으로 트럭으로 운송하기도 하므로, 제약은 대폭 완화될 수 있으나 운송소요시간이 많은 단점이 있다.

2 기타 주된 인수 및 탑재에 대한 제약들

화물의 성질이나 혼재에 따르는 여러 가지 제약이 있을 수 있다. 주요한 것은 다음과 같다.

(1) 위험품

화물의 성질에 따라 운송인수의 가능여부, 탑재가 가능한 항공기의 종류, 포장형태, 한 포장당 용적 등의 세세한 제한이 있을 수 있다.

(2) 포장단위별 중량제한

상술한 수작업에 의한 제약 외에 상(床) 면적당 중량 제한이 있는 경우가 있다.

(3) 포장방법의 지정

드럼통 등의 금속용기로부터 화공약품의 누출에 의한 영향을 최소화하기 위하여 이러한 것을 나무 틀 속에 넣어서 고정시키거나 하는 방식을 지정하는 경우가 있다. 또 혼재할 때 작업안전상의 필요로,「엎어지지 않게」「무너지지 않도록」하기 위한 포장을 요하는 경우도 있다. 이러한 요청에 대하여는 화주도 스스로의 화물의 보호를 위하여 주의할 필요가 있다.

C 운임체계

일반적으로는 kg당 단가 x 요금적용중량(Chargeable weight)으로 운임이 계산된다. kg당 단가는 IATA(International Air Transport Association, 국제항공운송협회)가 정한 태리프가 있고, 다양한 체계가 있으나, 현실적으로는 프레이트 포워더가 나름대로 독자적으로 정한 요금체계에 의하여 운용되는 것이 일반적이다. 그 수준은 다양하나 많은 경우, 최저요금과 건당 중량이 커짐에 따른 kg당 단가가 저렴해지는 중량 체감식 태리프인 경우가 많다. 운임적용중량(Chargeable weight)은 실중량 또는 용적중량의 두가지 중 큰 것을 적용하도록 되어 있다. 용적중량은 6,000㎤를 1kg으로 보며, 아래와 같이 계산한다.

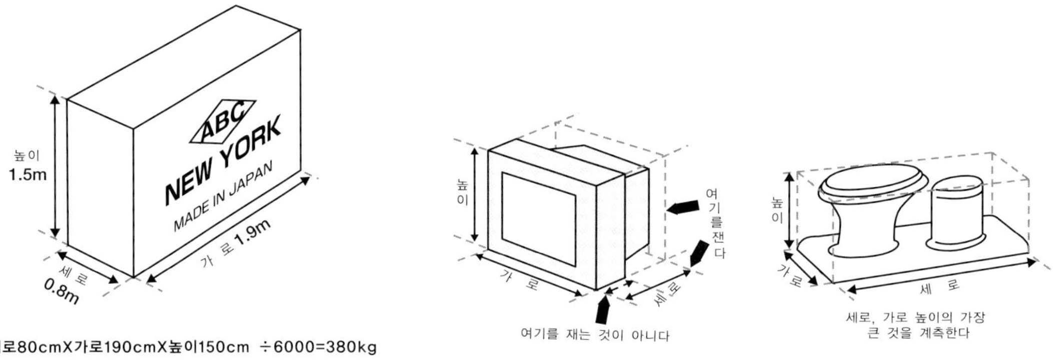

세로80cmX가로190cmX높이150cm ÷6000=380kg

실제 운임계산의 예를 보면 다음과 같다.

(1) kg 단가의 예

Minimum(최저운임)	5,000 엔 per shipment
45kg 이하의 경우	600 엔 per kg
100kg 이하의 경우	450 엔 per kg
500kg 이하의 경우	400 엔 per kg
500kg 이상의 경우	350 엔 per kg

(2) Chargeable weight 의 계산 예

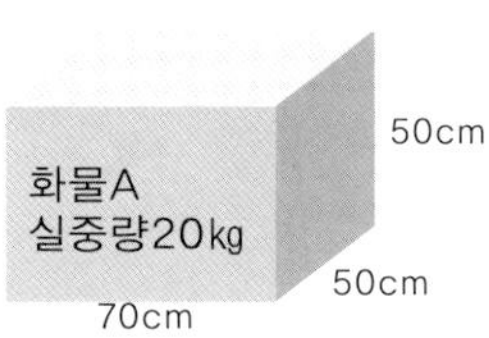

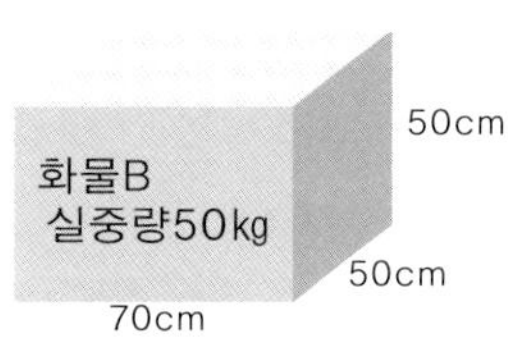

화물A		화물B	
실중량	20.5kg	실중량	50 kg
용적중량	29.5kg	용적중량	29.5kg
운임적용중량	29.5kg	운임적용중량	50 kg
(0.5kg단위 이상절상)		(좌와 동일)	

(3) 운임 계산의 예

화물A의 경우	화물B의 경우
600엔X29.5kg=17,700엔	450엔X50kg=22,500엔

또 이에 더하여 해상운송과 마찬가지로 연료유 할증료 등 추가요금이 상황에 따라 부과되기도 하고, 공항간 운송의 전후에 필요한 터미널 이용료. 수출입통관수수료, 집배송료 등이 별도로 들어간다.

Chapter 4 D

화물과 서류의 흐름

1. 항공운송의 특징

항공운송의 장점인 스피드를 살리기 위하여 화물이나 서류의 처리에서 몇 가지 특징이 있다.
먼저 운송장은 Air Waybill이라는 것을 사용한다. 이것은 유가증권이 아니기 때문에 유통성과 양도성은 없으며, 착지에서 화물인수에서도 해상운송의 B/L과 같이 오리지널의 제출은 필요없다.
또 오리지널 Air Waybill 수통과, 수출입통관에 필요한 인보이스나 패킹 리스트와 같은 서류를 같이 포워더가 스스로 보내거나, 그렇지 않으면 그 사본을 이메일 등으로 발착지간에 송달하여, 필요한 준비를 사전에 하는 것이 일반적이다.
그리고 신속한 화물처리를 위하여 항공 운송되는 화물에는 한 개마다 소정의 장소에 Air Waybill 번호를 기재한 Air Waybill Label을 부착한다.
일반적인 서류와 화물의 흐름을 보면 다음과 같다.

일반적인 서류와 화물의 흐름

상술한 바와 같이 항공운송 주선은 프레이트 포워더가 일반적으로 수행한다. 그렇기 때문에 그림안의 발지의 집하업자, 통관업자, 혼재업자, 항공화물대리점, 그리고 착지에서의 혼재 해체대리점, 통관업자, 배송업자가 각각 별도로 기재되어 있으나, 현실적으로 이 기능은 프레이트 포워더가 이들 기능을 일괄하여 한 창구에서 송하인과 수하인에게 제공하는 경우가 많다. 또 전 업무를 프레이트 포워더가 스스로 수행하기도 하지만 프레이트 포워더는 원청업자가 되고 그 업무의 일부를 하도급하는 경우도 있다, 그리고 많은 프레이트 포워더가 해외로 진출하여 발착지 쌍방의 업무를 일관하여 원청하는 케이스도 일반화되고 있다. 이것이 고객의 편의나 신속한 업무처리에 도움이 되기 때문이다.
또 이러한 종합적인 프레이트 포워더의 기능을 수행하면서 스스로 항공기의 운항도 하는 업자가 소위 인테그레이터로 불리는 물류기업이다. FedEx, UPS, DHL 등이 이러한 업체인데 일반적으로 이러한 인테그레이터의 서비스는 서류운송을 포함한 소규모 국제택배편이라 불리는 업무가 그 중심이다. 운임요금의 체계는 프레이트 포

워더의 경우와는 크게 달라서, 운임, 제요금, 수수료, 집배송료를 모두 포함한 요금으로 하고 있다.

참고 Pallet 당 화물탑재중량

항공화물의 수탁에 있어서는, 크기 외에도 중량의 제한이 있다. 통상 화물중량은 항공기에의 탑재 장소별로 세분화된다. 일반적으로 아래의 중량이 ULD당의 기준이 된다. 이것은 항공기의 기종이나 사양에 의하여 결정되어 있다.
대체적인 기준은 Lower Deck = 약 1,500~1,800kg(96/88인치)
Main Deck = 약 2,000~3,000kg(96/88인치)

〈1pkg당의 화물중량에 대한 제한(탑재에 관한 준비가 필요한 케이스)〉
항공기에 탑재하는 경우에는, 저변(접지면적)의 면적당 최대중량이 정하여져 있다. 이것을「상면제한중량」이라고 한다. 이것은 항공기의 기종에 따라 정해져 있다.

개략적으로 보면 Lower Deck = 약 970kg/㎡
〈B747〉 Main Deck = 약 1,950kg/㎡

〈그리고 ULD안에서의 적재에서는〉
ULD에 적재할 때, 1Package당 화물에 대하여는, 화물이 ULD안에서 이동하지 않도록 튼튼하게 타이 다운(꽉 잡아 고정)시킬 필요가 있다. 100kg이상의 화물에는 주의할 필요가 있다.

2. 商船三井로지스틱스의 항공운송 서비스

商船三井로지스틱스(주)는 전 세계 70여개의 자사 거점, 150여의 제휴 파트너 거점을 망라하여, 양질의 항공운송 서비스를 제공하고 있다. 상세한 것은 동사 영업담당자나 www.mol-logistics.co.jp를 참조할 것.

참고 1 탑재화물의 크기, 사이즈

현재 일본국내(구 공산권의 항공기 제외)를 발착하는 항공기의 대부분은, 운송용 ULD(Pallet)에 적재되어 운송되고 있다. 그러므로 그 ULD의 사이즈, 항공기의 탑재 Door의 크기가, 탑재화물의 가부를 결정하게 된다.
기본적으로는 p126에 게재된 ULD가 각 항공사가 사용하는 가장 표준적인 ULD이다. 일반적으로 이러한 ULD를 기준으로 하여 탑재의 가부, 운임 등이 결정된다.

① 화물의 길이와 폭
통상 항공기 탑재용 ULD에는, 화물을 안정시키기 위하여 적재 후 네트를 덮어 씌운다. 이 네트를 치기 위하여 고박 피팅을 고정하는, 피팅을 수용하는 부분을 당기는 내촌(길이와 폭)이 통상 탑재할 수 있는, 수탁 가능한 화물이 된다.
※네트를 씌울 때 화물이 움직이지 않도록 꽉 고정시키므로, 카톤 등은 외측으로 삐져나오는 부분의 각이 튀어나오지(凹) 않도록, 포장할 때 주의하여야 한다.

팔레트형ULD와 화물의 적부 및 고정시키는 모습

②화물의 높이

상술한 바와 같이 통상, 항공기에 탑재하는 저변이 결정되어 있는 것과 마찬가지로, 높이에 대하여도 제한이 있다. 이것은 항공기의 탑재도어의 크기, 탑재할 장소로 정해져 있다. 기준으로서, 높이 160cm를 넘는 경우에는 여객기가 아닌, 화물전용기의 사이즈가 된다.

화물전용기 기내, 사이드도어 그리고 컨테이너형 ULD

2. 탑재장소

① 화물기

화물전용기에 관하여는, 그 특성상, 탑재장소에 따라 Main Deck/Lower Deck로 나뉜다.

Main Deck는 통상, 여객편의 경우, 여객이 앉는 장소가 그대로 화물전용 스페이스로 운용되고 있다. 항공기의 상부는 「가마보코(어묵)」상으로 되어 있어, 그 양단이 늘어진 상태 그대로 화물을 탑재하기 때문에, 필연적으로 그 양단분의 높이가 제한된다.

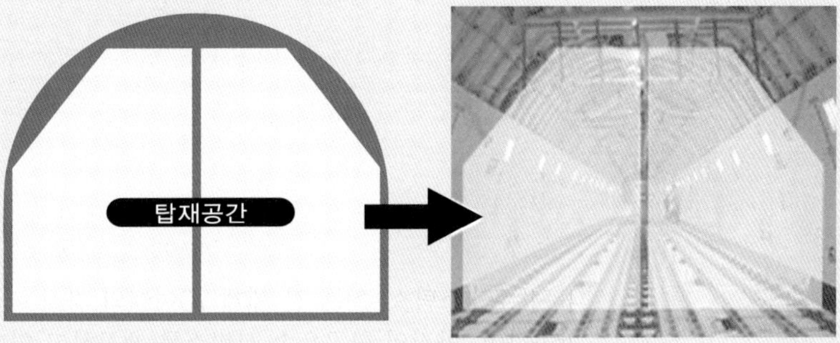

② 여객기, 화물편

Lower Deck는 항공기의 하부, 여객편이라면 여객이 앉는 시트의 밑에 있다. 둥근 동체의 항공기이기 때문에, Main Deck와 마찬가지로 양단이 삭감된다.

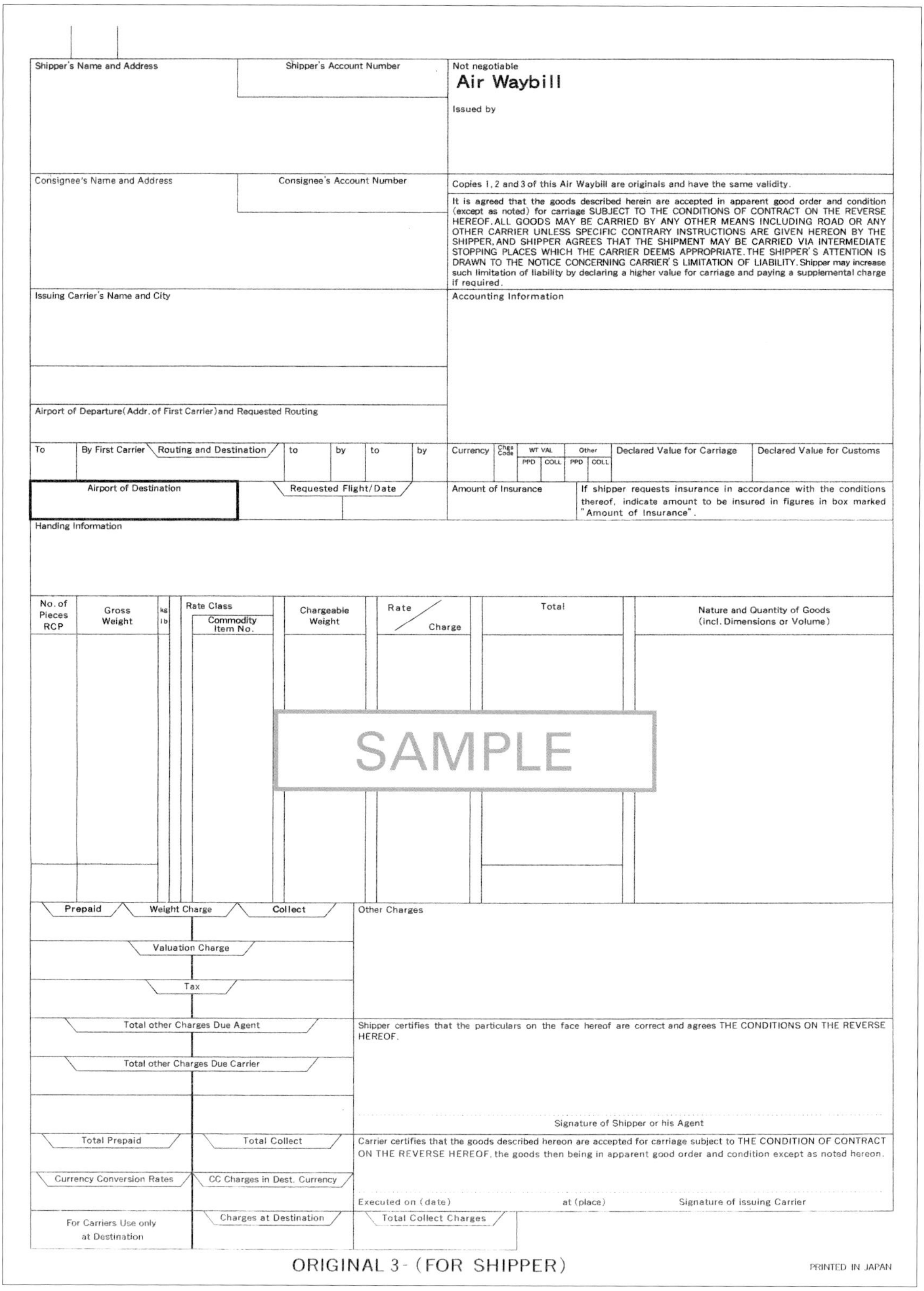
Shipper's Name and Address | Shipper's Account Number

Not negotiable

Air Waybill

Issued by

Consignee's Name and Address | Consignee's Account Number

Copies 1, 2 and 3 of this Air Waybill are originals and have the same validity.

It is agreed that the goods described herein are accepted in apparent good order and condition (except as noted) for carriage SUBJECT TO THE CONDITIONS OF CONTRACT ON THE REVERSE HEREOF. ALL GOODS MAY BE CARRIED BY ANY OTHER MEANS INCLUDING ROAD OR ANY OTHER CARRIER UNLESS SPECIFIC CONTRARY INSTRUCTIONS ARE GIVEN HEREON BY THE SHIPPER, AND SHIPPER AGREES THAT THE SHIPMENT MAY BE CARRIED VIA INTERMEDIATE STOPPING PLACES WHICH THE CARRIER DEEMS APPROPRIATE. THE SHIPPER'S ATTENTION IS DRAWN TO THE NOTICE CONCERNING CARRIER'S LIMITATION OF LIABILITY. Shipper may increase such limitation of liability by declaring a higher value for carriage and paying a supplemental charge if required.

Issuing Carrier's Name and City

Accounting Information

Airport of Departure (Addr. of First Carrier) and Requested Routing

To | By First Carrier | Routing and Destination | to | by | to | by

Currency | Chgs Code | WT VAL (PPD, COLL) | Other (PPD, COLL) | Declared Value for Carriage | Declared Value for Customs

Airport of Destination | Requested Flight/Date

Amount of Insurance | If shipper requests insurance in accordance with the conditions thereof, indicate amount to be insured in figures in box marked "Amount of Insurance".

Handing Information

No. of Pieces RCP | Gross Weight | kg lb | Rate Class | Commodity Item No. | Chargeable Weight | Rate / Charge | Total | Nature and Quantity of Goods (incl. Dimensions or Volume)

SAMPLE

Prepaid | Weight Charge | Collect

Other Charges

Valuation Charge

Tax

Total other Charges Due Agent

Shipper certifies that the particulars on the face hereof are correct and agrees THE CONDITIONS ON THE REVERSE HEREOF.

Total other Charges Due Carrier

Signature of Shipper or his Agent

Total Prepaid | Total Collect

Carrier certifies that the goods described hereon are accepted for carriage subject to THE CONDITION OF CONTRACT ON THE REVERSE HEREOF, the goods then being in apparent good order and condition except as noted hereon.

Currency Conversion Rates | CC Charges in Dest. Currency

Executed on (date) | at (place) | Signature of issuing Carrier

For Carriers Use only at Destination | Charges at Destination | Total Collect Charges

ORIGINAL 3 - (FOR SHIPPER)

PRINTED IN JAPAN

Air Waybill 샘플

Chapter

5

기타 알아 두어야 할 사항

Chapter 5

A 외국무역과 관련된 거래조건 ~ INCOTERMS

INCOTERMS란 International Commercial Terms의 약자로서, 국제상업회의소(International Chamber of Commerce=ICC)가 제정한, 무역거래조건과 그 해석에 대한 국제규약이다. 정식으로는「International Rules for the interpretation of trade terms」(무역거래조건의 해석에 관한 국제규칙)이라고 하고, 1936년에 제정된 것이 최초였다.
그 후 항공운송의 발달이나 컨테이너리제이션의 보급 등에 의하여 상관습의 변화에 대응하여 현재에는 INCOTERMS 2000이 최신판으로 되어 있다.
이와 같이「INCOTERMS」는 여러 차례의 개정에 의하여 내용이 변경되고 있기 때문에, 바이어와 셀러가 무역거래조건으로 INCOTERMS를 적용하려 할 때에는, 그 조건이 몇 년판 INCOTERMS인지를 확인하고, 매매계약서에 이를 명시해둘 필요가 있다.
운송업자로서도, 당해화물의 바이어와 셀러가 어느 부분까지의 운송비용을 분담하는가에 대하여 명확하게 파악하는 것은, 세일즈 전략의 수립에서 대단히 중요한 기능을 한다.

1 INCOTEMS 2000

INCOTEMS 2000은 13개 조건이 있는데 이것을 성질별로 분류하면 이하의 4개 그룹으로 나눌 수 있다.

- ●E조건그룹(출하) : EXW
- ●F조건그룹(주요 운송비 제외) : FCA, FAS, FOB
- ●C조건 그룹(주요 운송비 포함) : CFR(구 C&F) CIF, CPT, CIP
- ●D조건그룹(도착) : DAF, DES, DEQ, DDU, DDP

또 INCOTEMS는 재래선에 적합한 조건과, 컨테이너선, 항공운송, 복합운송 등의운송수단에 적합한 조건의 두 가지를 정하고 있다.

- ●재래선조건 : FAS, FOB, CFR, CIF, DES, DEQ
- ●컨테이너선 등 기타조건 : FCA, CPT, CIP, DAF, DDU, DDP

각 조건에 대한 상세는 이하와 같다.

1 E조건그룹(출하) : EXW

①EXW(공장도조건) EX Works(…named place*)

셀러(매도인)가 지정한 장소(공장, 창고 등)에서 화물을 바이어(매수인)에게 인도할 의무를 진다. 이 조건에서는 셀러는 수출통관도, 바이어가 마련한 트럭에의 적재 등도 일체 책임지지 아니한다. 셀러로서는 최소한의 의무만 부담하는 조건이다. 이 인도이후의 일체의 비용과 위험은 바이어가 지도록 되어 있다.
바이어가 직접 혹은 간접적으로 수출절차를 수행할 수 없는 경우에는, 이 조건은 사용하기 어렵고, FCA 조건을 사용하여야 한다.

※「…named place : 셀러와 바이어가 인도장소로 합의한 장소(예를 들면 공장, 창고, 기타 집하지점」

2 F조건그룹(주요운송비 제외) : FCA, FAS, FOB

①FCA(운송인인도조건) Free Carrier(…named place)

셀러가 수출통관을 하고, 지정된 장소에서, 바이어에 의하여 지정된 운송인에게 화물을 인도하는 것을 의미한다. 운송인*에게의 화물의 인도가, 셀러의 시설에서 이루어질 경우에는 셀러가 거래차량에 적재할 책임을 지고, 다른 장소에서 이루어지는 경우에는, 해당 장소에 화물을 가지고 들어간 시점에서 셀러의 책임은 완료된다.

이 조건은 복합운송을 포함한 모든 운송형태에 다 적용할 수 있다.

셀러로부터 화물을 수령할 때 바이어가 운송인 이외(예컨대 프레이트 포워더)를 지명한 경우에는, 셀러는 그 사람에게 화물을 인도한 시점에서 화물인도의 의무를 이행한 것으로 간주된다.

※운송인 : 운송계약에 의하여, 철도, 도로, 항공, 해상, 내륙수로 운송 혹은, 이러한 운송수단의 결합으로 이루어지는 운송을 하거나, 이러한 운송을 마련하는 업무를 인수한 사람을 의미한다.

②FAS(선측도 조건) Free Alongside Ship(…named port of shipment)

화물이 지정선적항의 본선 선측에 놓여진 시점에, 셀러의 인도의무가 이루어진 것으로 본다. 바이어는 그 시점부터 화물에 관한 일체의 비용과 위험을 부담하게 된다.

FAS 조건은 수출통관 절차를 셀러에게 요구하고 있다. 인코텀스 1990까지는 바이어에게 수출통관을 요구하고 있었으나 인코텀스 2000에서는 역으로 되었다.

그렇기 때문에 바이어가 수출통관을 하는 것을 당사자가 원할 경우에는 매매계약에 그 취지의 문언을 추가하여 명기함으로써 이를 명확하게 할 필요가 있다.

이 조건은 해상 또는 내륙수로운송에서만 사용된다.

③FOB(본선도 조건) Free on Board(…named port of shipment)

화물이 지정선적항에서 본선의 난간을 통과한 시점에서, 셀러에 의한 인도 의무가 이루어진 것으로 본다. 바이어는 그 시점부터 화물에 관련된 일체의 비용과 위험을 부담한다. FOB 조건은 수출통관절차를 셀러의 의무로 하고 있다.

이 조건은 해상 및 내륙수로운송에만 사용된다. 당사자 쌍방이 본선의 난간을 경계로 해서 화물의 인도인수를 할 의향이 없는 경우(예를 들면 CY에 반입하여, 본선 난간보다 앞서 운송인의 관리하로 넘길 경우)에는 FCA 조건을 사용하여야 한다.

3 C조건 그룹(주요 운송비 포함) : CFR(구 C&F) CIF, CPT, CIP

①CFR(운임포함조건) Cost & Freight(…named port of destination)

화물이 선적항에 있는 본선의 난간을 통과한 시점에 셀러에 의한 인도조건이 이루어진 것으로 본다, 셀러는 화물의 선적까지의 비용과 지정된 목적항까지 운송하는데 소요되는 운임을 지급하지 않으면 안되나, 화물의 인도 이후에 발생하는 멸실과 훼손의 위험과 이에 소요되는 비용의 부담은 셀러로부터 바이어에게 이전된다.

CFR조건은 수출통관절차를 셀러에게 부과하고 있다.

이 조건은 해상 및 내륙수로운송에만 사용된다. 당사자 쌍방이 본선의 난간을 경계로 해서 화물의 인도인수를 할 의향이 없는 경우(예를 들면 CY에 반입하여, 본선 난간보다 앞서 운송인의 관리하로 넘길 경우)에는 CPT 조건을 사용하여야 한다.

②CIF(운임, 보험료 포함조건) Cost Insurance & Freight(…named port of destination)

화물이 선적항에 있는 본선의 난간을 통과한 시점에 셀러에 의한 인도조건이 이루어진 것으로 본다. 셀러는 화물의 선적까지의 비용과 지정된 목적항까지 운송하는데 소요되는 운임을 지급하여야 한다. 셀러는 또 운송중의 화물의 멸실과 훼손의 위험에 대한 바이어의 위험에 대하여 해상보험을 수배하고, 보험료를 지급하여야 하나, 화물의 인도이후에 발생하는 멸실과 훼손의 위험과 이에 소요되는 비용의 부담은 셀러로부터 바이어에게 이전된다. CIF조건에서 바이어가 보다 광범위한 담보로 보호되기를 바라는 경우에는, 바이어는 셀러에게 희망 담보를 제시하고 이를 합의하든가, 그렇지 못할 경우, 자기 자신이 부족분의 보험을 수배할 필요가 있다.

CIF조건은 수출통관절차를 셀러에게 부과하고 있다. 이 조건은 해상 및 내륙수로운송에서만 사용된다. 당사자 쌍방이 본선의 난간을 경계로 해서 화물의 인도인수를 할 의향이 없는 경우(예를 들면 CY에 반입하여, 본선 난간보다 앞서 운송인의 관리하로 넘길 경우)에는 CIP 조건을 사용하여야 한다.

③CPT(운송비 포함조건) Carriage Paid to(…named place of destination)

셀러가 자기가 지정한 운송인에게 화물을 인도하고, 그 후 지정된 목적지까지 운송하기 위하여 필요한 운송비용을 지급하여야 하는 조건이다. 화물이 일단 이렇게 인도된 후에는 바이어가 일체의 위험과, 이후에 발생하는 기타 비용을 부담한다.

목적지까지 운송되는 과정에서 후속 운송인이 사용되는 경우에는, 화물이 최초의 운송인에게 인도된 시점에서, 위험이 이전된다.

CPT 조건은 수출통관을 셀러가 하게 되어 있다. 이 조건은 복합운송을 포함하여, 운송형태의 여하에 관계없이 사용할 수 있다.

④CIP(운송비, 보험료 포함조건) Carriage & Insurance Paid to(…named place of destination)

CPT와 같이 셀러가 자기가 지정한 운송인에게 화물을 인도하고, 그 후 지정된 목적지까지 운송하기 위하여 필요한 운송비용을 지급하여야 하는 조건이다. 화물이 일단 이렇게 인도된 후에는 바이어가 일체의 위험과, 이후에 발생하는 기타 비용을 부담한다.

그러나 CIP에서는 셀러는 운송중의 화물의 멸실이나 훼손에 대한 바이어의 위험에 대하여 보험에 가입하고 보험료를 지급한다. 바이어가 주의할 사항은, CIP 조건에서는 셀러는 최소담보의 위험만을 요구받는다는 점이다. 바이어가 보다 광범위한 담보로 보호되기를 바라는 경우에는, 바이어는 셀러에게 희망 담보를 제시하고 이를 합의하든가, 그렇지 못할 경우, 자기 자신이 부족분의 보험을 수배할 필요가 있다.

CPT 조건은 수출통관을 셀러가 하게 되어 있다. 이 조건은 복합운송을 포함하여, 운송형태 여하에 관계없이 사용할 수 있다.

4 D조건그룹(도착) : DAF, DES, DEQ, DDU, DDP

①DAF(국경인도조건) Delivered at Frontier(…named place)

국경에 있는 지정된 지점 및 장소에서, 다만, 그 장소에 인접하는 국가의 국경 세관의 앞에서, 수출통관은 되어 있으나, 수입통관은 완료되지 아니한 상태로, 화물을 양하하지 않고, 도착한 운송수단에 적재된 상태 그대로, 화물이 바이어의 처분에 맡겨지는 시점에 셀러가 화물인도의무를 완료한 것으로 보는 조건이다.

「국경」이라는 용어는 수출국의 국경을 포함하여, 어느 나라 국경이라도 다 사용되는 것이므로, 이 조건을 사용할 때에는 반드시 지점 및 장소를 구체적으로 정하여, 어느 국경인가를 명확히 하는 것이 아주 중요하다.

셀러가 도착한 운송수단으로부터 화물을 양하할 책임을 지고, 또 양하 비용과 위험을 부담하도록 결정한 경우에는, 매매계약에 그 취지를 추가하는 방법으로 명확하게 해두어야 한다.

이 거래조건은 화물이 육상의 국경에서 인도되도록 되어 있는 경우에는 어떤 운송형태에도 사용할 수 있다. 그러나 인도지가 목적항의 선상이나 부두(안벽)위로 되어 있는 경우에는, DES 또는 DEQ 조건을 사용하여야 한다.

②DES(목적항 본선 선상 인도조건) Delivered Ex Ship(…named port of destination)

화물이 지정된 목적항에서, 통관을 하지 않은 채로, 본선상에서 바이어의 처분에 맡겨지는 시점에서, 셀러의 인도 조건을 완료한 것을 의미한다. 셀러는 양하하기 전, 지정된 목적항에 이르기까지 수반된 일체의 비용과 위험을 부담하여야 한다.

셀러가 화물의 양하 비용과 위험을 부담할 것을 계약당사자 쌍방이 희망하는 경우에는, DEQ 조건을 사용하여야 한다.

이 조건은 화물이 해상 및 내륙수로 또는 복합운송에 이하여, 목적항에시의 인도되는 경우에만 사용된다.

③DEQ(목적항 부두인도조건) Delivered Ex Quay(…named port of destination)

지정목적항의 부두(안벽)위에서 수입통관이 안된 상태로, 화물이 바이어의 처분에 맡겨진 시점에, 셀러의 인도의무가 완료된 것을 의미한다. 셀러는 지정된 목적항에의 화물운송 및 부두(안벽)위에 양하하는데 수반하는 비용과 위험을 부담하여야 한다. DEQ 조건은 수입을 위하여 화물을 통관하는 것과 수입에 따르는 일체의 절차와 비용, 관세 기타 제세공과금은 바이어가 지급하도록 요구하고 있다.

이것은 수입통관의무를 셀러에게 지우고 있던 인코텀스 1990과 정반대이다.

계약당사자 쌍방이 화물의 수입에 수반되는 비용의 전부 또는 일부를 셀러의 의무에 포함시키기를 바라는 경우에는, 매매계약에 그 취지의 문언을 추가하는 방식에 의하여, 목적항에서, 본선에서 부두(안벽)로 양하되는 시점에 인도되는 경우에만 사용할 수 있다. 계약당사자 쌍방이 부두로부터 항 내외의 다른 장소(창고, 터미널 등)에서 화물을 선별하는데 따른 위험과 비용을 셀러의 의무에 포함하도록 바라는 경우에는, DDU, 혹은 DDP 조건을 사용하여야 한다.

④DDU(목적지 인도(관세 제외)조건) Delivered Duty Unpaid(…named place of destination)

셀러가 지정목적지에서 수입통관을 하지 않은 상태로, 또 도착한 운송수단으로부터 양하되지 않은 채로, 화물을 바이어에게 인도하는 조건을 의미한다. 셀러는 목적국에서의 수입을 위한 「관세」(이 용어에는, 통관절차의 수행하는 책임 및 위험, 그리고 통관수수료, 관세, 세금, 기타공과금의 지급이 포함된다)가 발생하는 경우에는, 당해 「관세」이외의 화물운송에 수반되는 비용과 위험을 부담하지 않으면 안된다. 이와 같은 「관세」는, 적시에 화물의 수입통관을 하지 않은데 따라 발생하는 비용과 위험을 포함하여 바이어가 부담하여야 한다.

그러나 셀러가 통관절차를 수행하고, 또, 그로부터 발생하는 비용과 위험, 그리고 화물 수입에 수반하여 지출되는 비용 중 일부를 부담할 것을, 계약당사자 쌍방이 바라는 경우, 매매계약에 그러한 취지의 문언을 추가하는 방식으로, 명확하게 하지 않으면 안된다.

이 조건은 운송형태의 여하에 관계없이 사용할 수 있으나, 인도가 목적항에서의 본선상, 또는 부두(안벽)상으로 되어 있는 경우에는 DES, DEQ조건을 사용하여야 한다.

⑤DDP(목적지 인도(관세 포함)조건) Delivered Duty Paid(…named place of destination)

셀러가 지정된 목적지에서, 수입통관을 하고, 또 도착한 운송수단으로부터 양하하지 않은 채로, 화물을 바이어에게 인도하는 것을 의미한다. 셀러는 목적국에서의 수입을 위한 「관세」(이 용어에는, 통관절차를 수행하는 책임 및 위험, 그리고 통관수수료, 관세, 세금, 기타공과금의 지급이 포함된다)가 발생하는 경우에는, 당해 「관세」를 포함하여 화물운송에 수반되는 비용과 위험을 부담하지 않으면 안된다.

이 조건은 셀러가 직접 또는 간접적으로 수입허가를 받을 수 없는 경우에는, 사용할 수 없다.

또 계약당사자 쌍방이 화물의 수입에 있어서 지급해야하는 비용 중 약간(예를 들면, 부가가치세=VAT)을 셀러의 의무로부터 제외할 것을 바라는 경우에는, 매매계약에 그 취지의 문언을 추가하는 방식으로, 명확하게 하여야 한다.

이 조건은 운송형태의 여하에 관계없이 사용할 수 있으나 계약당사자 쌍방이 화물의 수입에 있어서, 수입통관 및 납세와 관련된 일체의 위험과 비용을 바이어가 부담할 것을 바라는 경우에는 DDU 조건을 사용할 것이고, 인도가 목적항에서의 본선상, 또는 부두(안벽)상으로 되어 있는 경우에는 DES, DEQ조건을 사용하여야 한다.

셀러에게, EXW조건이 최소의 의무를 부과하고 있는 것과 대조적으로, DDP는 최대의 의무를 부과하고 있다.

작업분야와 비용부담

작업분야와 비용부담 \ 인코텀스	EXW 공장도 조건	FCA 운송인 인도조선	FAS 선측도 조건	FOB 본선도 조건	CFR 운임포함 조건	CIF 운임보험료포함 조건	CPT 운송비 포함조건	CIP 운송비 보험료 포함조건	DAF 국경인도 조건	DES 목적항 본선상 인도조건	DEQ 목적항 부두 인도조건	DDU 목적지인도 (관세제외) 조건	DDP 목적지인도 (관세포함) 조건
시설에 보관	S	S	S	S	S	S	S	S	S	S	S	S	S
수출포장	S	S	S	S	S	S	S	S	S	S	S	S	S
차량적재	B	S	S	S	S	S	S	S	S	S	S	S	S
수출국 국내비용	B	SB	S	S	S	S	S	S	S	S	S	S	S
인허가 • 통관비용	B	S	S	S	S	S	S	S	S	S	S	S	S
터미널비용	B	SB	SB	S	S	S	S#	S#	S	S	S	S	S
선적비용	B	B	B	S*B	S*	S*	S	S	S	S	S	S	S
국제운송	B	B	B	B	S	S	S	S	S	S	S	S	S
해상보험	B	B	B	B	B	S	B	S	S	S	S	S	S
외국항 양륙비용	B	B	B	B	S*	S*	S	S	B	B	S	S	S
수입국통관 • 수입세	B	B	B	B	B	B	B	B	B	B	B	B	S
수입국 국내운송	B	B	B	B	B	B	S	S	B	B	B	S	S
도착지 하역비용	B	B	B	B	B	B	B	B	B	B	B	B	B

※S=매도인이 부담해야할 업무, 또는 부담해야할 비용
B=매수인이 부담해야할 업무, 또는 부담해야할 비용
*표시=부정기선에서는 적양하비용은 계약에 의함
#표시=CPT, CIP의 터미널비용은 규정이 없기 때문에 계약으로 정하여야 한다.

Chapter 5 B

L/C, 기타 결제방법

외국무역에서 거래조건과 나란히 중요한 것이 결제조건이다.
상점에서 물건을 살 경우, 셀러와 바이어 간에 대금과 상품이 서로 맞교환되는 동시 이행방식이 일반적이나, 외국무역에서는, 대금지급과 상품의 인도 사이에 시간적, 거리적인 차이가 나기 때문에 셀러로서는 대금을 어떻게 안전한 방법으로 받을 수 있을까, 바이어로서는 어떻게 확실히 상품을 받을 수 있을까, 라는 것이 아주 중요한 과제가 된다.
무역대금의 결제에서는, 이러한 매매당사자 간의 리스크를 회피하기 위하여, 그 신용관계의 정도를 감안하여 다양한 방법이 이용되고 있는데, 그 대표적인 것은 다음 두 가지이다.
1. 하환어음을 이용한 결제
2. 송금에 의한 결제
그 외에 현금, 수표 등을 직접 주고받는 결제방법도 있으나 외국무역에서는 일반화되어 있지 않다.

1 하환어음에 의한 결제

셀러가 바이어 앞으로 지급지시서인 환어음(Bill of Exchange)을 제시하고, 은행을 통하여 결제하는 방법으로, 선적서류(운송인으로부터 화물을 수령하기 위한 화물증권이나 수입국에서의 수입통관을 하기 위하여 필요한 서류)가 담보로 같이 붙기 때문에, 이러한 어음을 특히 「하환어음」(Documentary Bill of Exchange)이라고 한다.
은행은 셀러에게 하환어음과 상환으로 그 대금을 지급하고(어음의 매입), 이 환어음을 근거로 바이어로부터 대금을 회수하게 되는데, 바이어의 신용상태가 불확실할 경우에는, 즉시 이를 매입하는 것이 아니라, 바이어로부터 지급이 있을 때까지 셀러에게 환어음대금의 지급을 유보할 수 있다. 그 때문에 바이어는 자기의 거래은행으로부터, 환어음의 지급을 확약하는 보증서를 발급하도록 한다. 이 지급확약서를 「신용장」(Letter of Credit : L/C)이라고 한다.

1 신용장부하환어음(하환어음신용장=Documentary Credit)에 의한 결제

일반적으로 신용장(L/C) 결제라고 불리는 결제방법이다.
L/C란, 바이어의 의뢰에 의하여(아래 그림 중② 이하 같다), 그 신용을 보강하기 위하여 외환취급은행이 발행하는 지급확약서로서(④), 여기에 기재된 내용과 조건에 합치(신용장 엄격일치의 원칙)하는 어음과 선적서류 등이 셀러로부터 제시가 있는 경우에는(⑦) L/C를 발행한 은행(개설은행)이 그 어음을 매입할 것을 확약하는 것이다(⑧).
셀러가 그 거래은행인 외환취급은행(매입은행) 또는 L/C에서 지정되어 있는 경우에는 그 외환취급은행에 하환어음을 제시하면, 매입은행은, L/C에 기초하여 어음을 매입하여, 개설은행에 그 어음을 송부하여, 어음대금을 수취한다(⑨ ⑩).
개설은행은 최종적으로 바이어로부터 어음대금을 지급받고 그와 동시에 선적서류를 바이어에게 건네주게 된다 (⑪, ⑫).
다만 이들 제시서류와 L/C의 내용이 합치하지 아니한 경우나, 각 서류 간의 기재내용의 불일치가 있는 경우에는「디스클레판시」(Discrepancy)라고 해서, 매입은행은 원칙적으로 어음을 매입하지 아니하므로, 제시서류의 작성에는, 세심한 주의가 필요하다.

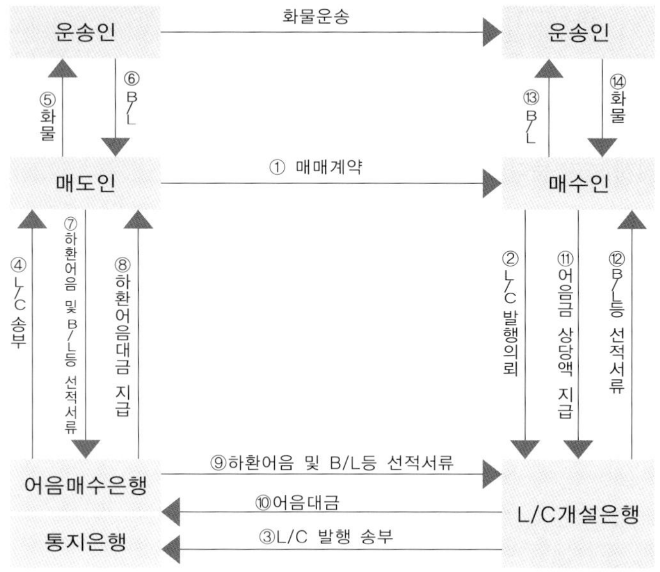

L/C 결제는 송금에 비하여 은행의 절차비용이 상대적으로 높은 것이 결점이나, 신용도가 높은 은행에 의하여 L/C가 개설되기만 한다면, 정당한 서류를 작성하는 한, 셀러로서는 가장 안전하고 확실한 결제방법이라고 할 수 있다.
L/C에는 그 내용에 따라 여러 가지 종류가 있으나, 그 대표적인 것은 다음과 같다.

①취소불능신용장(Irrevocable Credit)
신용장에 관련되는 전당사자의 동의가 없으면, 그 취소나 내용변경이 안된다. 이것이 가장 일반적으로 사용된다.

②취소가능신용장(Revocable Credit)
개설은행이 수익자(셀러)에게 일방적으로 신용장의 취소, 또는 내용의 변경을 할 수 있는 것이므로, 수익자로서는 대단히 리스크가 높은 것이다.

③ 확인신용장(Confirmed Credit)
개설은행의 신용상태가 불안한 경우나, 개설은행 소재국에 컨트리 리스크가 있는 경우, 당해신용장에 의한 어음의 매입이나 지급에 대하여 해설은행의 은행보증이 붙은 신용장.

④매입은행지정신용장(Restricted Credit)
신용장에 의한 하환어음의 매입은행 등이 지정, 한정되어 있는 것으로, 이러한 지정이 없는 것을 오픈신용장(Open Credit)이라고 한다.

⑤양도가능신용장(Transferable Credit)
신용장의 전부 혹은 일부를 수익자가 제3자에게 양도할 수 있는 것.

⑥회전신용장(Revolving Credit)
신용장의 금액이 일정기간마다, 자동적으로 보전되어, 유효 기간 내라면 계속, 반복하여 사용할 수 있는 것. 동일거래선 사이에 동일 상품을 계속해서 매매하는 경우에 사용한다.

2 신용장(L/C)에 의하지 아니한 하환어음 결제(D/P, D/A 어음결제)

신용장이 없는 하환어음에 의한 결제는「D/P(Documents against Payment : 서류와 대금의 상환(相換)」와,「D/A(Documents against Acceptance : 서류와 대금지급 확약의 상환)」방식이 있는데 어느 경우도 수입지 은행의 지급보증이 없이 바이어의 지급능력에 의존하지 않으면 안되는 어음이므로, 부도가 날 가능성이 L/C 결제방식에 비하여 높으며, 부도가 날 경우, 셀러는 그 어음대금을 다시 돌려주어야 하는 위험이 있다.
그러므로 셀러와 바이어 간에 상당한 신용관계가 있어야만 이 방식을 이용할 수 있다. 일본에서는 부도에 대비하는 손해보전제도(수출어음보험제도)가 정부에 의하여 마련되어 있어, 이 결제방식이 널리 이용되고 있다.

①D/P 결제

셀러에 의하여 제시된 하환어음과 선적서류는 (다음 그림 ④ 이하, 이하 같다), 수출지의 외환취급은행으로부터 수입지의 징수은행(그 은행의 지점 혹은 거래은행)으로 송부된다(⑤). 징수은행은 하환어음 대금의 지급(Payment)과 상환(相換)으로 선적서류를 바이어에게 넘겨 준다(⑥⑦).

②D/A 결제

하환어음과 선적서류는, D/P 결제와 같이, 수출지의 외환취급은행으로부터 징수은행으로 송부되나, 징수은행은, 바이어가 어음의 인수(Acceptance)를 확약하면, 선적서류를 바이어에게 건네 준다(⑥⑦).

D/P 결제에서는, 대금을 지급하지 않으면 선적서류를 입수할 수 없으므로, 셀러는 상품대금의 확실한 회수를 기대할 수 있으나, D/A 결제에서는 바이어는 어음의 인수를 확약만하고, 선적서류를 받으므로, 바이어의 높은 신용성이 요구된다.

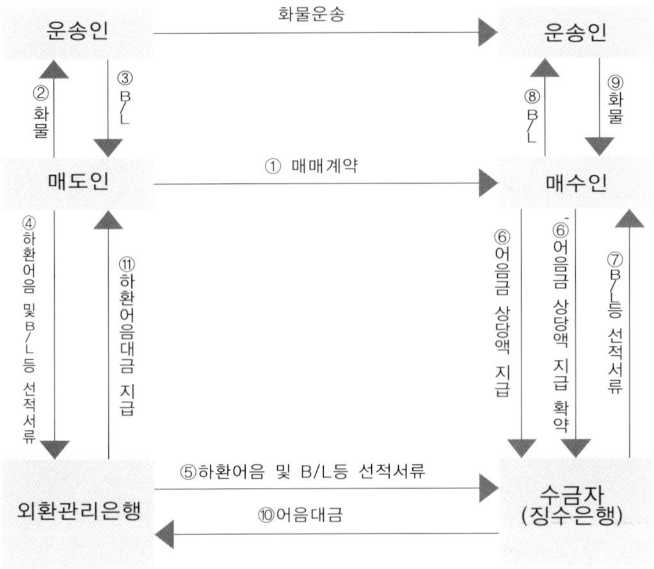

2 송금에 의한 결제

송금에는 셀러가 상품을 인도하기 전에 대금을 받는 선수(先受)방식과, 인도 후에 받는 후수(後受)방식이 있다. 선수방식은 바이어에게 리스크가 크고, 후수방식은 셀러에게 리스크가 크다.

하환어음의 결제에서는, 선적서류가 은행을 경유하기 때문에, 바이어의 손에 넘어가기까지 어느 정도 시차가 있기 때문에 근거리 운송에서는 화물의 도착보다 늦는 경우가 많다. 이 때문에 항만구역에서 보관료가 발생하거나, 선적서류 없이 화물을 빨리 인수하기 위하여 은행과 연명으로 보증장을 운송인에게 제출하는 등, 바이어에게 불필요한 업무와 경비를 발생하게하기 쉽다.

그 때문에 해외의 관계회사나 현지공장과의 거래 등, 셀러와 바이어 간에 충분한 신용관계가 있고, 또 신속한 화물의 인도가 필요한 경우에는, 간편한 송금결제를 많이 이용한다.

송금에 의한 결제에는 다음 세 가지가 있다.

①전신송금(Telegraphic Transfer : T/T)

은행간에 송금을 위한 지시 및 자금의 이체가 전신에 의하여 이루어진다. 근년의 통신기술의 발달에 따라, 안전하고 신속하게 이루어지기 때문에, 오늘날 가장 많이 이용되는 방법이다.

②우편송금(Mail Transfer : M/T)

송금과 관련된 지시 및 자금이체가 우송에 의하여 이루어진다. 우편사정이 나쁜 국가나 지급을 요하는 송금에는 적합하지 않기 때문에, 현재로서는 그리 많이 이용되지 아니한다.

③송금수표(Demand Draft :D/D)

바이어가 해외의 은행을 지급인으로 하는 수표를 발행하여 이를 셀러에게 보내는 방법으로, 무역대금 결제에는 거의 활용되지 아니한다.

3 하환어음 신용장에서 요구되는 선적서류들

매입은행은「신용장 엄격일치의 원칙」에 따라, 제시된 선적서류의 종류와 기재내용이 신용장에 명기되어 있는 요건과 일치하는가를 확인한다.

주요한 것으로는 선하증권(B/L), 상업송장(Invoice)이다. 거래조건이 보험료포함조건인 경우에는, 보험증권(Insurance Policy)도 필요하다.

L/C에서는 선하증권(B/L)의 종류와 원본의 부수(통상 3통 발행되는데, B/L은 화물의 권리증권으로서, 전통의 제출을 요구한 경우에는 "Full set"라고 기재한다)를 명시하고 있는데, 선하증권은 화물의 권리증권이므로, 운송인으로부터 화물을 인수하는데 불가결의 중요한 서류이므로, 그 기재사항에 대하여는 특히 주의하지 않으면 안된다.

Chapter 5

화물해상보험

화물해상보험의 목적은, 화물운송 중 적하에 발생한 손해에 대한 보상이다. 또 무역대금의 결제에 있어서도 선적서류의 일부로서 중요한 역할을 담당한다.

국제간의 무역거래에 있어서, 상품을 파는 사람과 사는 사람 사이에 직접 송금이 이루어지는 일은 많지 않다. 그것은 선적전 송금은 파는 사람에게 유리하고, 반대로 화물도착후의 송금은 사는 사람에게 유리한데 어느 경우에도 한쪽이 유리하면 다른 쪽이 불리하게 되어 어느 경우에도 위험이 수반된다. 그러므로, 일반적인 무역대금 결제는 은행이, 바이어를 대신하여 무역대금결제를 보증하는 신용장(L/C)에 의하여 하환어음과, 선하증권, 송장과 화물해상보험증권이 필요하다. 특히 CIF 조건의 무역거래에서는, 보험회사가 운송중인 위험을 담보함으로써, 비로서 은행도 하환어음을 안심하고 매입할 수가 있다. 이와 같이 화물해상보험은, 원활한 국제무역에 기여하는 제도이기도 하다.

1 화물해상보험의 역사

화물해상보험의 역사는 아주 오래되어, 고대 그리스, 로마시대의 모험대차라는 제도까지 소급된다. 위험이 가득하였던 당시의 항해에 대하여, 무역상인(선주)이 돈을 차입한다. 선박이 무사히 귀항하면 원금에 거액의 이자를 붙여서 상환하나, 항해 중에 해난이나 해적 등의 해상사고를 당하여, 선박이나 적하가 전손된 경우에는, 차입금의 상환이 면제된다는 계약이었다. 돈을 빌려주는 사람은 항해자금을 융자함과 동시에 해상위험도 부담하여야 하기 때문에, 위험 부담료를 포함한 이자가 고율일 수밖에 없어, 한 항해에 원금의 30%에 이르기도 하였다고 한다. 해상상업의 발달에 따라, 이 모험대차는 12~13세기 지중해 연안제국에서 성행하게 되었다.

그러다가 1230년경, 로마법와 그레고리우스 9세에 의하여 발령된「일체의 이자 수수(授受)를 부정하는」징리금지령을 계기로, 모험대차가 가지고 있던 융자와 위험부담이라는 두 개의 기능 중 위험부담의 기능만이 남아서,「손해의 보상을 약속함과 동시에, 그 대가로서의 보험료를 미리 수령하는」해상보험으로 발전했다. 그 후 무역범위의 확대와 더불어 해상보험은 유럽대륙으로 북상, 드디어 19세기의 런던에서, 예의「로이즈 보험조합」이 탄생하게 되었다.

일본에서는 17세기 초엽의 어주인선(御朱印船) 무역시대에 포르트갈로부터 모험대차가 전해져서 하카타(博多) 등에서 널리 유행하였다. 그러나 에도(江戶)시대의 쇄국정책 때문에 외국과의 통상 자체가 금지되어, 해상보험의 발전으로 진전되지 못하였다. 그러나 겐로쿠(元祿)시대, 국내운송에 대하여「회선문옥(回船問屋 : 우리나라의 객주에 해당)가 할증된 운임을 받는 조건으로 수탁화물운송중의 손해를 보상하는」해상청부제도가 생겼고, 얼마 안 있어 서유럽문명 유입의 명치시대 이후 근대적인 해상보험으로 발전하였다.

2 매매계약조건과 화물해상보험

한 나라안에서의 상거래라면, 매매계약의 조건에 관한 관습은 주지의 것이라고 할 수 있으나, 문화나 문명 정도가 다른 국제간의 거래에서는, 그렇지 못하다. 같은 조건이라 할지라도 나라에 따라 법제와 관습이 다르기 때문에 셀러와 바이어 어느 나라의 법제와 관습에 따를 것인가가 항상 문제가 된다. 이 문제의 해결을 위해서, 국제적인 거래조건의 해석과 통일이 시도되고, 운송중의 위험에 대하여도「셀러와 바이어 어느 한 쪽이 보험에 가입하도록」각종 국제규칙의 거래조건 속에 정하고 있다. 가장 일반적으로 사용되는 국제규칙이 INCOTERMS 2000이다.(제5장 A 외국무역에서의 거래조건 ~ INCOTERMA 참조). 주요 거래조건과 보험수배는 이하와 같다.

	위험의 이전 시기	보험의 수배의무
EXW(Ex Works) : 공장도조건	매도인의 보관장소에서 화물을 반출하는 때	매수인
FCA(Free Carrier) : 운송인 인도조건	최초의 운송인에게 화물을 인도한 때	매수인
FAS(Free Alongside Ship) : 선측도조건	선적항의 본선선측	매수인
FOB(Free on Board) : 본선도조건	선적항에서 화물이 본선에 적재된 때	매수인
CFR(Cost and Freight) : 운임포함조건	상동	매수인
CIF(Cost, Insurance & Freight) : 운임 보험료 포함조건	상동	매도인
CPT(Carriage Paid to) : 운송비포함조건	최초의 운송인에게 화물을 인도한 때	매수인
CIP(Carriage and Insurance Paid to) : 운송비, 보험료, 포함조건	상동	매도인
DAF(Delivered at Frontier) : 국경인도조건	수출국 혹은 수입국의 국경에 있는 매출인이 지정한 장소에서 화물을 인도한 때	매도인
DES(Delivered Ex Ship) : 본선상 인도 조건	목적항의 본선상에서 화물을 인도한 때	매도인
DEQ(Delivered Ex Quay) : 부두인도조건	목적항의 부두에서 화물을 인도한 때	매도인
DDU(Delivery Duty Unpaid) : 목적지인도(관세미납)조건	지정된 목적지에서 매수인에게 화물을 인도한 때	매도인
DDP(Delivery Duty Paid) : 목적지인도(관세포함)조건	상동	매도인

3 기본적인 보험조건

해상보험에 대한 보험의 기본조건으로, 올 리스크(A/R), 분손담보(W/A), 분손부담보(F.P.A.)의 3가지가 있어, 개개의 화물의 성질이나 운송실태 등에 응하여, 각종특약을 포함한 보험을 부보하고 있다. 각 조건별 보험보전의 내용은 런던보험시장에서 정한 협회화물약관(Institute Cargo Clauses)에 의하며, 구체적인 내용은 다음과 같다. 그리고 전쟁 및 스트라이크의 위험은, 그 예측의 곤란성과 손해가 거액에 달하기 때문에, 기본적인 보험조건에는 포함되지 않고, 특약으로 부보할 필요가 있다.

기본적인 보험조건

사고의 종류	보험조건		
	전손담보 (A/R)	분손담보 (W.A)	분손부담보 (F.P.A)
화재 및 폭발	○	○	○
운송용구의 침몰 좌초	○	○	○
운송용구의 충돌	○	○	○
운송용구의 탈선전복	○	○	○
황천에 의한 바닷물 오손	○	○	△
비나 눈에 의한 오손	○	●	×
결로에 의한 온손	○	●	×
찰과손 갈고리 손	○	●	×
벌레(蟲)나 쥐에 먹힘	○	●	×
도난, 발하(拔荷), 불착	○	●	●
파손, 구부러짐, 찌그러짐	○	●	●
누출, 부족	○	●	●
오염, 혼합	○	●	●
공동해손	○	○	○

○ : 전손 및 분손 모두 지급된다.
△ : 분손의 경우 지급안됨
× : 원칙적으로 인수하지 아니함
● : 특약이 있는 경우 지급됨

※1 어느 경우에도 다음 손해는 보전되지 아니한다.
- 비보험자의 해태 또는 비행에 의한 일체의 손해
- 항해의 지연에 근인(近因)이 있는 손해 또는 비용
- 화물고유의 결함 또는 성질에 의한 손해
- 통상적인 손해(Ordinary Wear & Tear)
- 포장 등의 불완전에 의한 손해
- 방사선 오염손해

※2 1982년 1월부터는, 간결한 내용으로 대체된 새로운 협회약관(New I.C.C.)도 사용되고 있어, 필요할 경우, 이 약관에 의한 보험부보도 가능

4 화물해상보험의 담보기간

해상화물보험은, 화재보험이나 자동차보험과는 달리 기간보험이 아니다. 해상보험, 스트라이크 보험에서는 셀러의 공장이나 창고로부터, 바이어의 창고까지의「Warehouse to Warehouse」를 담보하는 소위「항해단위」이다. 또 최종 양하항에 들어가 본선에서 양하된 후 60일을 경과한 시점에서, 통상의 운송과정이외의 보관을 위한 창고에 입고한 경우, 화물선별을 위하여 창고에 들어간 경우에는 운송 도중이라 할지라도, 보험은 종료된다. 또 전쟁보험에서는 보험기간이 화물이 외항선박에 적재되어 있는 기간으로 한정된다.

5 화물해상보험의 신청방법

화물해상보험을 신청할 때에는 이하의 항목에 대하여 보험회사에 연락할 필요가 있다.

- 피보험자/보험계약자
- Invoice No.
- 보험금액(L/C상에 지정되지 아니한 경우에는 통상 CIF 가격의 110%)
- 보험조건
- 화물적재 본선명
- 출항지
- 목적지
- 출항일
- 화물의 품명
- 수량
- 화물의 모양

6 화물에 손해가 발생한 경우

사고가 발생하여 화물에 손해가 발생한 경우에는 아래 사항에 대하여 신속하게 보험회사 또는 증권에 기재된 보험사의 Claim Agent에 연락하여야 한다.

- 증권번호
- 사고내용(사고의 상황, 화물의 명세, 손상상태, 운송선박명 등)
- 손상화물의 보관장소
- 기타(보험회사에게 개별적으로 문의), 또 선박회사에 대하여는 Claim Letter를 발송한다. 이 서류가 후일, 보험회사로부터, 선사에 구상할 때 필요하게 된다.

7 화물사고에 대한 선사의 대응

위에서 본바와 같이, B/L을 발행한 운송인에게 보험회사로부터 구상이 온다. 당연, 운송인의 배상책임을 커버하기 위한, 보험이 있어, 선사는 많은 경우 이를 위해 P&I(Protection & Indemnity)보험에 가입한다. 이 P&I 보험이 선박의 소유자 및 운항자로서의 책임, 선원의 고용주로서의 책임, 적하의 운송인으로서의 책임을 커버하고 있다. 또 P&I 보험은, 선박회사로 구성되는 상호보험조합(P&I 클럽) 형태로 보험을 인수하고 있으므로, 가입선사는 피보험자인 동시에 같은 클럽에 가입한 다른 선사의 보험자로서의 지위도 갖는다. 그 보험료는, 보험성적에 따라 평가된다. 그러므로 선사가 보험회사에 대하여 화물의 손해배상금을 지급하여, P&I 보험의 보험금 보전을 받은 경우, 그 이후의 보험료의 인상으로 연결되게 된다.

또 해상운송수단을 보유하지 아니한 NVOCC가 발행한 B/L에 사고가 발생한 경우에는, 세 가지의 처리방법이 있다. 먼저 NVOCC에 대한 책임상호보험조합(예컨대 TT 클럽)이 커버하는 방법. 다음으로 당해 NVOCC 스스로가 가입하고 있는 화물보험으로 커버하는 방법. 또 때로는 「실제 해상운송을 수행한 것은 선사라는 것」을 구상해 온 화주의 보험회사에 고지하여, 선사의 양해를 얻은 후, 보험회사와 선사간의 구상에 위임할 수도 있다.

8 공동해손

선박이나 화물의 위급을 구하기 위하여 투하(投荷)를 한 경우, 투하된 화물의 손해를 구조받은 화물 및 선박의 가액으로 안분하여 분담한다는 해사관습이 기원전부터 있어 왔다. 이것이 공동해손이다.

그 개요는 「해상모험을 하는 재화(선박, 화물 및 운임)에 공동의 위험이 발생하여, 공동의 안전을 위하여, 고의 그리고 합리적 판단으로 이루어진 희생이나 비용을 선박 및 화물의 이해관계자간에 분담하는 제도」로서, 현재 각국의 해운업자, 보험업자의 관계단체에 의하여 통상, 요크 앤트워프 규칙에 의하여 처리되고 있다.

현실에서, 선박의 좌초, 화재, 기관고장으로 인한 표류 등을 당하였을 때, 공동해손이 선언되는 경우가 많다.

공동해손이 성립되는가 아닌가는 상황에 따라 다르다.

공동해손

케이스	공동해손이 선언된다
안벽에 충돌하여 선체에 구멍이 나다.	×
선박의 화재를 진화시키고자 하였으나 침몰.	×
좌초하였을 때 이초를 위하여 구조선이나 예선을 사용.	○
좌초하였을 때 이초를 위하여 적화의 일부를 투하.	○
선박에서 화재가 발생하였을 때, 소화를 위해 주수(注水), 또는 소화제(消火劑)를 사용.	○
선박에서 화재가 발생하였을 때, 소화를 위하여, 선체에 구멍을 내다.	○
선박에서 화재가 발생하였을 때, 소화를 위하여 뻘 등에 좌주.	○

※1 공동해손의 분담액은 화물해상보험으로 전보가능.
※2 화주는, 공동해손을 선언한 선사 및 보험회사와 연락을 취하면서 화물을 인수한다.

화주로서 화물에 대한 보험의 종류와 유의점에 대하여

「jetro 해외정보 파일 무역투자 Q&A」http://www.go.jp/jetro-file/

Q1.
화주로서 화물에 대한 보험에 부보할 경우, 어떤 보험이 있으며, 또 어떻게 부보하는 것이 좋은지 가르쳐 주십시오.

A .
수출입화물과 관련된 보험으로는 화물해상보험이 있습니다. 화물해상보험은 운송중의 화물에 발생하는 다양한 리스크를 커버하고, 만약 화물에 손해가 발생할 경우, 부보조건에 의하여, 통상 CIF 가격에 10%의 예상이익을 더한 보험금액을 한도로 보험금을 지급받을 수 있도록 되어 있는 보험입니다. 그리고 화물해상보험은 수출, 수입, 삼국간 무역을 대상으로 하고, 또 항공화물에 관한 것도 포함됩니다.

부보할 때에는, 당해화물이 조우할 수 있는 리스크에 대하여 필요하고, 충분한 보험조건을 선택하지 않으면 안됩니다. 대상상품에 대하여, 어떤 부보조건이 가장 적당한지에 대하여는 대체적으로 알려지고 있는데, 너무 안전한 쪽으로 치중할 경우, 보험료가 비싸져서 채산성이 악화될 염려가 있고, 대충 생각하고 부보할 경우, 손해발생의 원인에 따라서는 손해가 보전되지 아니하는 일도 발생하게 됩니다. 또 자기를 위해서 부보하는 것인가 ,매매상대방을 위하여 부보하는 것인가에 대하여는 매매조건에 따라 서로 다른데, 특히 CIF, C&F조건으로 계약할 경우에는 계약시에 상대방과 보험조건에 대하여 충분히 알아두는 것이 필요합니다.

보험조건을 나타내는 해상화물보험증권에는 전통적인 SG 폼(SHIP & GOODS FORM POLICY의 약칭)이라고 불리는 보험증권과, 보다 계약내용을 이해하기 쉽도록 하는 것을 목적으로 새로 제정된 MAR 폼(MARINE FORM POLICY의 약칭)보험증권의 두가지 양식이 병용되고 있습니다. 후자는 영국, 오스트라리아, 싱가포르, 홍콩 등에서 사용되는데, 다른 나라에서는 현재도 전통적인 SG 폼에 의한 부보가 일반적입니다. SG 폼에 있어서는 All Risk 담보(A/R), 분손담보(W.A.), 분손부담보((F.P.A.)의 어느 것인가에 전쟁 및 스트라이크 위험담보를 부가하는 형태로 부보하고 있습니다. 새로 제정된 MAR 폼에서는, 이것이 신약관 (A), (B), (C)로 바뀌었습니다. 커버하는 조건은 거의 대부분이 구약관인 (A/R), (W.A.), (F.P.A.)에 대응되고 있으나, 신약관에서는 선사의 지급불능, 채무불이행으로 인한 손해에 대하여 보험금을 지급하지 아니하는 것으로 명확하게 규정하고 있어 주의하여야 합니다.

보험으로 커버되는 기간은 원칙적으로 화물이 적출항의 창고를 나온 시점부터, 목적항의 수하인이 지정하는 창고에 반입되는 기간까지입니다. 다만 통상적인 운송과정이라고 인정되지 아니하는 보관 또는 선별, 분배를 위해 창고를 사용하는 경우에는 그 창고에 반입된 시점, 또는 본선으로부터 화물이 양하된 시점으로부터 60일이 경과한 때에는, 어느 것인가 빠른 것의 시점에서 종료됩니다. 대부분의 경우, 보전 범위가 넓은 All Risk 담보로 부보되는데, 화물의 특수한 사정이나 보험회사의 인수조건 등에 따라, 다른 선택을 하는 경우도 있습니다. F,P.A.나 W.A. 조건에서는 보험증권상에 열거된 손해만 보전됩니다.

FOB, CFR, CPT, FCA 조건 등의 경우에는 수입자가 스스로의 이익을 위해서 화물보험을 부보합니다. 보험회사에 FAX 등으로 수입안을 제시하고, 보험료의 견적을 받아 수입계약이 되면, 예정보험료를 납부합니다.

한편 수출자는 보험에 부보해야 할 의무는 없습니다. 화물을 선사 등에 인도한 후 B/L등을 입수하고, 선적서류의 카피를 송부하는 등으로, 선적이 완료되었다는 것을 수입자에게 통지할 의무만 있습니다. 수입자는 이에 의하여 확정보험을 신청합니다.

손해보험에서는 원칙적으로 위험의 개시전에 보험의 신청이 이루어져야 하나, 실제 선적된 시점에서 수하인이 그 사실을 모르는 경우도 있을 수 있기 때문에, 화물해상보험에서는 선적예정을 사전에 보험회사에 통지하고 예정보험을 해놓고, 위험의 개시 후에 이것을 확정하는 형태를 취합니다. 확정보험을 신청할 때에는 적재선명, 출항일, 확정수량 등이 필요한데, 수입거래에서는 선적이 완료되고 나야 이러한 것을 통지받게 됩니다. 그렇기 때문에 위험이 개시되고 나서 보험을 신청하게 되므로, 예정보험이 필수적입니다.

계속적으로 수출입이 예정되어 있는 경우에는, 예정보험을 선적할 때마다 하지 않고, 거래 전체를 포괄하여 포괄예정보험을 보험회사와 계약할 수도 있습니다. 그렇게 하면 보험 부보를 잊지 않게 될 수 있습니다. CIF, C&I 이외의 조건으로 수입할 때에는, 수입통관시에 CIF 가격산출을 위하여, 해상보험료 청구서(DEBIT NOTE)의 제시가 필요합니다.

한편 CIF조건에서는 수출자가 보험을 부보합니다. 수출자는 보험회사에 수출 예정안을 FAX 등으로 제시하고 보험료 견적을 의뢰하고, CIF 가격을 산출합니다.

수출안건이 성약되어, 적재 선명 등이 확정된 단계에서(확정)보험을 청약하고, 보험료를 지급하고 보험증권을 입수합니다. 부보조건은 매매계약 및 신용장이 요구하는 조건을 바탕으로 합니다.

그리고 일반의 손해보험에서는 보험료를 지급해야만 보험이 유효하게 효력을 갖게 되나, 화물보험에서는 보험회사와 협의하여, 일정기간의 후불도 가능합니다. 또 화물해상보험은 자유요율이기 때문에 복수회사로부터 견적을 받아서 비교할 수도 있습니다. 그리고 무사고일 경우 요율의 인하도 가능합니다. FOB나 CFR 조건의 수출에서는 컨테이너 야드에 반입될 때까지 바이어에게 리스크가 이전되지 않기 때문에, 셀러는 스스로 리스크를 커버하기 위해서 수출FOB 보험(내항화물해상보험)을 수배할 필요도 있습니다.

참고자료 : 三井住友海上編 외항화물해상보험안내

Q2.
운송도중에 해수로 인하여 오손이 발생하였을 가능성이 있다고 통관업자로부터 연락을 받았다. 화물해상보험을 부보하였는데, 어떻게 대처해야만 할까요? 또 보험회사에 구상할 경우의 유의점을 어드바이스 해주십시오.

A.
All Risk 담보 조건의 해상화물보험이라면, 손해의 정도에 관계없이 보전되기 때문에, 사고 발생사실을 신속하게 보험회사에 연락하고, 동시에 선사에 서면으로 화물손해의 개요를 기재한 통지(Claim Notice)를 보내야 합니다. Claim Notice는 영문으로 작성할 필요가 있으므로 필요하다면 보험회사로부터 양식 같은 것을 협조받을 수도 있습니다.
선사로부터 화물을 인수한 후에도, 손해가 확대될 가능성이 있는 경우에는 손해품과 정품을 분리하는 등 조치를 하여 손해가 확대되지 않도록 조치하여야 합니다. 다만 손해조사전의 손해물은 현상을 그대로 보존하는 것이 보험구상의 기본이기 때문에, 보험회사에 이러한 작업의 필요성과 조치에 대하여 연락하고 나서 하는 것이 필요합니다. 또 이 때에 손해품을 함부로 처분해서는 안됩니다. 통지를 받은 보험회사로부터 보험구상에 필요한 손해조사를 요청해 옵니다. 손해조사는 해사검정인(Surveyor)이 합니다. 본래는 화주가 해사검정인을 자유롭게 선임해도 좋을 것이나, 실무상으로는 보험회사가 자격을 갖춘 해사검정인을 지명하여, 피보험자의 비용으로 손해조사를 진행합니다. 보험보전대상이 되는 화물손해일 경우에는 손해조사비용도 보험에 의하여 커버됩니다.
손해조사에 있어서는 화주회사에서도 입회하여, 손해액 산정 등에서 불리한 결과가 생기지 않도록, 해사검정인과 의견을 나눌 필요가 있습니다.
해사검정인이 중립적인 입장에서, 손해의 발생장소, 원인 등을 추정하고 손해액의 견적 등을 기재한 검사보고서(Survey Report)를 작성하여 화주에게 제출합니다. 화주는 보험회사가 요구하는 서류와 검사보고서등을 보험금청구서에 첨부하여 보험금을 청구합니다. 만약 검사보고서가 화주의 손해를 바르게 반영하지 못하고 있을 때에는 검사보고서의 재작성을 요구할 수도 있습니다.
또 화물손해가 미통관 상태로 전손이 예상된다면 보세상태로 전량 폐기할 수도 있습니다. 정도가 아주 심한 손해인 경우에는 사전에 보험회사와 협의하여 처리방침을 정하여야 합니다. 전손의 경우, 보험금액을 초과하는 제비용의 지출비는 보험계약으로 지급이 안되기 때문입니다.
재래선의 바닷물 오염 손해라면, 선창에 해수가 침입하였을 가능성이 있으므로, 선박에 입회검사(On Board Survey)를 할 경우도 있고, 선사에 화주의 입장에서 입회검사를 요청할 필요도 있을 수 있습니다.
또 컨테이너선에서는 컨테이너 상태를 검증할 필요가 있으므로, 컨테이너의 상태가 기재된 기기수도증(EIR=Equipment Interchange Receipt)의 Out 및 In을 해화업자(海貨業者)를 경유하여 받아서 첨부하도록 합니다.
끝으로, 보험구상에 필요한 일반적인 서류는, 보험금청구서, 보험증권(Insurance Policy), 검사보고서, 손해검사청구서, Invoice, Packing List, B/L, Claim Notice, 선사의 Claim Notice 수령확인서 등과 컨테이너 운송의 경우에는 디벤닝 리포트, 재래선의 경우는 카고 보트 노트, 양하보고서 등인데, 필요에 따라서는 선사측의 화물적재도(Stowage Plan, Bay Plan)등의 서류의 첨부를 요구하는 경우도 있을 수 있습니다.

근거법 헤이그 규칙 및 비스비규칙

참고도서 : 新訂國際貨物海上保險實務 加藤修 저 成山堂書店

Chapter 5

D 컨테이너운송

1 컨테이너 운송의 역사와 그 의의

컨테이너에 화물을 쟁여서 운송한다는 개념은, 제2차 세계대전 중에 미군이 군수물자운송을 위하여 고안한 것이다. 전후 RORO선(Roll-on/Rol- off선 : 카페리와 같이, 화물을 적재한 트레일러 등이 자력으로 승하선하는 선박)이 개발되어, 독일에 주둔중인 미군에 대한 물자 보급에 이용되었다. 민간부문에서는, 미국의 트럭회사였던 McLean Industry가 육상의 트레일러 운송에 채용하고, 후에 선박회사를 매입하여 해상운송으로 진출한 것이 그 시작이다.

McLean Industry는 1957년에 4척의 탱커를 구입, 갑판적(on deck) 60개적의, 컨테이너선으로 개조하여 연안컨테이너 운송을 시작하였다. 같은 해 10월에는 셀(cell)구조를 가진 최초의 풀 컨테이너선 "Gate City"를 건조하여, 미국동안/푸에르토리코 항로를 개설하였다. 1960년, 글자 그대로 해륙 양용인 컨테이너를 나타내는 Sea-Land로 사명을 변경하였다. 1966년에는 미국동안/유럽 간에 "Fairland" 등 4척의 풀 컨테이너선을 투입하였다. 이것을 신호로 선진국 간을 연결하는 정기항로의 컨테이너화가 급속하게 진전되어, 1973년경에는 북미, 유럽, 일본, 호주 등을 연결하는 세계의 주요항로의 컨테이너화가 거의 완성되었다. 덧붙인다면, Sea-Land는 1999년 11월에 덴마크의 A.P.Moller-Maersk 그룹으로 매각되기까지, 미국을 대표하는 컨테이너선사로 있었다.

또 일본선사에 의한 본격적인 컨테이너운송은, 1968년의 일본/미국 캘리포니아항로의 개설에서 시작되었다. MOL은 같은 해 10월, 동 항로에 컨테이너선 제1선 "아메리카마루"(702teu적)를 취항시켰다.

컨테이너화 이전의 정기선은 재래선이라고 불리어, 창내에 보통 2~3단의 중갑판을 두어, 선박에 장착되어 있는 데리크나 크레인 등의 하역기기를 이용하여 화물을 적양하 하였다. 그러나 재래선의 하역에는, 항만노동 사정에 의한 하역비의 앙등이나 하역효율의 저하, 기상상태로 인한 선박이나 항만시설의 가동율의 저하, 작업 중의 사고로 인한 화물의 손상 등의 문제점이 있었다. 이에 비하면 컨테이너 운송은 다음과 같은 메리트가 있다.

- 화주의 공장 등에서 화물을 컨테이너에 쟁여서, 항만으로 운송하여 컨테이너선에 적재하고, 양하 후에도 컨테이너에 쟁인 채로 컨테이너를 수하인의 창고 등까지 운송할 수 있는 Door to Door의 일관운송이 가능하다.
- 컨테이너의 하역을 육상에 설치된 크레인으로 하는 점과 기상에 관계없이 야간에도 작업을 용이하게 할 수 있기 때문에, 선박의 항내 정박시간을 크게 단축하여, 컨테이너선의 가동효율이 일거에 크게 상승하였다.
- 화물의 포장이 간소화되었을 뿐만 아니라 화물의 손상도 크게 줄어들었다.
- 재래선에 비하여 선형의 대형화가 가능하게 되어, 대량운송을 할 수 있게 되었다.

오늘날에 보아서는 지극히 당연한 결과라고 할 수 있으나, 컨테이너화는 당시의 해운업계로서는 거의 혁명적인 사건으로 받아들여질 수밖에 없었다.

한편 컨테이너화에는, 컨테이너선의 건조, 컨테이너 터미널의 건설, 컨테이너의 구입이나 리스 등 때문에 거액의 자본투자가 필요하게 된다. 이 때문에, 자본부담이나 리스크의 분산을 위하여 스페이스 차터(자사선을 투입하지 않고, 타사선의 스페이스를 차터하여 서비스를 하는 것)나 컨소시엄(특정항로에서 협조 배선하는 선사연합) 등, 선사의 그룹화에 의한 공동운영방식이 발달하였다. MOL, NYK, P&O Container Line(영), Ben Line(영), Hapag-Lloyd(독)의 3개국 5개선사가 「트리오그룹」을 1972년 12월에 결성하여 1991년 2월의 해체시까지, 아시아/유럽항로에서 공동배선을 계속하였다.

1970년대 중반에는 오일 쇼크로 인한 석유가격의 앙등, 세계무역의 정체 등으로 인하여, 컨테이너화는 일시 주춤하였으나, 1970년대 후반에는 다시 활성화되었다. 이 시기의 특징으로서는, 한 때 컨테이너선의 고속화를 위하여 경쟁을 계속하던 선사들이, 에너지 절약 쪽으로 방향을 전환하여, 경제속도로 운항할 수 있는 컨테이너선의 건조에 주력하게 되었다. 또 아시아를 중심으로 개발도상국이 자국의 컨테이너 터미널을 개발하여, 각국 선사들이 컨테이너운송에 참여하게 된 것을 들 수 있다. 그 외에도 철도나 트럭 등 선박이외의 운송수단과의 접속이 용이해진 점과, 타선사와의 서비스 차별화라는 관점에서, 선사에 의한 내륙운송서비스가 증가하게 된 것도 이 시기부터의 일이다.

2 성숙기로부터 새로운 성장기로

1980년대 이후의 해상컨테이너 운송에 관하여는 「규제완화」와 「컨테이너선의 대형화」라는 두 개의 키워드로 설명할 수 있다.

1 정기항로에서의 규제완화의 흐름

정기항로에서는 당초부터, 같은 항로에 배선하는 선사들이 만든 해운동맹(Shipping Conference, Freight Conference)이라는 국제해운 카르텔 조직이 있어, 해상운임의 안정과 서비스의 질을 유지하기 위해 노력해 왔다. 같은 항로에서 2개사 이상의 정기선 서비스가 경합할 경우, 선사간의 집화경쟁이 과열되어, 운임인하경쟁으로 발전되게 되어, 항로운영 그 자체가 불안정해지고, 궁극적으로는 선사에게도 화주에게도 좋지 않은 상황으로 발전하게 된다. 이러한 상황을 피하고, 질서있는 정기선 서비스를 가능하게 하기 위하여 결성된 것이 해운동맹으로, 각국의 독점금지법(유럽에서는 경쟁법, 미국에서는 앤티 트러스트 법)의 적용이 제외되었다. 영국을 중심으로 한 유럽계의 동맹은 신규가입을 제한하는 폐쇄형 동맹(Closed Conference), 미국계는 원칙으로 신규가입을 자유로 하는 개방형 동맹(Open Conference)이었다.
주로 선진국선사로 구성되는 해운동맹을 중심으로 한 정기항로의 질서에 큰 변혁의 물결을 몰고 오는 계기가 된 것은, 아시아각국중 개발도상국 선사들의 컨테이너 운송에의 참여와, 미국의 1984년 해운법(Shipping Act of 1984)의 제정 시행이었다. 이 무렵, 개발도상국 선사들의 해운업 참여에 대하여, UNCTAD(United Nations Conference on Trade and Development : 국제연합무역개발회의)등에서 활발하게 논의되면서, 폐쇄형 동맹의 존재가 흔들리기 시작하였다. 한편 미국에서는 S/C(Service Contract)[※1]의 체결, I/A(Independent Action)[※2]의 행사 등을 용인한 1984년 해운법이 제정, 시행되어, 종래, 해운동맹이 가지고 있던 해상운임 설정에 관련된 영향력이 크게 감퇴하게 되었다.
1984년 해운법은 법 시행 후 10년이 경과한 시점에서, 그 내용을 재검토하여 개선하도록 규정하고 있기 때문에, 그 규정에 의하여 재검토한 결과, 1998년에 해운개혁법(Ocean Shipping Reform Act of 1998)이 제정되어 1999년 5월에 발효하였다. 주요 개정점은 운임 테리프를 FMC(Federal Maritime Committee)에 신고하지 아니해도 되도록 된 대신에 인터넷에 공개할 것을 의무화한 점, 개별선사와 개별화주 간에 S/C 체결이 가능해진 것, S/C의 내용 중 운임이나 구체적인 서비스의 조건을 비공개로 할 수 있도록 인정한 것, “me too"조항(같은 처지에 있는 화주에게는 같은 조건의 S/C를 제공할 의무가 있다는 조항)이 삭제된 것, 등이다. 그 결과 선사는 동맹의 영향으로부터 벗어나서, 화주와 개별적으로 S/C를 체결하고, 또 상대에 따라 그 내용을 달리하고, 그리고 그 내용을 공개하지 않아도 되게 된 것이다. 이 개정에 의하여, 동맹을 중심으로 한 "common carriage"의 원칙(불특정다수의 화주에게 차별없는 운송서비스를 제공한다는, 미국에서의 정기선 운송의 원칙)이 사실상 거의 유명무실해지고, 대미항로에서의 선사와 화주간의 관계가 크게 변화하였다. 화주는 비즈니스 파트너인 선사의 서비스의 질을 평가하고, 선사도 화주의 화물의 양이나 내용(품목이나 선적지 목적지 등)을 평가하여, 그것을 바탕으로 운임 등 서비스 조건을 결정한다. 고품질의 서비스를 제공하는 선사는 보다 화물의 집화가 용이해지고, 선사의 서비스내용(배선 패턴이나, 항별 컨테이너의 재고상황 등)에 보다 적합한 화주는 보다 유리한 조건으로 서비스를 제공받게 된 것이다.
1998년의 외항해운개혁법은 대미항로의 해운동맹에 치명적인 타격을 주었다. 해운동맹의 존속은 계속 인정되었으나, 동맹의 운임 타리프는 사실상 의미를 상실하였고, 동맹 자체의 존재의의도 상실되고 말았다. 이렇게 되어, 아시아/북미항로의 3개 동맹 거의가 이 법의 시행을 전후하여 해산되거나 활동을 정지하고 말았다.
동맹을 대신하는 조직으로 그 역할이 주목된 것이, 1989년에 결성된 TSA(Transpacipic Stabilization Agreement : 태평양항로안정화협정)이다. TSA란, 아시아/북미항로에 배선하고 있는 선사가 동맹선사, 비동맹선사의 구별없이 항로운영의 안정이나 적정한 운임수준을 유지하기 위한 목적으로 성립한 협의협정(discussion agreement)으로, 운임설정기능도, 결정사항에 대한 구속력도, 패널티도 없다. 주된 기능은, 마켓의 분석이나 정보교환을 하고, 운임정책의 기본방침이나 가이드라인에 대하여 협의하고, 각선사가 공통의 인식을 가짐으로써, 항로의 안정을 도모한다는 것이다,

※1 Service Contract : 수량할인제도
※2 Independent Action : 동맹 멤버가 독자적으로 운임 서비스의 수준을 결정할 수 있는 권리

2 컨테이너선의 대형화가 가져온 것

이야기를 1980년대로 되돌린다. 1984년의 Shipping Act의 시행과 아시아 개발도상국들의 컨테이너 운송 참여에 의하여, 선사간의 경쟁은 격화되었다. 선사는 화주에 대한 서비스의 질을 향상시킴으로서 타사와의 차별화를 도모하는 동시에, 내부적으로는 다양한 방법으로 비용절감에 고심하게 되었다. 특히 일본선사는 엔고(円高)와 겹쳐서, 인원의 삭감이나 비경제선의 처분에 의한 엔(円)비용의 절감, 일본선의 해외 매각과 외국인 선원 배승 등에 의한 비용의 미불(美弗)화를 서둘렀다.
1990년대 초에는 스케일 메리트를 추구하여, 배선을 합리화하고 대형선을 투입하고자 하는 움직임이 현저해졌다. 그때까지만 해도 거의 대부분의 컨테이너선이 파나마 운하를 통과할 수 있는 선형(최대선형=파나막스형의 선폭은 32.2m)이었으나, 1988년의 APL의 C10형 컨테이너선(4,300teu적)의 취항을 계기로, 파나마 운하를 통항 할 수 없는 대형컨테이너선(오버 파나막스형, 포스트 파나막스형)이 건조되게 되었다.
아래 그림은 컨테이너선의 대형화의 변천을 나타낸 것이다(각종자료를 바탕으로

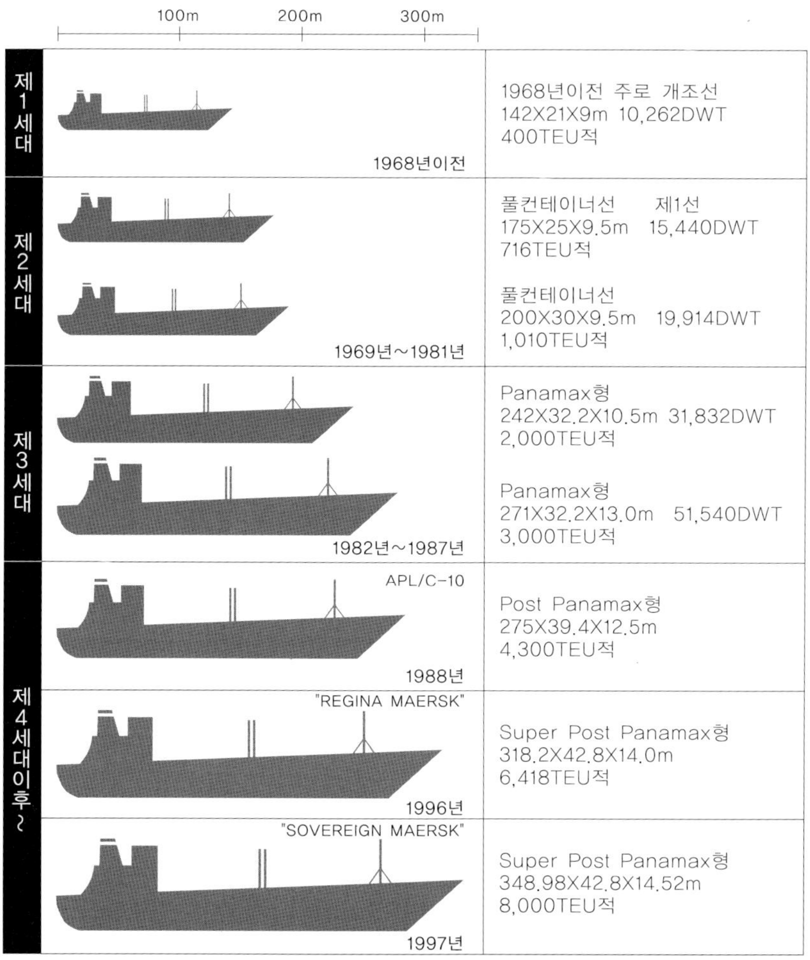

MOL영업조사실 작성). 2005년 1월 1일 현재, 세계 전체로 3,375척, 컨테이너 운송능력 7백16만2천teu의 컨테이너선이 운항되고 있는데, 그중 포스트 파나막스형은 332척, 197만1천teu를 점하고 있다(Clarkson Research Studies "The Containership Register 2005"에 의함).

대형컨테이너선이 그 경제적 효과를 나타내기 위해서는, 물론 채산점 이상의 화물을 집화하는 것이 전제가 된다. 컨테이너 한 개당의 선가나, 운항비가 아무리 낮더라도, 화물이 모아지지 않으면 경쟁력을 발휘할 수 없고, 반대로 선박이 큰 만큼 손실도 커지게 된다. 선형을 대형화하였다는 이유만으로 이에 알맞은 정도의 화물이 집화된다는 아무런 보장이 없고, 그것은 오직 그 선사가 제공하는 운송서비스의 질이 타사보다 우수한가 아닌가에 달려있다고 할 것이다. 서비스의 질이란, 소요일수(Transit time), 기항지(Port coverage)와 기항빈도(Frequency), 운임 등의 운송조건이다.

대형선은 적양하의 양이 많기 때문에 하역시간을 포함한 정박시간이 길어진다. Transit time을 유지하기 위해서는 기항지수를 줄이지 않으면 안된다(물리적으로 대형선을 수용할 수 있는 터미널이 한정되어 있다는 사정도 있다). 다른 한편, 서비스의 질을 유지하기 위해서는, 대형선이 기항하지 아니하는 항만에는 피더망을 개설할 필요가 있다.

이와 같은 필연성 때문에 「Hub & Spoke」라는 컨셉이 생겨났다. 대형선의 하역에 지장이 없고, 단시간에 대량의 컨테이너를 적양하할 수 있는 허브항(Hub Port)과 주변항간을 피더선으로, 자전거 바퀴의 살(Spoke)이 중심축(Hub)에 연결되듯이 연결시켜서, 운송소요시간, 기항지, 기항빈도라고 하는 서비스의 질을 유지하면서도, 컨테이너 한 개당의 비용경쟁력을 발휘하게 하는 것이다. 선사에 의한 허브항의 선정은 매우 중요한바, 이 때문에 항만간, 컨테이너 터미널간의 치열한 선사유치경쟁이 발생하게 된다.

이와 같은 배선의 합리화에 더하여, 대형선을 효율적으로 운항하기 위해서는 선사간에 스페이스의 공유가 필요하게 된다. 1980년대 말에는, 그때까지의 공동배선의 규모를 훨씬 능가하는 선사간의 제휴가 나타나기 시작하였는데, 이 움직임은 1994년에 이르러, MOL, APL(미), Nedlloyd(네덜란드), OOCL(홍콩)의 4사에 의한「글로벌 얼라이언스」의 탄생에 의하여 새로운 단계로 돌입하였다. 「글로벌 얼라이언스」는 복수항로에 걸치는 장기적인 제휴를 목적으로 한 것인데, 단순하게 공동으로 복수항로를 운영하는 것만이 아니고, 터미널이나 컨테이너의 공동이용 등, 한걸음 더 발전한 제휴를 지향하여, 모든 면에서 비용합리화와 선사서비스의 질 향상을 동시에 달성하고자 하는 것이다. 1994년 이후 현재에 이르기까지 주요선사간의 제휴는 M&A를 포함하여 눈부신 변화를 거듭하고 있다. 그 추이에 대하여는 「Chapter 6 MOL의 서비스 B. 얼라이언스의 추이」를 참고하기 바란다.

3 세계 주요정기 항로와 컨테이너 물동량

세계 전체의 컨테이너 해상물동량에 대한 세계적인 통계가 없는데 더하여 T/S(Trans Shipment : 중계항에서의 환적)가 많이 사용되기 때문에, 그 실태를 파악하기 어렵다. 다음 그림은 각종통계를 바탕으로 작성된 2004년의 전 세계 컨테이너 물동량인데 약 8,268만9천teu였던 것으로 추정된다.

이 추정에 의하면 2004년에 가장 물동량이 많았던 항로는 동아시아/북미항로의 1,663만1천teu이고, 그 다음이 동아시아/유럽항로의 1,288만5천teu. 동아시아 역내항로 1,213만6천teu, 유럽역내항로 767만5천teu, 북미/유럽항로의 565만2천teu로 이어진다.

동아시아를 선적지로 하는 화물(동아시아 수출화물)은 세계 전체 물동량의 약 45%를 점하고 있다. 한편 동아시아를 양하지로 하는 화물(동아시아의 수입화물)이 점하는 비중은 전체의 31%로, 이 지역의 수출의존형 무역구조를 잘 나타내고 있다. 이와는 반대로 북미 유럽이라는 선진지역과, 중동 아프리카라는 개발도상국 들은 양 지역 모두 수입량이 수출량을 웃돌고 있다. 선진지역의 수입량이 많은 것은 , 그 지역이 사들이는 측, 소비하는 측이라는 것을 나타내는 것이나, 개발도상지역에서는 그 주요수출품이 산적화물로 선적되거나 탱커로 운송되는 화물이 많고, 컨테이너를 이용한 수출량이 적다는 사정이 있다.

세계 컨테이너 물동량의 추이를 나타내는 지표로, 항만별 컨테이너 처리량의 통계가

2004년 섹컨테이너물동량(추정)

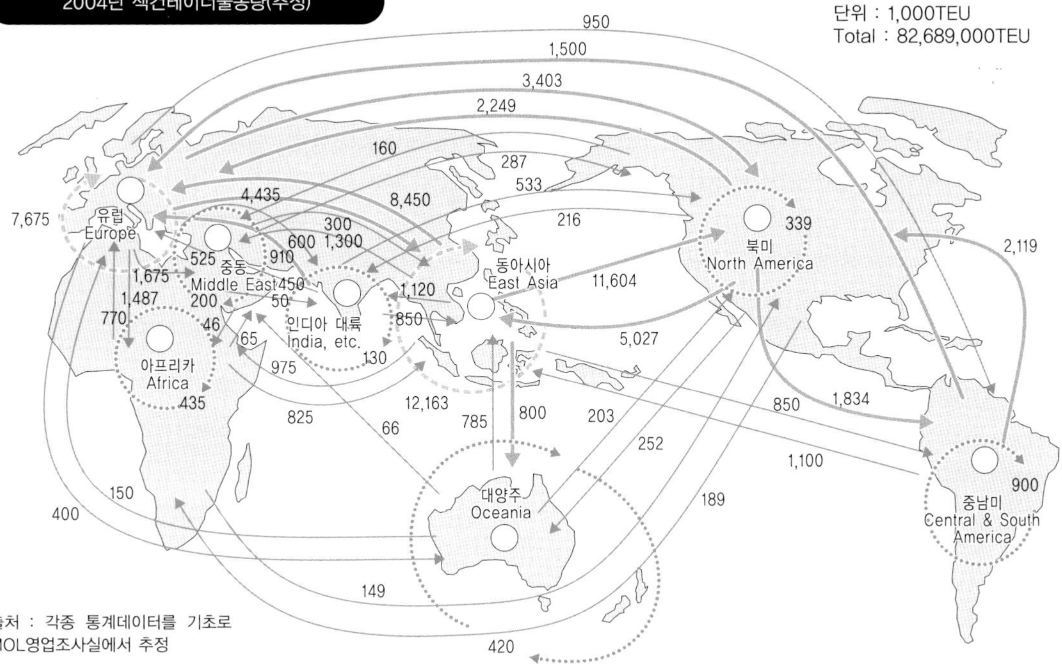

출처 : 각종 통계데이터를 기초로
MOL영업조사실에서 추정

있다. 이것은 항만에서 컨테이너의 적양하의 회수를 합계한 것으로, 실제의 수출입량을 나타내는 것은 아니다. 먼저 빈 컨테이너나 국내화물의 적양하량도 계산에 넣고 있다. 또 환적화물의 경우 모선으로부터의 양하가 1회, 피더선의 선적이 1회로 계산되어, 하나의 컨테이너가 2회로 계산되기 때문에 환적이 많은 항만이 상위에 랭크되는 것이 당연하다. 이와 같은 이유로, 항만별 컨테이너 처리량은 그 나름대로 항만의 규모와 활성도를 나타낸다고 할 수 있을 것이다.

세계 컨테이너항 순위표

단위 : 1,000TEU

	1984년		1994년		2004년	
1	로테르담	2,546	홍콩	11,050	홍콩	21,984
2	뉴욕(미국)	2,255	싱가포르	10,399	싱가포르	20,600
3	홍콩	2,109	카오슝(대만)	4,900	상하이(중국)	14,557
4	고베	1,826	로테르담	4,540	센젠(중국)	13,650
5	싱가포르	1,699	부산	3,826	부산	11,430
6	롱비치(미국)	1,391	고베	2,916	카오슝	9,710
7	앤트워프(벨기에)	1,248	함부르크	2,726	로테르담	8,281
8	킬룽(대만)	1,234	롱비치	2,574	로스앤젤스	7,321
9	요코하마	1,104	로스앤젤레스	2,519	함부르크	7,003
10	함부르크	1,073	요코하마	2,317	두바이	6,429
11	부산(한국)	1,054	앤트워프	2,208	앤트워프	6,064
12	시애틀(미국)	1,050	킬룽	2,050	롱비치	5,780
13	브레멘(독일)	975	뉴욕	2,034	포트켈랑(말레이시아)	5,244
14	도쿄	925	두바이(UAE)	1,882	칭다오(중국)	5,140
15	산후안(프에리토리코)	918	도쿄	1,805	뉴욕	4,478
16	오클랜드(미국)	916	펠릭스토우	1,734	탄중펠리파스(말레이지아)	4,020
17	로스앤젤레스(미국)	908	산후안	1,598	닝보(중국)	4,006
18	브레머하펜((독일)	833	마닐라(필리핀)	1,502	텐진(중국)	3,814
19	제다(사우디아라비아)	805	브레멘	1,502	람차방(태국)	3,624
20	펠릭스토우(영국)	778	오클랜드	1,491	브레멘	3,469

※1994년과 2004년의 뉴욕에는 뉴저지가 브레멘에는 브래머하펜이 포함된다.
출처 : Containerisation International

앞의 표는 1984년, 1994년, 2004년의 세계 컨테이너 처리량 상위 20개항을 나타내는 것으로, 과거 20년 동안에 그 얼굴들이 크게 변하였다. 1984년의 상위 20개항에는 유럽의 항이 6개항, 미국이 5개항, 일본을 제외한 아시아 항이 4개항 일본 항이 3개항이 포함되어 있으나, 2004년의 상위 20개항에는 아시아가 12개항으로 증가한 한편 유럽이 4개항, 미국이 3개항으로 감소하였고, 일본 항만들은 권외로 밀려났다. 이와 같은 일본항의 상대적 지위 저하의 배경에는, 일본기업의 생산거점의 해외로의 이전에 의한 발착화물 신장의 위축에 그 이유가 있는 것으로 보인다. 아시아, 특히 중국항만의 처리량 급증이 이러한 사실을 뒷받침하고 있다.

일본의 컨테이너 취급량 추이

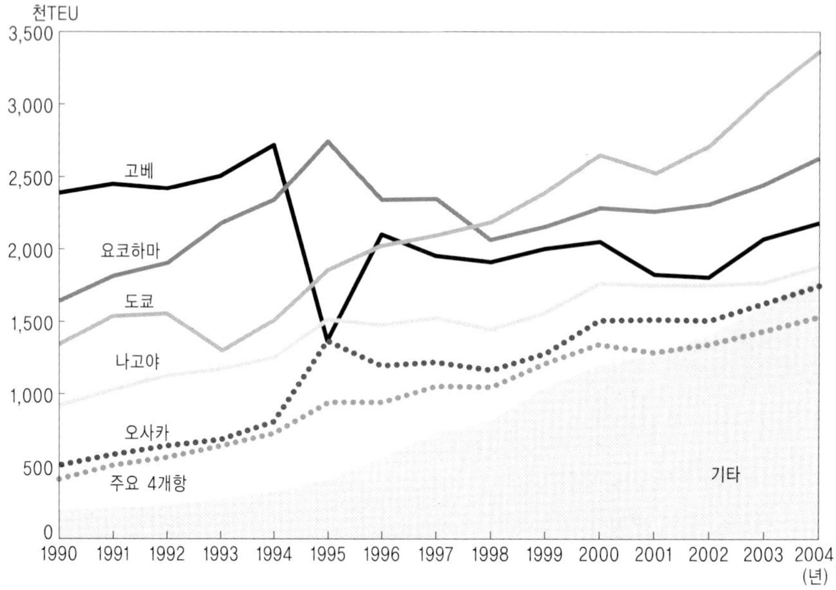

일본의 컨테이너 취급량 추이

단위 : 천 TEU

	수출		수입		합계
	실입컨	빈컨	실입컨	빈컨	
도쿄	1,019	513	1,785	41	3,358
요코하마	1,090	265	1,106	145	2,607
나고야	879	207	901	168	2,155
오사카	373	396	926	31	1,726
고베	793	163	826	69	1,851
주요 4항	581	216	657	63	1,516
기타 52항	518	418	758	136	1,830
합계	5,252	2,179	6,958	653	15,043

※주요4항은 시미즈, 욧카이치,키타큐슈, 하카타. 기타 52항은 2004년시점에 외항 컨테이너선이 기항한 지방항.
출처 : 항만근대화촉진협의회 자료

그렇다면, 일본항만의 컨테이너 처리량은 어떠한 변화를 나타내는 것인가. 1990년 이후의 추이를 그래프로 그린 것이 위 표다. 1994년까지 일본최대의 컨테이너항이었던 고베는 1995년 1월 17일에 발생한 한신(阪神)대지진으로 괴멸적인 피해를 입었다. 1998년 3월까지 시설은 완전 복구되었으나, 그 간 타항 경유로 대체되었던 화물의 흐름이 다시 원점인 고베로 돌아오지 아니하였고, 2004년의 처리량도 지진피해 전의 7할 정도에 머물고 있다. 이것과는 대조적으로, 이때를 전후하여, 지방항의 컨테이너 처리량이 착실하게 증가하고 있다. 컨테이너선이 기항하는 지방항의 수도, 그 컨테이너량도 매년 증가하고 있다 이들 항만에 기항하고 있는 것은 주로 한국이나 중국선사에 의한, 한국의 부산항이나 중국 각항과 연결하는 서비스이다. 주요항의 컨테이너 처리량의 정체의 배경에는, 이와 같은 지방항에의 컨테이너 물동량의 분산도 있다.
한편 현재, 국토교통성에 의하여「수퍼 중추항만 프로젝트」가 추진되고 있다. 소수의 주요항을 대상으로, 앞으로 수년 안에 아시아 주요항만을 능가하는 비용과 서비스 수준을 실현하는 것을 목표로 하여, 컨테이너 터미널의 대규모화, 대수심화, 터미널 운영시스템의 통합 IT화, 메가 터미널 오퍼레이터의 설립, 로지스틱스 산업의 집적 등을 관민의 제휴로 실현한다는 것으로, 비용은 부산항과 카오슝항 수준으로 약 30% 절감, 리드 타임은 현재의 3~4일을 싱가포르항 정도의 1일 정도로 단축할 것을 목표로 하고 있다. 2005년 7월 1일, 그 대상이 되는 지정특정 주요항만으로「케이힌(京浜)항」,「나고야(名古屋)항 및 욧카이치(四日市)항」,「오사카(大阪) 및 고베(神戸)항」이 지정되었다.

4 컨테이너 운송의 보안문제

현재, 컨테이너선사가 당면하고 있는 문제의 하나로 보안(security) 문제가 있다. 2001년 9월 11일에 뉴욕에서 발생한 동시다발 테러를 계기로, 전 세계적으로 테러대책이 강화되고 있는데, 컨테이너 운송에 있어서도 다양한 테러대책이 채택되게 되었다.
미국에서는 소위「24시간 룰」이 2002년 2월부터 시행되었다. 종래, 기본적으로 본선의 미국 입항시에 선사가 미국세관에 제출해왔던 매니페스트(적하목록)를 선적지에서, 선적하기 24시간 전까지, 전자 데이터로 AMS(Automated Manifest System : 미국세관의 자동통관시스템)를 통하여 송신할 것을 의무화한 것이다. 데이터의 내용도 정확하고 상세할 것이 요구되어, 예를 들어 품목으로「general cargo」등과 같은 일반적인 기술을 인정하지 않게 되었다. 이에 의하여, 미국향 화물의 선적지에서는, 화주에 의한 컨테이너화물의 컨테이너 터미널에의 반입이나, 선사에 선적서류의 제출마감시간이 빨라지게 되었다(MOL의 일본선적의 경우. 통상 본선입항 전일이 마감시간이었으나, 미국향 항로의 경우 본선입항 3일전을 마감시간으로 한다). 화물정보의 기재가 룰을 위반하였을 경우 등에는 미국세관으로부터 선적정지명령이 내려진다. 2004년 4월에는 캐나다에서도 미국과 같은 24시간 룰이 도입되었다.
또 미국의 국토안전보장성, 세관, 국경보안국에 의한 Container Security Initiative(CSI)라고 불리는 제도도 동시에 시행되었다. 미국향 컨테이너화물의 수출이 많은 항만을 보유하는 국가와 2국간 협정을 체결하여, 직원을 상호 상대국에 파견하여, 상대국 세관 직원과 협력하여, 각각 자국향의 컨테이너화물중에서 위험도가 높은 컨테이너를 특정하는 등의 일을 한다. 일본에서는, 2003년 3월부터 요코하마항, 2004년 5월부터 도쿄항, 같은해 8월부터 나고야항, 고베항에서 개시되었다. 2005년 11월 현재, CSI는 유럽, 아시아, 아프리카, 중동, 북미 등의 41개항에 운용되고 있어, 미국향 화물 중 CSI로 커버되는 화물이 75%에 달하고 있다.
OECD(경제협력개발기구)는 2003년 6월, 세계적인 테러대책에 의하여, 선사는 적어도 연간 13억달러의 초기투자가 필요하며, 연간 7억3천만달러의 운항비용 증가를 가져온다고 계산한바 있다.

5 해륙일관 운송에서 종합물류 및 로지스틱스로

컨테이너화의 메리트중에서도, 트럭, 철도, 선박 등의 운송모드를 복합적으로 결합시킨「국제복합일관운송」이라는 새로운 운송형태를 탄생시킨 공로는 매우 크다. 운송수단을 보유하는 정항선사는, 해상운송만이 아닌 광범위한 물류서비스를「국제복합일관운송」으로 하여, 종래로부터 주체적으로 화주에게 제공하고 있다. 그러나 이러한 물류서비스는 어디까지나, 정기항로 서비스를 보완하는 의미가 강한 것이었다. 화주의 물류구조의 변화와 더불어, 선사에게 요구되는 물류서비스도, 보다 광범위하고, 다양하고, 복잡화 될 뿐만 아니라, 보다 전문적인 것으로 변화해가고 있다.

화주기업에 있어서, 경쟁이 심해지면, 당연한 결과로 효율화를 추구하게 되고, 이러한 효율화의 움직임은, 예를 들면 메이커등에서는 이하와 같은 움직임이 일어나고 있다.

생산거점을 해외로 이전(국내와 해외의 분업체제)

▼

부품조달 범위의 확대(글로벌화)

▼

물류최적화 추구(저스트 인 타임 물류)

▼

전체 최적화 추구(서플라이 체인 메니지먼트)

이런한 효율화의 움직임은 화주의 물류를 확대하고 복잡화 하는데, 그에 의하여, 화주의 물류에 대한 니즈도 크게 변화한다. 이 때문에, 해상운송이라는 화주 물류의 근간부분을 담당하는 선사에게 요구되는 서비스도 필연적으로 다양화하고 전문화되어간다.

이러한 물류 서비스의 광범위화에 더하여, 효율화의 추구를 위하여, 물류를 아웃소싱 하는 움직임도 나타난다. 본업회귀, 궁극적으로는, 코어 비즈니스에 「사람, 물자, 자금」이라는 경영자원을 집중하고, 그 이외의 부분을 아웃 소싱 한다는 사고가 발전되어가는 과정에서, 많은 기업이 물류를 아웃 소싱 대상으로 생각하고 있다. 이런 경향은 앞으로 더 발전될 것으로 예상된다.

그렇기는 하지만, 물류는 기업의 경영전략을 담당하는 중요한 부분으로서, 수익성을 크게 좌우하는 부분이라는 데에도 변함이 없다. 그 때문에 아웃 소싱을 받는 기업인 물류기업은 단순한 운송능력만이 아니라, 물류의 노하우, 당해 화주의 상품과 상류에 정통한 높은 컨설팅 능력, 정보 시스템 기술에 대하여도 전문가라야 한다. 화주의 SCM(Supply Chain Management : 어떤 상품의 제조로부터 공급까지 관계되는 전과정의 기업연쇄〈= Supply Chain〉에 걸쳐서, 정보의 공유에 의하여 토탈 베이스로 재고절감, 물류의 합리화를 기하는 것)을 포함한 물류 전반을 대체 누가 수탁받을 것인가. 여기서 3PL(Third Party Logistics : 화주도 아니고 운송사업자도 아닌 제3자인 로지스틱스 사업자가, 화주기업의 물류관련업무를 포괄적으로 수탁하여 수행하는 것)등의 새로운 사업이 탄생하게 된다. 이와 같은 화주기업의 물류의 외주(아웃소싱) 혹은 자회사화는, 선사에게도 비즈니스 기회를 확대해주는 동시에, 신흥물류업자인 3PL과의 새로운 경쟁을 불러오기도 한다.

화주가 필요로 하는 서비스의 변화에 더하여 아래와 같은 선사 사이드를 둘러싼 환경의 변화도, 제공하는 서비스의 다양화, 광범위화하는 큰 요인이 되고 있다고 생각된다.

(1) 서비스의 차별화의 필요성

글로벌 얼라이언스의 성립이나 협조서비스의 진전으로, 각사의 해상서비스의 질은 향상됨과 동시에, 균등화되어가고 있다. 이 때문에, 해상서비스 이외의 부분에서 서비스의 차별화를 기할 필요성이 있다.

(2) 새로운 수익원의 확보와 안정화의 필요성

해상 서비스의 균일화는 서비스의 평준화를 가져와서, 본래의 해상운송 서비스만으로는 고수익을 창출하기 어렵게 되었다. 이 때문에 보다 높은 수익을 찾아서 부가가치 서비스를 제공하거나, 또는, 새로운 수익원으로 업무 다각화를 추구하여, 3PL 등 물류사업에 본격적으로 참여하는 선사가 늘어나고 있다.

또 특정 화주와의 관계를 심화시킴으로서, 화주와 보다 긴밀하고 대등한 관계를 구축하여, 화주와의 관계를 심화시키고 안정화를 추구한다.

(3) 1998년 미국 외항해운개혁법의 영향

1998년 미국 외항해운개혁법의 시행에 의하여, 선사와 화주간의 관계에 변화가 왔다. 화주와 선사가 비공개로 자유스럽게 S/C(서비스 컨트랙트)를 체결할 수 있어, 선사와 화주는 각각의 사정과 필요에 의하여 유연한 대응이 가능하게 되어, 이것이 종합물류전략의 본격화를 실질적으로 뒷받침하고 있다.

Chapter 5

E 물류관련 용어집

이 항에서는, 물류와 관련된 용어를
1. 해상운송의 연장이라 할 수 있는 국제복합일관운송에 관한 용어
2. 종합물류의 구체적인 모델에 관한 용어
3. 기타 본서에 나와 있는 물류관계 용어
의 세 분야로 나누어 해설한다.

1 국제복합일관운송~Freight Forwarder와 NVOCC

오늘날 국제운송업계에서는 화주들의 다종다양한 니즈에 응하기 위하여 육, 해, 공의 서로 다른 복수의 운송기관을 연계시키는 서비스를, 단일의 운송업자가 제공하는 국제복합일관운송의 스타일이 발전하여 왔다. 또 운송분야만으로 한정하지 아니하고, 통관, 창고, 포장 등을 결합시킨 도어 투 도어 서비스의 제공, 그리고 더 나아가 이를 발전시켜, 화주의 물류기능을 포괄적으로 수탁, 대행하여, 물류전문업체로서 여러 가지 새로운 물류를 제안하는 업태도 증가하고 있다. 이러한 서비스의 제공자는 선박, 철도, 트럭, 항공기 등의 운송수단을 보유, 운행하는 사람뿐만 아니라, 운송수단을 갖지 않은 이용운송자라 할 수 있는 NVOCC나 Freight Forwarder도 활약하고 있다. 여기서는 운송수단을 갖지 아니한 이용운송자에 대하여 설명한다.

①NVOCC(Non-Vessel-Operating Common Carrier)

1984년의 미 해운법※(Shipping Act of 1984)에서 NVOCC란 「대양운송을 할 수 있는 선박을 운항하지 않고, Ocean Common Carrier와의 관계는 화주가 되는 Common Carrier」라고 정의한다. 일본에서는 NVOCC라는 용어는 미국 해운법에서와 같이 엄밀하게 정의하지 않고, 많은 경우「자신의 명의로 된 Combined Transport B/L(House B/L)을 발행하는 국제복합운송사업자」라는 의미로 사용하고 있는 경우가 많은 것으로 보인다.

1990년 12월에 시행된 일본의「화물운송처리업법」에서는,「이용운송사업자」란 자기의 책임으로 화주와 운송계약을 체결하고, 화주에 대하여는「이용운송사업자」가 운송인으로서 책임을 지도록 하여, NVOCC의 책임관계를 확실하게 규정한 것으로 해석된다.

※2003년 4월에는「화물운송처리업법」이「화물이용운송사업법」으로 개정되어, 외항해운의 이용운송사업에 대하여 다음 두가지로 정리하였다.
①제1종 이용운송사업 : 제2종 화물 이용운송사업 이외의 것(등록제)
②제2종 이용운송사업 : 선박의 이용운송과, 이와 선행하거나 후속하는 화물의 집하 및 배달을 위한 자동차에 의한 운송을 일관하여 하는 사업(허가제)

일본의 NVOCC는 선박회사계, 하역회사 및 창고업계, 육운회사계, 상사계, 메이커계 등으로 대분류할 수 있다. 또 중소규모의 회사들도 많으므로, 그 회사가 발행하는 B/L의 약관내용과 함께, 그 회사 자체의 신용상황 등에 대하여도 주의가 필요하다.

※미국 해운법(Shipping Act of 1984-Section3.(17)의 해당부분 :
"Non-vessel-operating common carrier" means a common carrier that does not operate themselves by which the ocean transportation is provided, and is a shipper in its relationship with an ocean common carrier.

② 프레이트 포워더(Freight Forwarder)

프레이트 포워더란, 화주의 의뢰를 받아 다른 운송사업자의 운송수단을 이용하여 화물의 운송을 인수하는 것을 업으로 하는 자라고 할 수 있으며, 또 이러한 업자의 총칭으로 사용되는 경우가 많다.

1984년의 미해운법※은 「(A) 화주를 위하여, 미국으로부터 커먼캐리어를 통하여 화물의 발송 및 예약을 하고, 또는 기타의 방법으로 이들 화물을 위한 선복의 스페이스를 물색하는 자, (B) 이들 화물의 선적에 수반되는 서류를 작성하고, 또 관련 업무를 수행하는 자」라고 정의한다.

※미해운법(Shipping Act of 1984-Section3.(19)의 해당부분 :

"Ocean freight forwarder" means a person in the United States that-

(A)dispatches shipments from the United States via common carriers and books or otherwise arranges space for those shipments on behalf of shippers; and

(B)processes the documentation or performs related activities incident to those shipments.

● 일본의 해화업자

화주의 위탁을 받아 작업을 하는 원청업자를 해운화물처리업자 라고 하고, 일반적으로 해화업자라고 부른다. 또 화물의 본선에의 인도, 또는 본선으로부터 화물의 수령한 후의 운송업무도 수행한다. 해화업자가 처리하는 업무에는 통관업무도 포함되므로 통관업자의 자격도 동시에 갖추고 있고, 또 스스로 보세상옥에서 수출입화물의 보관 등도 함께하는 경우가 많다. 동시에 수출입화주와 선사의 중간에서 서서 화물의 인도, 인수(선적이나 양하)에 필요한 서류를 작성하거나 제절차 업무도 처리한다. 일반적으로는 을중이라고 부르기도 하나 을중은 아래에 기술하는바와 같이 구해운조합법에 정한 쉬핑 브로커적인 것을 그 원조로 하고 있으므로, 그 성질은 해화업자와는 다르다.

● 일반항만운송사업자

화주로부터 화물을 수령하여 본선에 선적하고, 또한 화물의 양하로부터 화주에게 인도하기까지의 작업을 일관하여 하는 사람, 또는 컨테이너 터미널 등의 시설에서 화물을 총괄 관리하는 업무를 수행하는 사람를 말한다. 일반적으로는 「원청」이라고 부른다.

● 을중(乙仲 : 오쓰나카)

1939년에 공포된 해운조합법에 의하여 해운중립업(海運仲立業 : 해운중개업)이 규정되었고, 이 업종은 그 후 갑종해운중립업(운임률표에 의하지 아니하는 운임 또는 기선의 용선이나 매매에 관한 입회를 하는 것 : 현재의 해운브로커에 상당, 역자주)과 을종해운중립업(운임률표에 의한 운송에 관한 것)으로 분리되었다. 동법에 의하면, 을종중립업은 운임 테리프에 의하여 이루어지는 해상운송에 대한 중개를 하는 것으로, 그 약칭인 「을중」은 오늘날에는 해화업자를 지칭하는 용어로 일반적으로 사용되고 있다.

그리고 일본의 항만운송사업에 대하여는 항만운송사업법에 의하여 규정되어 있는데 2000년 5월, 규제완화와 항만운송사업자간의 경쟁촉진과 사업의 효율화 및 서비스 향상을 위하여, 항만운송사업법이 개정되었다.

③국제복합운송업자의 서비스

오늘날의 운송사업에 있어서는, 화주에게는 물류비용의 절감, 생산 및 재고관리의 효율화가 중요시되고 있다. 이에 발맞추어, NVOCC, 프레이트 포워더는 화물의 발착지에서의 수출입통관 등을 포함한 일관운송 서비스 창구의 일원화나, 화주의 운송수배의 간소화나 운송소요 시간과 운임을 결합시킨 최적 서비스의 제공에 의하여, 화주의 니즈에 다양하게 대응하고 있다.

또 업자에 따라서는 해외에 설치되어있는 많은 영업거점을 이용한 화물의 도어 델리버리 서비스(Door Deliverly Service), 자사가 보유하는 창고로부터, 화주가 지정하는 복수의 포인트에 소구(小口) 단위의 배송서비스나, 재고관리 및 유통가공 등의 부가기능을 겸비한 물류시설의 제공을 하는 업자들도 있다.

소구화물에 대하여는, 집하한 화물을 목적지별로 자사에서 컨테이너 단위로 선별하여 혼재(consolidation) 서비스를 제공하는 업자도 있다.

④국제복합운송업자의 B/L

국제복합운송업자가 발행하는 B/L에는,「일본 인터내셔널 프레이트 포워더즈 협회」에서 표준화한 「JIFFA(Japan International Freight Forwarders Association Inc) B/L」, 「프레이트 포워더 조직의 국제적인 연합체인 FIATA(Federation Internationale des Associations de Transitires et Assimiles)에서 표준화한 FIATA B/L」,「기타 복합운송업자 독자의 B/L」의 세 종류로 대별되는데, 각각 책임범위 등에서 약간의 차이가 있으므로 주의하여야 한다. 이와 같은 B/L외에, 화물의 수령증의 성질을 갖는 “Forwarder's Cargo Receipt(FCR)"를 발행하여, 운송을 인수하는 경우도 있다.

⑤ Sea & Air 운송

복수의 운송모드를 결합시켜, 단일운송장으로 커버하여 제공하는 서비스의 하나로 Sea & Air 운송이 있다. 주로 장거리 대륙간 운송에서, 일부구간을 해송, 일부구간을 항공 운송하는 것으로, 예를 들면 일본~유럽간의 운송을 일본~미국서안간의 해상운송과 미국서안~유럽간의 항공운송을 결합하여 제공하는 서비스이다.

2 종합물류의 구체적인 모델에 의한 용어해설

다음 그림은 고도화된 물류의 하나를 모델화한 예로서, 이들의 실현을 위해서는 최신 시스템으로 관리하는 것이 불가결하다. 또 하류로부터 궁극의 최종판매선인 고객의 니즈에 맞추어, 순차적으로 상류의 움직임을 결정해 가는 과정을 실현하는 것이 바로, SCM의 실천이라고 말할 수 있다.

모델 예

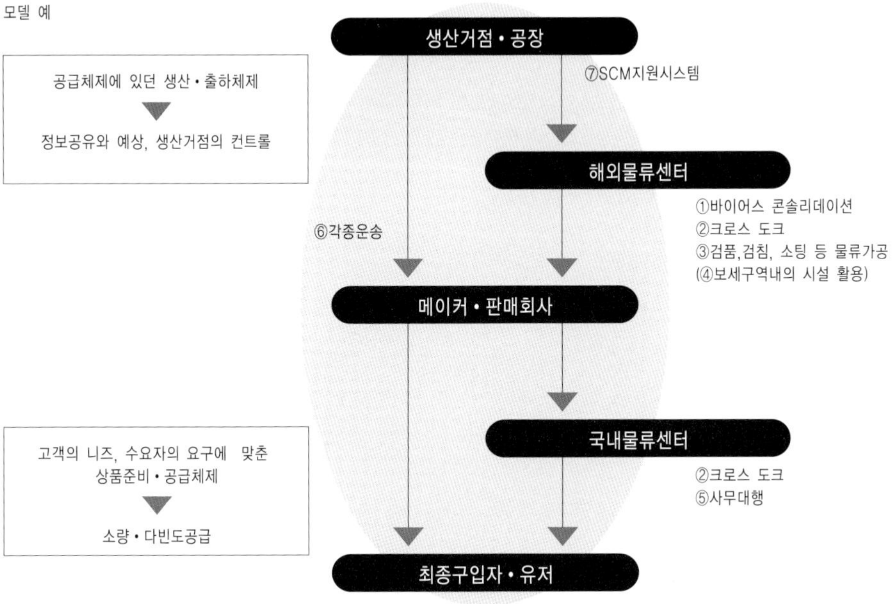

이하 순서에 따라 상세한 설명을 해 나간다.

① 바이어스 컨솔리데이션(매입(買入) 물류)

주로 구미의 소매업자나, 어패럴 업자 등 단일 수하인(Buyer)을 고객으로 하여, 중국, 동남아시아 등의 복수의 공장에서 생산된 상품을, 선적지의 CFS(Container Freight Station)으로 모아서, 혼재해서 수하인에게 운송해주는 물류 서비스 모델로서, MOL에서는, OCB(Ocean Consolidation Business)라는 브랜드 네임으로 중국, 동남아를 주요 발지로 하고, 유럽에의 운송을 전개하고 있다.
소구(小口:소단위)화물을 발지(發地)에서 혼재하여 운송함으로써, 개별로 착지까지 운송하는 경우에 비하여 운송비를 절감할 수 있고, 고객에게 효율적인 서비스를 제공할 수 있다. 또 MOL 그룹에서는 자사가 개발한 바이어스 컨솔리데이션 전용 시스템인 STARLINK에 의하여 발주로부터, 지정창고, 집배송센터에의 납입까지의 일련의 운송 모드 전체에 대한 화물의 상태를, WEB 경유로 가시적으로 파악할 수 있는 서비스를 제공하고 있다. STARLINK와 동시에 벤더 매니지먼트(발지의 복수의 공장에서의 생산, 출하상황을 고객의 대리로 컨트롤하는 서비스)를 발지에서의 서비스 메뉴에 추가함으로써, 고객에게 보다 높은 부가가치 서비스를 제공하고 있다.

② 크로스 도크

크로스 도크란, 도착한 상품을 물류센터에 재고로 두지 않고, 도착즉시 선별하여 출하하는 것이다. 또 이 기능과 동시에 복수의 구입처(購入處)로부터 복수의 출하처(出荷處)로 연결시키는 교차성도 필요하다. 당일(當日)중에 각점포로 나누어 배송하는 트랜스퍼 센터가 바로 이런 기능으로 특화된 물류센터인 것이다.

③ 검품, 검침, 소팅 등 물류가공

지금까지 양하항에서 이루어지고 있던 각종물류가공업무는, 생산과 유사하게, 보다 저렴한 노동력이나 시설을 찾아서, 중국 등 선적항에서 이루어지는 방향으로 변화해나가고 있다.

예를 들면 상품의 외관의 검품이나, 어패럴이나 상품에 바늘이나 핀 등이 혼입되어 있는 것이 아닌가를 컨베이어식 검침기, 쉬우터식 검침기, 핸디식 검침기를 사용하여, 검침작업은 기본이고, 가격표나 상표의 부착, 판매 점포 별로 상품을 선별하는 소팅, 판매전표를 첨부하는 등의 각종 작업과 가공을 하고 있다.

④ 보세구역 내 시설의 활용

일례를 들어 중국정부로부터, 특별한 우대를 받아 2004년에 개설된 상하이 와이카오차오(外高橋保稅物流園區 : WBLZ : Shanghai Waigaoqiao Bonded Logistics Zone)에 관하여 해설한다.

이 프로젝트의 제1단계에 참가를 인정받은 4개사 중 일본 유일의 기업으로 참여하고 있는 것이 MOL 그룹의 물류중핵회사인 쇼센미쓰이(商船三井)로지스틱스주식회사이다.

증치세(增値稅)환부용 서류의 즉시교부※, 담보금 납입에 의한 신속 간편한 통관, 화물의 비거주자 재고 등, 다양한 메리트를 활용하여 고도의 물류를 실현하고 있다.

또 중국이외에서도, VAT(부가가치세)나 관세의 지급에 있어서 우대조치를 받을 수 있는 시설이나 방안을 강구할 수 있는 경우가 많다. 현지정보에 정통한 물류업자의 적절한 어드바이스를 받고 하는 것이 중요할 것이다.

※증치세(增値稅)환부용 서류의 즉시교부 : 종래에는 본선에 선적된 후 서류가 교부되었었으나, WBLZ에 화물반입에 의하여, 해외에 수출된 것으로 간주되기 때문에, 수출자는 증치세환부용 서류의 교부를 받을 수 있게 된다. 이 때문에 일반의 창고나 보세구역내 창고에 납품을 기피하는 경향까지 생겨나고 있었는데, WBLZ를 이용하게 되면서 이 문제가 자동적으로 해결되게 되었다.
또 해외에 수출하는 것을 전제로 한 수첩을 이용하는 가공공장에서도, WBLZ에 반입하면 수출한 것과 같이 보아주기 때문에, 그때까지 국내 판매를 위하여, 구태여 홍콩 등으로 수출하였다가 재수입하는 번거로운 절차를 생략할 수 있게 되었다.

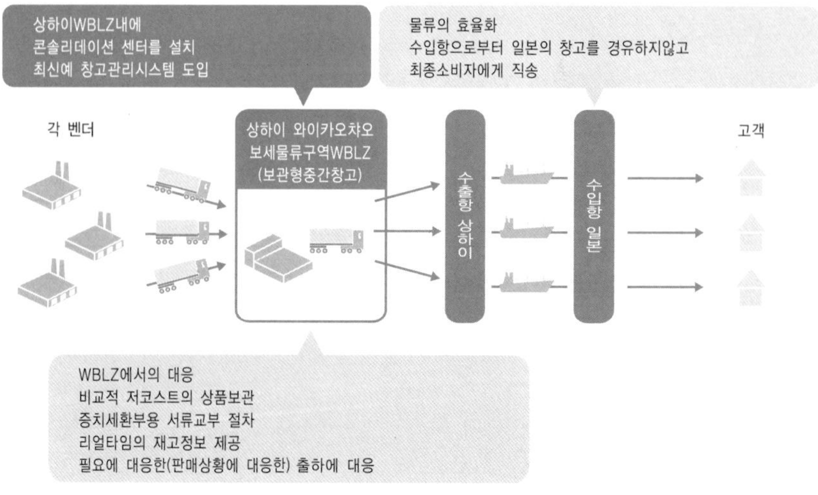

⑤ 사무대행

지금까지 각각 관리되어온 다양한 운송 프로세스를, 상술한 바와 같은 기법에 의하여 보다 효율적, 일원적으로 관리가 가능하게 된 것은, 고객의 상류 그 자체를 가장 효율적인 형태로 재구축하는 것이다. 이와 같은 큰 변혁에서, 개개의 고객의 니즈에 응하고, 게다가 부대서비스를 포함하는 상류 그 자체의 디자인이 필요하다.

상술한바와 같은 검품, 검침 등 품질 컨트롤은 기본이고, 사무작업, 수, 발주, 크레임 창구의 대행업무, 상품대금 수수, 그리고 품질향상을 지향하는 자료작성 대행, 컨설팅 업무 등이 요구된다.

⑥ 각종운송

물동량이나 크기에 의하는 것이기는 하나, 국제간의 운송은, 컨테이너에 의한 해상운송을 중심으로 그 양단에 트럭, 철도, 피더 등을 결합시킨 일관운송이 중심이 된다. 긴급시에는 항공편, 항공 택배 편 등도 이용된다. 또 공장에의 집배송이나 최종 소비자에게의 배송은, 한 대의 트럭으로 여러 곳을 돌아가는 우유배달방식의 운송을, 트럭의 용차나 노선편 이용을 병용함으로써 효율화 한다.

⑦ SCM 지원시스템

SCM의 구축에는 재고정보나 판매정보를 Supply Chain과 연결되는 점포, 메이커, 판매회사, 생산거점, 공장 간에 정보 공유가 가능한 환경이 필요하다. ERP(기간업무를 위한 정보시스템 팩키지)를 중심으로 한 기간계 패키지 시스템의 도입이나, 업종단위로서는 상호 데이터의 교환이 가능한 EDI 규격의 통일화가 진전되어 있어, 정보공유를 실현할 수 있는 환경이 마련되어 있다.

한편 SCM 구축은 정보공유만으로 이루어지는 것이 아니고, 물품의 흐름을 관리할 수 있는 로지스틱스의 구축이 불가결하다. 그 물류구축의 중심적 역할을 담당하는 것이 WMS(Warehouse Management System)이다. WMS는 물품의 흐름을 관리, 제어하는 로지스틱스의 심장부로서, Supply Chain을 구성하는 멤버 사이에 위치하는 로지스틱스 센터나, 유통거점으로 이용되어, 물품을 주고받는 허브로 기능한다. WMS는 재고관리나 업무관리기능 이외에도, 재고조정, 유통가공, 정보가공기능 등 Supply Chain 멤버간의 물품의 보관과 인수인도(引受引渡)를 정확, 신속, 저비용으로 수행할 수 있는 기능을 갖출 필요가 있다.

오늘날의 물류센터에는 지금까지 보아온 바와 같은 종래의 창고와는 다른 기능이 필요하다. 상품 사이클이 짧은 오늘로서는, 물류센터내의 품목은 눈알이 핑핑 돌만큼 변하고 있고, 또 상품의 정보는 재고의 수량에만 한정되는 것이 아니고, 상품의 제조연월일이나 입하시기, 가격 등 다양한 데이터에 대하여도 관리가 필요하다. 또 물류센터 안에서 이루어지는 포장, 검품, 검침, 가격표 부착 등의 유통 가공작업은 기계화가 곤란하여, 수작업에 의존하는 경향이 아직도 강하다. 물류센터에서는 이와 같은 작업인원들에 대한 작업진도관리나, 인원배치관리까지도 필요하게 되어, WMS에는 이러한 것에도 대응하는 기능이 결합되어, 물류센터 기능을 통합하여 관리한다.

또 바이어스 콘솔리데이션에 있어서, 벤더(Vender)로부터의 출하상황 파악을 주안으로 하는 추적 기능이나, 트럭, 해상운송 등의 이동재고의 파악에 주안을 둔 시스템 등, 병목현상이 나타나는 포인트를 보다 두텁게 하여, 각사의 상황에 적응할 수 있는 SCM 시스템을 구축하여, 고객에게 봉사할 필요가 있다.

3 기타 주요 물류용어

책머리에 나오는 「프롤로그」등에 나오는 대표적인 각종 물류용어를 이하에 설명해 둔다.

① SCM(Supply Chain Management)

공급자로부터 최종 사용자(end user)까지의 물류와 상류에 관여되는 각 기업이 판매정보나 수요실적, 예측수치를 공유함으로서, 품절이나 재고를 감소시키고, 과부족 없이 저비용에 의하여 제때(timely)에 상품을 공급하도록 하자는 생각을 체계화한 것이다.

Supply Chain이라고 불리는「원재료의 조달로부터, 생산, 상류, 물류, 판매활동 등 각 프로세스를 경유하여, 최종사용자에게 인도되기까지의 물건과 정보의 흐름」 중에서, 각 프로세스, 기업 간의 역할, 거래관행 등을 통합적으로 관리하고, 경우에 따라서는 각 부문을 개선함으로써 전체를 최적화하는 것이다.

② 로지스틱스 센터

원재료의 생산지점에서부터 최종제품이 고객에게 가기까지의 사이의 흐름을 효율적이고, 효과적으로 수행하기 위하여 필요한 처리과정을 하는 장소를 말한다.

로지스틱스란 원래는「병참」을 지칭하는 군사용어였다. 작전수행을 목적으로, 군수품, 식료, 무기의 발주, 생산, 재고관리, 배급, 통신 등, 군대의 작전행동에 필요한 군수물자를 보다 빨리 조달하고, 최전선으로 효율적으로 공급하는 후방지원활동과 그 체제를 일컫는다.

③ 비거주자 재고

그 나라나 그 지역에 등록하지 아니한 해외의 기업이 재고를 갖는 것을 말한다. 아직도 판매선이 미정인 상품을 해외의 공급자의 명의로 보세, 보관하는 것이다. 일본에서는 2003년에 인정되도록 되었으나, 나라에 따라서는 인정하지 않는 국가도 있다. 경우에 따라서는 VMI※(Vender Managed Inventory)와 같은 뜻으로 사용되기도 한다.

※VMI : 공급자인 벤더가 자사상품의 재고를 자기 자신의 명의로 관리한다는 의미이나, 공급자가 관리하는 창고에 소유하는 상품을 유저(User)로 부터의 지시에 의하여, 출고, 공급하는 것을 말한다. 이런 경우, 유저로부터 매회별로 발주하는 번거로운 절차 없이, 사후에 정리하여 출고, 공급한 수량을 정산하는 제도이다.유저로서는 자사에 따로 재고를 둘 필요가 없고, 동시에 JIT(Just In Time)을 실현하는 델리버리가 항상 가능해진다. 한편 공급자는 자기의 책임하에 재고관리를 하고, 유저에 대한 델리버리를 컨트롤하는데 따라, 수요예칙에 맞춘 재고관리를 할 수 있다. 상호간에 수요예칙을 공유함으로서, Supply Chain의 최적화를 기할 수 있고, 총 물류비용의 절감은 물론이고 보다 정확한 시장 수요를 파악할 수 있다.

④ 멀티 컨트리 바이어스 컨솔리데이션

바이어스 컨솔리데이션은 통상, 같은 나라나 지역의 복수의 공급자의 상품을 하나로 정리하여, 효율적으로 운송하는 제도다. 이에 더하여 복수의 지역과 국가에서의 상품을 관계되는 국가나 지역, 혹은 최종목적지의 중간에 있는 국가나 지역에 일시 보세 수입하여, 수요에 응하여 하나로 정리하여 관리하고 운송하는 것을 말한다. 전술한 비거주자의 재고와 바이어스 컨솔리데이션을 결합한 형태라고 할 것이다.

⑤ SKU(Stock Keeping Unit)

보관 관리의 최소단위다. 동일한 상품이라도, 사이즈나 색상 등에 따라 다른 상품으로 보관 관리할 필요가 있을 경우, 그 사이즈나, 색상에 따라 SKU가 존재하게 된다.

⑥ ERP(Enterprise Resource Planning)

기업 자원 계획. 기업전체의 경영자원의 유효활용의 관점에서, 부문별이 아니고 종합적으로 관리하여, 경영의 효율화를 기하기 위한 기법과 개념이다. 구체적으로는, 기업내의 각종 계획과 그 진척상황을 일원화된 데이터 베이스로 하여, 각 부서별로 이들을 공용(共用)하고자 하는 것이다. 재고관리나 양상(洋上)재고 등의 물류데이터도 같은 데이터베이스에서 관리하여, 유효하게 활용하고자 하는 움직임이, SCM의 체제 속에 포함되어 중요성을 더해가고 있다.

이것을 실현하기 위한 통합형(업무횡단형) 소프트웨어를 「ERP 패키지」라고 한다. 대표적인 ERP 패키지로서는, 독일 SAP사의 R/3가 유명하다.

⑦ 등기수첩

중국의 가공무역에서, 밀수입의 방지를 주된 목적으로 한, 자재, 부품, 제품의 수출입을 관리하는 중국세관이 발행하는 관리대장이다.

중국의 가공무역이란, 자재 부품을 보세로 수입하여, 생산된 완제품(반제품 포함)을 수출하는 무역형태를 지칭하며, 가공 무역의 계약내용에 따라 크게 내료(來料)

가공과 진료(進料) 가공으로 나뉜다.

이 수첩에 의하여 자재와 부품을 보세상태로 중국으로 수입할 수 있는 혜택이 주어지는 반면, 이 수첩의 사용에는 여러 가지 제약이 수반되기 때문에, 가공공장은 관리나 유지에 세심한 주의를 기울려야 한다.

⑧ 자유항(Free Port)

중계무역이나 가공무역의 발전을 촉진하기 위하여, 전역, 혹은 일정한 구역을 한정하여, 자국의 관세법을 적용하지 아니하여, 외국화물의 자유스러운 출입을 허용하는 항만을 말한다. 홍콩, 싱가포르, 함부르크 등이 대표적이다.

⑨ 증치세(增値稅)

중국에서, 물품의 판매나 가공, 수리, 보수의 용역의 제공, 물품을 수입하는 경우에 적용되는 세금이다. 상품을 수출할 때에는 납부하였던 증치세를 환급받을 수 있도록 되어 있는데, 전액환급이 이루어지지 아니하거나, 환급까지 많은 시간이 소요되는 등 문제가 많다.

⑩상류

상품을 매매하여, 소유권을 이전한다는 상거래활동을「상적유통」이라고 하고, 이를 약칭하여 상류라고 한다. 생산자로부터 소비자에게 상품이 흘러가는 일련의 활동을「유통」이라고 하고, 이중 운송이나 보관과 같은 물리적인 상품의 흐름을 「물적유통 또는 물류」라고 한다.

⑪One Stop Service

한번의 절차로, 필요한 관련 작업을 전부 완료할 수 있도록 설계되어 있는 서비스를 말한다. 한곳에서 필요한 물건을 다 살 수 있는「One Stop Shop」이나, 복수의 지급 청구를 일괄적으로 처리할 수 있는「One Stop Billing」등에 의하여 종합성, 포괄성을 강조함으로서 고객의 업무처리를 지리적으로 좁게 하는 마케팅 메시지로 이용되고 있다.

물류에서도 지금까지는 선적, 통관, 창고 등을 이용자가 각각 개별의 업자에게 의뢰하였으나, 번잡성을 피하고 전체적으로 최적화를 달성하기 위하여, 종합물류회사나 로지스틱스 서비스 프로바이더라고 하는 업자가 한 곳에서 전체 물류를 일원적으로 관리하는 서비스를 제공하고 있다.

Chapter 6

MOL의 서비스

Chapter 6

A 항로망

MOL은, 1995년에 세계에서 앞장서서 선사연합을 결성하였다. 현재는 싱가포르의 APL, 한국의 현대상선의 2사와 The New World Alliance = TNWA를 결성하여, 태평양 항로, 아시아/유럽항로, 대서양항로에서, 세계 최대 규모인 합계 약 100척의 고속선대를 투입하여, 글로벌한 서비스망, 탑클래스의 서비스 빈도, 최단시간의 트랜짓 타임을 실현하여, 세계적으로도 가장 경쟁력 있는 서비스를 제공하고 있다. 앞으로 수년 안에, 신조 고속 컨테이너 선대를 투입하여, 한층 그 서비스의 질을 높여갈 것이다.

TNWA개념도

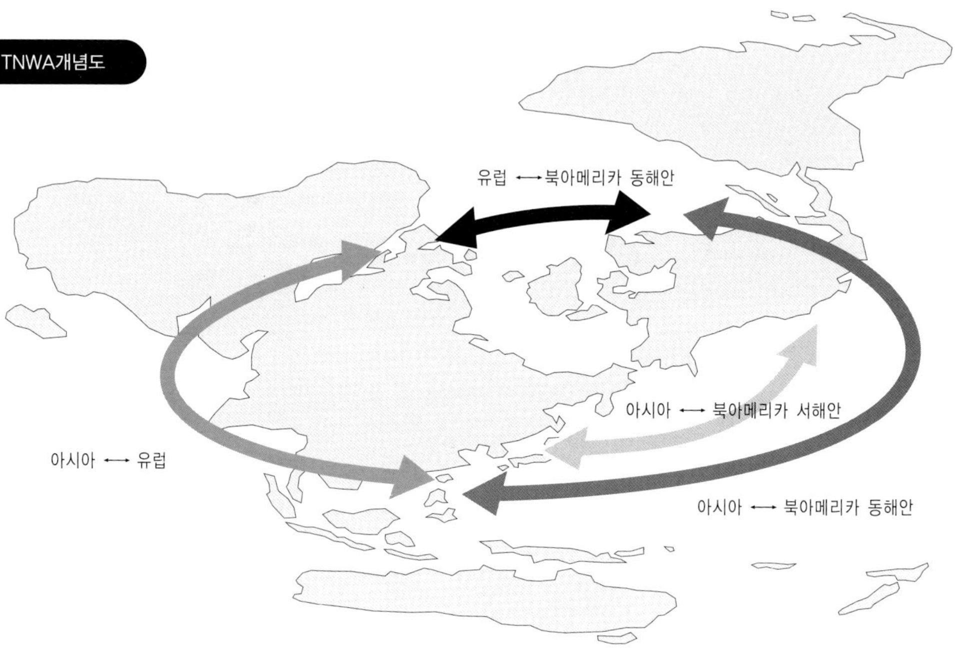

또 동서 기간항로에 더하여, 아시아 역내, 중근동, 러시아, 아프리카, 남미, 오스트레일리아, 뉴질랜드 등에도 고품질의 서비스를 제공하고 있다. 50개를 넘는 항로와 약 70척의 선대를 가지고, 세계 각지를 망라하는 글로벌 캐리어로서, 기업의 물류전략에 민첩하게 대응하고 있다

- 아시아 • 역내항로
- 아시아 • 중동항로
- 아시아 • 대양주항로
- 아시아 • 동안남미항로
- 아시아 • 서향남미항로
- 아시아 • 동아프리카항로
- 아시아 • 서아프리카 항로
- 아시아 • 남아프리카 항로
- 유럽 • 아프리카 항로
- 북미/카리브 • 남미 항로
- 타역내항로

이상을 효율적으로 결합시킴으로써 고객의 요청에 부응하고 있다.

※상세한 내용은 우리회사 홈페이지 참조. 또는 우리회사 담당자에게 문의하십시오.
(http://www.moljapan.co.jp/)

Chapter 6

B 얼라이언스의 추이

1994년 9월, MOL, APL(미), Nedlloyd(네덜란드), OOCL(홍콩)의 4사는 아시아/북미항로에서의 제휴협정에 조인하고, 또 여기에 CGM(프랑스)과 MISC(말레이시아)를 더한 6사는 아시아/유럽항로에 대한 제휴협정서에 조인하였다. MOL/APL/Nedlloyd/OOCL의 4개사는 이 제휴관계를 The Global Alliance라고 명명하였다. 이 이후 주요선사의「글로벌 얼라이언스」가 뒤이어 결성되었다. 글로벌 얼라이언스란, 세계 규모의 최적배선, 코스트 합리화를 기하기 위하여 선사간의 전략적인 제휴 협정이라고 정의된다. 지금까지의 선사간 협정(특정항로에서의 협조배선 혹은 스페이스 차터 등)과 크게 다른 점은 복수의 항로에 걸쳐 넓게 협력관계를 갖는 점, 또 터미널의 공동사용과 컨테이너의 상호융통 등, 해상운송 이외의 부분도 포함한 제휴라는 점이다.

그 후의 선사간의 제휴관계는 주요선사의 M&A(매수 및 합병)를 포함하여 눈부신 변화를 거듭하였다. 그 흐름은 아래 그림과 같다. 2005년 8월 현재, 동서기간항로에 배선하고 있 는 주된 글로벌 얼라이언스는 아래 3그룹이다.

- The New World Alliance(TNWA)
  MOL(일본), APL(싱가포르), 현대상선(한국)
- Grand AllianceGA)
  NYK(일본), Hapag-Lloyd(독일), P&O Nedlloyd(영국, 네덜란드), OOCL(홍콩). MISC(말레이시아)
- K Line(일본), COSCO(중국), Hanjin Shipping(한국), Yang Ming(대만)

이에 대하여, 단독배선(매수 혹은 분사화에 의하여 자회사화한 선사를, 통합하지 않고, 별도의 브랜드 네임을 가지고 운영하고 있는 것 포함)을 계속하고 있는 선사로서는 Maersk-Sealand(덴마크), Ever Green(대만), MSC(스위스), China Shipping(중국) 등이 있다.

Re-Grouping in Main Container Trade Lanes

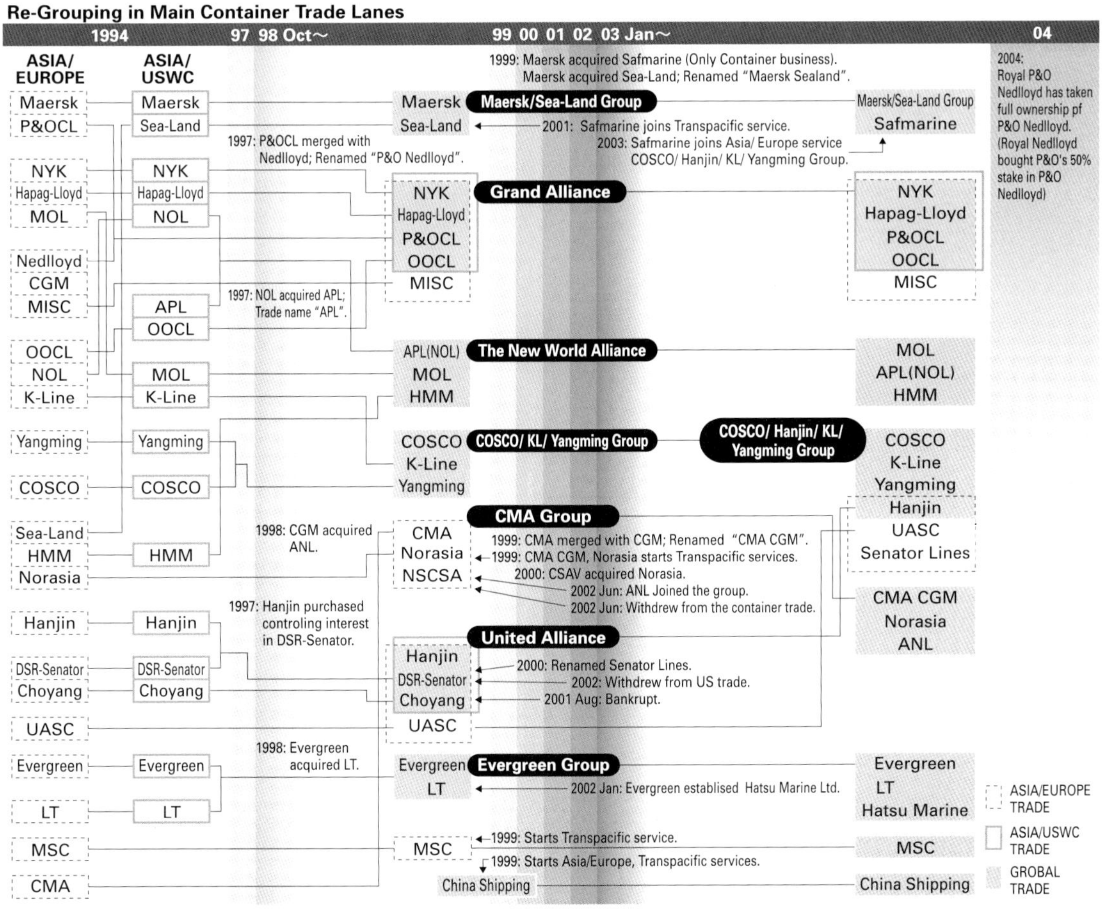

Chapter 6

C MOL JAPAN 홈페이지, MOL POWER, 포털 사이트

정기항로 서비스에 있어서, 고객에게, 본선 스케줄이나, 입출항 정보 등의 각종 정보 제공, 그리고 카고 트래킹 등 기능을 제공하는 툴로서 웹 사이트는 중요한 역할을 수행하고 있다. 현재, 일본의 고객이 이용할 수 있는 MOL의 정기항로 서비스용 웹 사이트에는, MOL JAPAN 홈페이지와 MOL POWER가 있다. 전자가 일본의 고객에게 필요한 정보를 일본어로 제공하고 있는데 비하여, 후자는 전세계 공통의 데이터를 영어로 고객에게 제공하고 있다.

1 MOL JAPAN 홈페이지 (일본어)

http://www.moljapan.co.jp/

일본의 고객에 대한 정보제공 사이트인 MOL JAPAN 홈 페이지에서는, 아래와 같은 정보를 게재하고 있다.

- 각종 선박정보 등 뉴스
- 스케줄 및 스케줄 변경에 대한 알림
- 항로 및 항로 개편의 알림
- 적용요금 및 요금변경의 알림
- 선적과 관련된 유의사항
- 입출항 정보, 환산 레이트,
- 태풍, 스트라이크 등 임시정보
- 회사 개요 및 채용정보 등

고객에게 적시 정보제공에 중점을 두고 있고, 입출항, 환산 레이트, 적용요금 등을 중심으로 하루당 평균 천수백건의 접속이 있다. 태풍 등이 있을 경우에는 고객으로부터 접속이 증가하기 때문에, 특히 신속한 정보경신을 하고 있다.
또 스케줄의 EXCEL과 PDF 파일의 다운로드 기능, 일본 착발선의 Port to Port 스케줄의 검색기능을 갖추고 있다. 이 사이트를 통하여 메일 혹은 팩스로 스케줄이나 각종 정보 송부 등을 등록할 수도 있다.

2 MOL POWER 홈페이지 (영어)

http://www.molpower.com/
MOL POWER에서는 글로벌 레벨에서의 고객에 대한 정보제공을 하고 있고, 최신의 항로망 등이 게재되어 있다. 또 이하의 카고 트랙킹의 시스템을 갖추고 있어, 특별히 등록을 하지 아니하고도 이용이 가능하다. MOL JAPAN 홈페이지와도 연결되어, 고객에게 이용하도록 하고 있다.

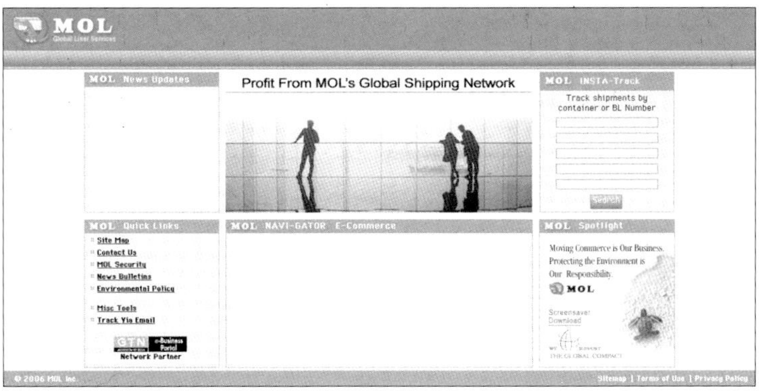

● INSTA-Track(카고 트랙킹)
컨테이너 넘버나 B/L 넘버를 입력하면, 컨테이너의 최신의 스테이터스(본선에 선적 - 양하 등)를 확인할 수 있다. 이와 같은 기능은 메일의 제목에 컨테이너 넘버나 B/L 넘버를 입력하여, 특정한 주소지로 송신하는 방식으로도 제공되고 있다.
또 사용자로 등록된 고객에게는, 이하와 같은 기능도 제공이 가능하다.
● Web Booking
● B/L 정보검색 등

3 포털 사이트

각사의 웹 사이트로 가지 않고도, 하나의 사이트로 모아서 정보를 얻거나, Booking 등의 업무를 하고 싶다는 고객의 요망에 응하기 위해서 복수선사의 참여에 의하여 탄생한 것이, 선사 공동의 포털 사이트다.
현재 MOL은 다음 두 사이트에 참가하고 있다.

● GT-NEXUS http://www.gtnexus.com/en/
● INTTRA http://www.inttra.com/
이들 포털사이트는 단순하게 각종정보나 검색기능만 제공하는 것이 아니고, 고객 - 복수선사 간의 EDI 창구로서의 기능도 가지고 있다. 최근에는 이들 포털 사이트를 통하여 복수선사와 Booking의 EDI를 하거나, 화물정보를 얻거나 하는 대규모 화주도 나타나고 있다.

Chapter 6

D MOL JAPAN과 MOL 그룹회사

MOL 정기선사업부문과 MOL 로지스틱스사는, 세계 주요국이나 지역에다가 현지법인을 두어, 고객의 다양한 니즈에 대응할 수 있는 조직을 운영하고 있다.

MOL 정기선사업부문과 MOL 로지스틱스사 거점

소재국	회사명	
MOLAM 관할역내		
U.S.A.	MOL (America) Inc.	MOL Logistics (U.S.A) Inc.
Brazil	MOL (Brasil) Ltda.	
Chile	MOL (Chile) Ltda.	
Panama	MOL (Panama) Inc.	
Mexico	MOL de Mexico S.A. de C.V.	MOL Logistics (Mexico) S. de R.L. de C.V.
MOLEP 관할역내		
U.K.	MOL (Europe) Ltd.	MOL Logistics (U.K.) Ltd.
Netherland	MOL (Europe) B.V.	MOL Logistics (Netherlands) B.V.
Belgium	MOL (Europe) N.V.	
Germany	MOL (Europe) Gmbh	MOL Logistics (Deutschland) GmbH.
France	MOL (Europe) S.A.S.	
Austria	Mitsui O.S.K. Lines (Austria) Gmbh	
Italy		Milan Representative Office
Sweden	MOL(Europe) Nordic B.V.	
Czech		MOL Logistics (Czech) s.r.o.
Russia	Moscow Representative Office	
West Africa(Ghana)	MOL (Ghana) Ltd.	
West Africa(Nigeria)	Mitsui O.S.K. Lines (Nigeria) Ltd.	
West Africa(Others)	MOL (West Africa) Ltd.	
South Africa	MOL South Africa (Pty) Ltd.	
MOL(Asia) 관할		
China (Hongkong)	MOL (Asia) Ltd.	MOL Logistics (H.K.) Ltd.
China (Shanghai)	MOL (China) Co., Ltd.	上海華加國際貨運代理有限公司
Taiwan	MOL (Taiwan) Co., Ltd.	M.O.Air International (Taiwan) Co., Ltd.
Philippines	MOL Philippines, Inc.	MOL Logistics Philippines Inc.
Thailand	Mitsui O.S.K. Lines (Thailand) Co., Ltd	MOL Logistics (Thailand) Co.,Ltd.
Singapore	MOL (Singapore) Pte. Ltd.	MOL Logistics (Singapore) Pte. Ltd.
Malaysia	Mitsui O.S.K. Lines (Malaysia) Sdn. Bhd.	MOL Logistics (Malaysia) Sdn. Bhd.
Indonesia	PT Mitsui O.S.K. Lines Indonesia	Jakarta Representative Office
Sri Lanka	Mitsui O.S.K. Lines Lanka (Private) Ltd	
India	Mitsui O.S.K. Lines (India) Pvt. Ltd.	
Australia	Mitsui O.S.K. Lines (Australia) Pty Ltd.	MOL Logisitcs (Australia) Pty. Ltd.
New Zealand	Mitsui O.S.K. Lines (New Zealand) Ltd.	
UAE	MOL (UAE) L.L.C.	
Vietnam	Mitsui O.S.K. Lines (Vietnam) Co., Ltd.	MOL Logisitcs (Vietnam) Inc.
Korea	MOL (Asia) Ltd. Seoul Office	

2006년11월 현재

MOL 그룹 일본내 물류회사

株式會社商船三井	www.mol.co.jp

회사명	주된업무	URL
宇德運輸株式會社	종합물류	www.utoc.co.jp
株式會社MOL오사카南港物流센터	창고	-
北日本倉庫港運株式會社	종합물류	-
國際컨테이너터미널株式會社	터미널	www.tict.co.jp
國際컨테이너運送株式會社	트레일러운송	www.ict-corp.co.jp
시로드익스프레스株式會社스	자동차운송	www.searox.co.jp
株式會社재팬익스프레스(고베)	종합물류	www.japan-express.co.jp/
株式會社재팬익스프레스(요코하마)	종합물류	www.japanexpress.co.jp
商船港運株式會社	터미널	www.shosen-koun.com
商船三井로지스틱스株式會社	종합물류	www.mol-logistics.co.jp
新洋海運株式會社	종합물류	www.shin-yo.co.jp
占小牧北倉港運株式會社	종합물류	-
關西汽船株式會社	페리	www.kanki.co.jp
九州急行페리株式會社	페리	www.kyukyu.co.jp
商船三井페리株式會社	페리	www.sunflower.co.jp
株式會社다이아몬드페리	페리	www.diamond-ferry.co.jp
株式會社블루하이웨이페리西日本	페리	www.bhl-west.co.jp
株式會社名門大洋페리	페리	www.cityline.co.jp

기타 海外MOL現地法人・物流會社

주식회사MOL JAPAN			www.moljapan.co.jp
本社	〒105-8688	東京都港區虎ノ門2-1-1	TEL 03-3587-7684
關東支社	〒105-8688	東京都港區虎ノ門2-1-1	TEL 03-3587-7104
横浜支店	〒231-0023	横浜市中區山下町1番地	TEL 045-212-7710
中部支社	〒450-0003	名古屋市中村區名驛南1-24-30	TEL 052-564-7000
關西支社	〒530-6591	大阪市北區中之島 3-6-32	TEL 06-6446-6501
神戸支店	〒650-0045	神戸市中央區港島9丁目	TEL 078-304-1100
九州支店	〒812-0025	福岡市博多區店屋1-35	TEL 092-262-0701

MOL JAPAN의 기업이념

글로벌 사고와 규범에 기반을 두고

1. 고품질이고 신뢰할 수 있는 물류 서비스를, 적정한 비용으로 공급함으로써, 일본의 산업과 소비자 여러분에게 공헌한다.
2. 고객 요구를 파악하여, 고객요구에 합치되는 서비스를 제공함으로써, 고객을 만족시킨다.
3. 고객의 물류비 절감에 기여한다.

MOL JAPAN 물류입문

원저
(株)MOL JAPAN
2007년 8월 2일 제1판 제1쇄 발행
번역 • 편집 • 발행
(재)한국해사문제연구소
〒 100-845
서울시 중구 을지로 2가 163-3 보승빌딩1002호
TEL : 02-776-9153 FAX : 02-752-9583
E-mail : komares@chol.com
http://monthlymaritimekorea.com

MOL JAPAN 物流入門

정 오 표

쪽	내용	수정
32	센, 부들	자작나무, 오동나무
	후론	탄화플루오르(fluorocarbon)
37	벨 포장	베일(bale) 포장
38	단보루	골판지
46	보레르 닥트네트	Bolero.net
47	ⓒ:화주(또는 해화업자)	ⓒ:화주(또는 포워더),
	(함 FRT INF)	(FRT INF 포함)
50	선복의 페이스	선복의 스페이스
61	해화업자	포워더
103	위규칙	위규칙(危規則)
107	토레이	트레이(tray)
109	원측으로	원칙적으로
119	(2005년 12월)	(2005년 11월)
130	튀어나오지 않도록(凹)	찌그러지지 않도록
143	어주인선(御朱印船)	주인선(朱印船:무역선)
148	해화업자	포워더
170	2006년 현재	2006년 11월 현재